Singh · Hesse

Sikander Singh

Hermann Hesse

Philipp Reclam jun. Stuttgart

Für Helen

RECLAMS UNIVERSAL-BIBLIOTHEK Nr. 17661

Gesamtherstellung: Reclam, Ditzingen. Printed in Germany 2006
RECLAM, UNIVERSAL-BIBLIOTHEK und
RECLAMS UNIVERSAL-BIBLIOTHEK sind eingetragene Marken
der Philipp Reclam jun. GmbH & Co., Stuttgart
ISBN-13: 978-3-15-017661-0
ISBN-10: 3-15-017661-1

www.reclam.de

Inhalt

Anhang

»Und allem Weh zum Trotze«
Hermann Hesses Leben

Hermann Hesse lebte in einer Zeit des gesellschaftlichen wie politischen Umbruchs. Geboren 1877, sechs Jahre nach der Reichsgründung durch den preußischen Kanzler Fürst von Bismarck, erlebt der Dichter den Aufstieg und den Fall des wilhelminischen Kaiserreiches, das Zeitalter des europäischen Imperialismus, das in die Katastrophe des Ersten Weltkrieges führt, die Proklamation einer deutschen Republik und ihren 15-jährigen Niedergang, den Aufstieg der faschistischen Ideologie, den Untergang der alten, europäischen Kulturidee in den Schlachten des Zweiten Weltkrieges und die Gründerjahre der zweiten deutschen Republik.

Als Sohn eines baltendeutschen Vaters besitzt Hermann Hesse mit der Geburt die Staatsbürgerschaft des zaristischen Russlands, erhält mit der Übersiedlung der Eltern nach Basel das schweizerische Bürgerrecht, wird nach der Rückkehr in das württembergische Calw Bürger des Deutschen Reiches und erwirbt nach der Niederlassung in Montagnola im Tessin im Jahr 1924 erneut die Schweizer Staatsbürgerschaft. Bereits in dem *Alemannischen Bekenntnis* des Jahres 1919 macht er deutlich, dass ihm eine kulturelle Tradition mehr bedeutet als eine Staatsbürgerschaft und die Idee der Heimat mehr als der Entwurf einer Nationalität. »Es kam hinzu,« schreibt Hesse im Januar 1954, »daß unsre Familie der völlig internationalen Gemeinschaft der Missionsleute angehörte [...]. Dies waren die Grundlagen für eine Isolierung und für ein Gefeitsein gegen jeden Nationalismus, die in meinem Leben bestimmend geblieben sind« (AB 414). Hesses im Kontext des frühen 20. Jahrhunderts ebenso avantgardistisches wie revolutionäres Bekenntnis zur Überwindung des nationalen Chauvinismus erwächst aus dem Bewusstsein der kulturellen Überlieferung seiner alemannischen Heimat, ist ein Internationalismus aus dem Geist des deutschen Regionalismus.

Indem er die deutsche Katastrophe des 20. Jahrhunderts aus der räumlichen wie geistigen Distanz erlebt, die sein Lebensmittelpunkt in der Schweiz bedingt, ist es Hesse möglich, als ein deutschsprachiger Schriftsteller an den geistigen wie politischen Diskursen in Deutschland teilzunehmen und zugleich eine eigenständige Perspektive zu entwickeln und zu bewahren. In den Werken der europäischen und asiatischen Literatur, die er mit Vor- und Nachworten versehen herausgibt, in den Rezensionen und Buchempfehlungen spiegelt sich – wie in den literarischen Werken des Schriftstellers – das Goethesche Konzept einer Weltliteratur. Mit den Aufsätzen und kulturkritischen Betrachtungen, die er seit dem Ersten Weltkrieg in den Zeitschriften und Journalen Deutschlands und der Schweiz publiziert, engagiert er sich für Frieden und Völkerverständigung. Seine Romane und Erzählungen sind Ausdruck einer überzeitlichen und übernationalen Kulturidee, in der sich das geistige Erbe der Menschheit manifestiert. Und so bekennt er sich gegenüber der Schwedischen Akademie, die ihm, dem deutschsprachigen Schriftsteller, bereits ein Jahr nach dem Ende des Zweiten Weltkrieges den Nobelpreis für Literatur zuerkennt, zu dem in Alfred Nobels Testament niedergelegten Gedanken der »Über-Nationalität und Internationalität des Geistes« (GW X,102; SW XIV,477).

Der Gedanke der Humanität und der Glaube an die Möglichkeit der Persönlichkeitsbildung auf der Grundlage des Idealismus, die sein Werk im Kontext der deutschen Literatur des 20. Jahrhunderts unzeitgemäß erscheinen lassen, sind aus dem Geist eines Bildungskonzeptes hervorgegangen, das mit dem Ende des zweiten Kaiserreiches im Ersten Weltkrieg bereits dem Untergang geweiht war und lediglich in den Nischen des intellektuellen Diskurses bis zum Faschismus überlebte. Die Lebenswirklichkeit Hermann Hesses, die am Beginn der Beschäftigung mit seinem literarischen Werk steht, spiegelt als Individualgeschichte auch einen Teil der deutschen Zeit- und Geistesgeschichte des 20. Jahrhunderts.

Als geschichtsphilosophische Reflexionen aus dem Geiste Jacob Burckhardts sind seine literarischen Werke – die Entwicklungs- und Bildungsgeschichten, die Berichte Vereinsamter und Außenstehender – auch vor dem Hintergrund eines Lebens zu begreifen, das sich mehr als ein halbes Jahrhundert mit dem Paradigmenwechsel der Moderne und der Genese einer deutschen Ideologie auseinandergesetzt hat. Hermann Hesses Romane und Erzählungen sind Geschichten Einzelner und zugleich Ausdruck der Verfasstheit ihrer Epoche. Als literarische Reflexionen biographischen Erlebens spiegeln sie zugleich die Symptome der »großen Zeitkrankheiten« (GW X,106; SW XIV,476).

Hesses Symbiose von Leben und Werk, von Erfahrung und Ich-Beobachtung wird getragen von dem Gedanken Benedetto Croces, dass der Fortschritt der Menschheit der Fortschritt im Bewusstsein der Freiheit ist. Die nationalen Traditionen, die ein Teil sind einer übergreifenden menschheitlichen Kulturidee, sind nur auf der Grundlage der Freiheit des Individuums möglich. »Und betrachten Sie das Dichten nicht als Herstellung möglichst schöner, auf andre wirkender Gebilde«, schreibt Hermann Hesse in einem Brief aus dem März 1962, »sondern als Einkehr und Weg zur Selbsterkenntnis« (AB 549).

1877 bis 1894
»Mut und Eigensinn«

Hermann Hesse wird am 2. Juni 1877 in der württembergischen Kleinstadt Calw geboren. Sein Vater Johannes Hesse war baltischer Abstammung, er hatte nach der 1868

Hermann Hesse (links) im Kreis der Familie
Foto, Calw 1889

in Heilbronn erfolgten Ordination zum Missionsprediger von 1869 bis 1873 als Missionar der Basler Mission in Indien gearbeitet, musste aber nach nur drei Jahren den Missionsdienst aus gesundheitlichen Gründen verlassen und nach Deutschland zurückkehren. Seine Frau Marie Isenberg, geb. Gundert, lernte er während seiner Tätigkeit als Gehilfe und Redakteur für den von seinem späteren Schwiegervater Hermann Gundert geleiteten Calwer Verlagsverein kennen. Marie Hesse lebte seit dem frühen Tod ihres ersten Mannes, des Missionars Charles W. Isenberg, den sie in Indien geheiratet hatte, mit ihren beiden Söhnen Theodor und Karl wieder im Haus ihres Vaters. Aus der 1874 geschlossenen Ehe zwischen Johannes und Marie Hesse gehen sechs Kinder hervor, von denen vier überleben: Adele (1875–1949), Hermann, Marie (1880–1953) und Hans (1882–1935). In den ersten sieben Jahren ihrer Ehe bewohnt das Paar das Haus am Marktplatz Nr. 6 in Calw. Das alltägliche Leben der Familie ist von einer tiefen Religiosität geprägt, die nicht nur in der Arbeit des Vaters für den Verlagsverein zum Ausdruck kommt, sondern auch in der strengen Lebensführung, die den Einzelnen in jeder Situation an den moralischen Normen der pietistischen Frömmigkeit misst.

Als Johannes Hesse im Frühjahr 1881 zum Herausgeber des Basler Missionsmagazins und Lehrer für Missionsgeschichte im Missionshaus berufen wird, zieht die Familie nach Basel. »Die Kinder freuen sich sehr der netten Wohnung, ländlichen Umgebung, des Gartens und Hofs, wo sie sich fleißig tummeln« (KuJ I,9), notiert Marie Hesse in dieser Zeit in ihr Tagebuch. Zwanzig Jahre später verarbeitet Hermann Hesse den Reflex der frühkindlichen Eindrücke des Lebens in der Schweizer Metropole in seinem ersten Prosawerk, den *Hinterlassenen Schriften und Gedichten von Hermann Lauscher*.

In den Tagebucheintragungen und Briefen der Mutter, die zwischen der Geburt Hermann Hesses und dem Umzug nach Basel entstanden sind, spiegelt sich schon früh die Schwierigkeit der Eltern im Umgang mit dem eigenständigen Charakter und lebhaften Temperament ihres zweiten Kindes. In ihr Tagebuch notiert sie: »[...] sein heftiges Temperament macht uns viel Not« (KuJ I,10). Schon bald verbringt der junge Hermann Hesse nur die Sonntage bei seinen Eltern und Geschwistern, während der Woche besucht er in der Knabenschule des Missionshauses die Kinderschulklasse des Pfarrers Pfisterer.

> Hermann, der im Knabenhaus fast für ein Tugendmuster gilt, ist zuweilen kaum zu haben. So demütigend es für uns wäre, ich besinne mich doch ernstlich, ob wir ihn nicht in eine Anstalt oder ein fremdes Haus geben sollten. Wir sind zu nervös, zu schwach für ihn und das ganze Hauswesen nicht genug diszipliniert und regelmäßig. Gaben hat er scheint's zu allem: er beobachtet den Mond und die Wolken, phantasiert lang auf dem Harmonium, malt mit Bleistift und Feder wunderbare Zeichnungen, singt wenn er will ganz ordentlich, und an Reimen fehlt es ihm nie. (KuJ I,13)

Nach dem Tod der Großmutter Julie Gundert zieht die junge Familie im Jahr 1886 wieder nach Calw, um den verwitweten Hermann Gundert zu unterstützen. Johannes Hesse widmet sich der publizistischen Arbeit und leitet von 1893 bis 1905 den Calwer Verlagsverein. Hermann Hesse besucht in Calw ab 1888 das Realgymnasium, bis er 1890 zur Vorbereitung auf das Landesexamen in die Göppinger Lateinschule gegeben wird.

Das Württembergische Landesexamen in Stuttgart, das bereits dem Großvater die kostenlose Ausbildung im evangelischen Klosterseminar in Maulbronn ermöglicht hatte, besteht Hermann Hesse 1891. Seine Laufbahn scheint damit vorbestimmt zu sein: Nach dem Seminar wird er in das evangelisch-theologische Stift in Tübingen eintreten und eine geistliche Laufbahn einschlagen. Er setzt damit nicht nur die Familientradition fort – wie Friedrich Hölderlin, Eduard Mörike und zahlreiche schwäbische Gelehrte und Dichter des 19. Jahrhunderts ist Hermann Hesse für das Pfarramt bestimmt.

Die Briefe, die der Stipendiat aus Maulbronn an die Eltern schreibt, spiegeln, dass er sich anfänglich in die strenge Ordnung des Seminars fügt, doch schon zu Beginn des Jahres 1892 mehren sich die Zeichen einer psychischen Krise, die Anfang März in einem Fluchtversuch aus dem Seminar kulminiert. Nach einer auf den Feldern verbrachten Nacht wird Hesse erst am nächsten Morgen von einem Landjäger aufgegriffen und nach Maulbronn zurückgebracht. Auf ärztlichen Rat wird er zunächst zu den Eltern nach Calw geschickt, darf aber im April für einige Wochen in das Seminar zurückkehren, bevor er im Mai endgültig ausscheidet. Seine Eltern reagieren verständnislos auf die Revolte des Heranwachsenden gegen die pietistische Erziehung und schicken den Fünfzehnjährigen zu dem befreundeten Pastor Christoph Blumhardt, dem Leiter des Kur- und Seelsorgezentrums in Bad Boll. Nach einem gescheiterten Selbstmordversuch wird er im Juni 1892 in der Nervenheilanstalt Stetten bei Stuttgart untergebracht. Ein Brief vom September 1892 aus Stetten spiegelt das von Aufbegehren und Unterordnung, Liebe und Distanz, Vertrauen und Revolte geprägte Verhältnis zwischen Hesse und seinen Eltern. Er schreibt an seinen Vater, den er in diesem Brief mit »Sehr geehrter Herr!« anredet:

> Ihre Verhältnisse zu mir scheinen sich immer gespannter zu gestalten, ich glaube, wenn ich Pietist und nicht Mensch wäre, wenn ich jede Eigenschaft und Neigung an mir ins Gegenteil verkehrte, könnte ich mit Ihnen harmonieren. Aber so kann und will

> ich nimmer leben und wenn ich ein Verbrechen begehe, sind nächst mir Sie schuld, Herr Hesse, der Sie mir die Freude am Leben nahmen. Aus dem »lieben Hermann« ist ein andrer geworden, ein Welthasser, eine Waise, deren »Eltern« leben. (KuJ I,268)

In Stetten erhält Hesse nach einigen Monaten die Einwilligung, das Bad Cannstatter Gymnasium zu besuchen, das er 1893 mit dem Einjährigen-Examen abschließt. Nach einer bereits nach drei Tagen abgebrochenen Buchhändlerlehre in Esslingen kehrt er nach Calw zurück, wo er von Juni 1894 bis September 1895 in der Turmuhrenfabrik Heinrich Perrot als Praktikant arbeitet. Die Erfahrungen der für Hesse lebensgeschichtlich schwierigen Entwicklungsjahre, seine Seminaristenzeit in Maulbronn, die Flucht und die Arbeit in der Mechanikerwerkstatt in Calw verarbeitet der Schriftsteller in der 1906 erschienenen Erzählung *Unterm Rad*.

Hermann Hesses Kindheit und Jugend sind geprägt vom pietistischen Christentum seines Elternhauses. Während seine Geschwister durch die religiöse Erziehung einen Halt und eine ihr Leben prägende Orientierung erfahren, opponiert er gegen den orthodoxen Protestantismus der Familie. Die selbstlose Demut und die bedingungslose Unterordnung des Einzelnen unter die strengen religiösen Normen, welche auch in dem an den Kindern praktizierten Erziehungsideal zum Ausdruck kommt, das darauf zielt, den individuellen Willen zu brechen, um den Einzelnen zu einem Glied der christlichen Gemeinschaft zu formen, bildet den Grundkonflikt des jungen Hermann Hesse, der sich auch im späteren literarischen Werk widerspiegelt. Vor allem die frühen Erzählungen, deren Sujets auf die Kindheit in der schwäbischen Heimat rekurrieren, sind ein Versuch, die Krisen der Entwicklungsjahre literarisch zu verarbeiten. Letztlich ist es Hermann Hesse jedoch erst nach dem Tod des Vaters im Jahr 1916 möglich, indem er sich einer psychoanalytischen Behandlung bei dem Luzerner Psychologen Joseph Bernhard Lang unterzieht, die seine seelische Existenz prägenden Kindheitskonflikte zu bewältigen. Dass seine literarischen Figuren von dem Widerspruch zwischen den moralischen Ansprüchen und normativen Forderungen einer autoritären gesellschaftlichen Ordnung und dem Freiheitsstreben des Einzelnen bestimmt werden, hat – vor dem Hintergrund seiner Biographie betrachtet – seine Ursachen in den Widerständen des Heranwachsenden gegen das christliche Lebensideal seines Elternhauses.

Erst in den ab den 1930er Jahren entstandenen Werken gelingt es dem Schriftsteller, zu einem Ausgleich der sein Bewusstsein prägenden widerstrebenden Tendenzen zu gelangen, sie lebensgeschichtlich wie literarisch zu verarbeiten. So schreibt Hermann Hesse anlässlich des 100. Geburtstages seiner Mutter aus der Retrospektive des Jahres 1942 an seine Schwester Adele über sein Elternhaus:

> Merkwürdig und geheimnisvoll war mir immer die Mischung der elterlichen Erbschaften in unsrer Mutter. In vielem war sie der Großvater, dessen Weisheit ich sehr verehre, und dann wieder war sie so aktiv, moralisch, so begeistert und kämpferisch um irgendeiner guten Sache willen, wie nur eine welsche Calvinistin es sein konnte.
> Unsre Eltern haben uns viel mitgegeben, auch Widersprüche und Schwierigkeiten, einfach und leicht ist das Erbe nicht, aber es ist reich und edel, es ruft auf und verpflichtet, und es hilft einem oft, die Augen offen behalten und klar sehen und urteilen, wenn die meisten mit Schlagworten zufrieden sind. Unsre Eltern haben ziemlich viel von uns verlangt, weit mehr aber von sich selber, und haben uns etwas vorgelebt, was selten geworden und unvergeßlich ist. Man sucht uns heute einzureden, ihr Glaube, ihre Weltanschau-

ung, ihre Urteile seien rückständig und überholt; aber ich muß sagen, wenn auch ich selber in der Jugend manchmal so über sie dachte, so hat sich das mit den Jahren doch sehr geordnet und ein andres Gesicht bekommen. (GB III,211)

Jedoch führt die Auseinandersetzung mit der pietistischen Erziehung im Leben wie im Werk Hermann Hesses nicht nur in die Revolte. Indem die im 18. Jahrhundert aufkommende pietistische Bewegung sich einerseits gegen den Dogmatismus eines erstarrten Protestantismus und andererseits gegen das rationalistische Menschenbild der Aufklärung richtet und in der Rückwendung zu einem gefühlsbetonten Mystizismus den seelischen Innenraum als Urgrund einer aus dem Subjektivismus erwachsenden Gotteserfahrung und Frömmigkeit betrachtet, gewinnt die Introspektive, die Auseinandersetzung mit dem Seelenleben des Individuums, eine über den Kontext der religiösen Erfahrung hinausweisende, neue Bedeutung. Ausdruck dieses Paradigmenwechsels sind die bekenntnishaften, zwischen religiös motivierter Seelenbiographie und literarischer Autobiographie changierenden Werke Ulrich Bräkers, Karl Philipp Moritz' oder Heinrich Jung-Stillings. Die Beschäftigung mit dem psychischen Innenraum des Individuums wie die Tendenz zur Verinnerlichung außerweltlicher Erfahrungen und Erlebnisse im Werk Hermann Hesses erwachsen nicht nur aus der Auseinandersetzung mit der Psychoanalyse, sondern auch aus der Tradition des deutschen Pietismus. In diesem Kontext ist auch die didaktische Tendenz seiner Prosa zu verstehen, die zum einen in der Nachfolge der pietistischen Erbauungs- und Erweckungsliteratur des 18. Jahrhunderts steht, zum anderen an die religiös-moralischen Schriften erinnert, die sein Großvater wie sein Vater im Basler Verlag der Missionsgesellschaft und im Calwer Verlagsverein veröffentlicht haben.

Ebenso wichtig wie die Auseinandersetzung mit der pietistischen Frömmigkeit seines Elternhauses ist das im literarischen Werk vielfach gespiegelte Erleben der schwäbischen Landschaft. Die Kleinstadt Gerbersau, in der Hermann Hesse in zahlreichen seiner Erzählungen ein literarisches Porträt seiner Heimatstadt Calw zeichnet, ist kein Zitat der landschaftlichen Idyllen der schwäbischen Romantik. Vielmehr zeigt sich in den Darstellungen und Beschreibungen der für die Epoche charakteristische Widerspruch zwischen einer von der Landwirtschaft, dem Handwerk und Kleingewerbe geprägten gesellschaftlichen Ordnung und ihrer beginnenden Auflösung durch die Industrialisierung der Gründerjahre nach dem deutsch-französischen Krieg von 1870/71. So ist das Werk Hesses zwar einerseits in der Nachfolge der romantischen Schreibart Eduard Mörikes oder Ludwig Uhlands zu lesen, ist aber in der Auseinandersetzung mit den Erscheinungen des politischen und ökonomischen Wandels im späten 19. und frühen 20. Jahrhundert zugleich der gesellschaftskritischen Perspektive des Realismus und Naturalismus verpflichtet. Als literarischer Reflex der Kindheitserfahrungen in Calw halten die Erzählungen Hesses die Balance zwischen der Fortschreibung der schwäbischen Romantik und der lyrisch-unrealistischen Idealisierung einer archaisch-naturnahen Existenz im Kontext der eskapistisch antibürgerlichen Tendenzen der Jahrhundertwende.

Der andere das Leben wie das Werk prägende Einfluss geht von seinem Großvater mütterlicherseits aus. Der in Stuttgart gebürtige Hermann Gundert (1814–93) hatte wie sein Enkel das Seminar in Maulbronn besucht. Nach dem Studium der Theologie wurde er an der Universität Tübingen promoviert. 24-jährig reiste er nach Indien und gründete die Missionsstation Talatscheri. Erst 1859 kehrte er aus gesundheitlichen Gründen in die schwäbische Heimat zurück. Einen Namen hatte sich Hermann Gundert nicht nur als Missionar, sondern auch als Sprachforscher,

Lexikograph, Übersetzer, Sanskritist und Indologe gemacht. Er beherrschte fließend mehrere indische Sprachen und hatte 1872 ein viel beachtetes, bis heute als Standardwerk geltendes, indisch-englisches Malayalam-Wörterbuch sowie eine Malayalam-Grammatik herausgegeben.

Durch die Bibliothek des Großvaters begegnet bereits der junge Hermann Hesse den Sprachen und den Literaturen Indiens, vor allem jedoch den theologischen und philosophischen Vorstellungen der asiatischen Geisteswelt. Sowohl die Indienreise des Jahres 1911, die Hesse über Pengang und Singapur nach Südsumatra führt, als auch seine 1922 veröffentlichte indische Dichtung *Siddhartha* oder der *Indische Lebenslauf* Josef Knechts im 1943 erschienenen Roman *Das Glasperlenspiel* haben hier ihren lebensgeschichtlichen Ursprung. Die intensive Beschäftigung mit den Kulturen und Religionen Südostasiens spiegelt sich jedoch nicht nur in den literarischen Werken, deren Sujets und Motive explizit auf den Orient Bezug nehmen. Die Auseinandersetzung mit den Problemen der Individuation, die primär von der Beschäftigung Hesses mit der im frühen 20. Jahrhundert neuen psychoanalytischen Wissenschaft geprägt sind und als individualpsychologische Entwicklungsgeschichten vom frühen *Peter Camenzind* bis zum späten *Glasperlenspiel* ein zentrales Thema seines literarischen Werkes bilden, werden von den Vorstellungen des Buddhismus wie des Taoismus grundiert. Der Gedanke einer Synthese der das Leben des Einzelnen schmerzhaft disponierenden Dualismen und Antithesen ist weniger von der in der deutschen Literatur einflussreichen Philosophie Georg Wilhelm Friedrich Hegels beeinflusst als von dem Einheitsgedanken des Hinduismus und Brahmanismus. Wie weitreichend die Lektüren des heranwachsenden Hermann Hesse in der Bibliothek seines Großvaters waren, ist erkennbar in dem 1929 veröffentlichten Essay *Eine Bibliothek der Weltliteratur*.

Außer der uns allen bekannten Bibel stelle ich an den Anfang unsrer Bücherei jenen Teil der altindischen Weisheit, den man Vedanta, Ende des Veda, nennt, in Form einer Auswahl der Upanischaden. Eine Auswahl aus den Reden des Buddha gehört mit dazu [...]. Aus dem alten China wählen wir die Gespräche des Konfuzius, das Tao-te-King des Lao-tse und die herrlichen Gleichnisse des Dschuang Dse. Damit haben wir die Grundakkorde aller menschlicher Literatur angeschlagen: das Streben nach Norm und Gesetz, wie es im Alten Testament und bei Konfuzius sich vorbildlich ausspricht, das ahnungsvolle Suchen nach Erlösung von der Ungenüge irdischen Daseins, wie es die Inder und das Neue Testament verkünden, das Geheimwissen um die ewige Harmonie jenseits der ruhelosen, vielgestaltigen Erscheinungswelt, die Verehrung der Natur- und der Seelengewalten in Gestalt von Göttern und das beinahe schon gleichzeitige Wissen oder Ahnen darum, daß Götter nur Sinnbilder sind, und daß Macht und Schwäche, Jubel und Leid des Lebens in des Menschen Hände gelegt sind. Alle Spekulationen abstrakten Denkens, alle Spiele der Dichtung, alles Leid über die Hinfälligkeit unsres Daseins, aller Trost und aller Humor darüber ist in jenen wenigen Büchern schon zum Ausdruck gekommen. Eine Auswahl der klassischen Lyrik der Chinesen gehört mit dazu. (GW XI,345; SW XIV,402–403)

1895 bis 1903
»Literarische und intellektuelle Eroberungen«

Während Hermann Hesse noch im Sommer 1895, als er mit seiner Schwester Marulla Englisch zu lernen versucht, davon träumt, als Farmer nach Brasilien auszuwandern, bietet ihm die Buchhandlung Heckenhauer auf ein Inserat, das er im Oktober desselben Jahres im Stuttgarter *Merkur* aufgegeben hat, eine Lehrstelle als Buchhändler an. Bis Oktober 1898 absolviert er eine dreijährige Lehrzeit in der Tübinger Buchhandlung und arbeitet danach für ein weiteres Jahr als zweiter Sortimentsgehilfe. In der 1936 nach dem Selbstmord seines Bruders entstandenen *Erinnerung an Hans* schreibt Hermann Hesse über die Gründe, die ihn veranlasst haben, Calw zu verlassen und nach Tübingen überzusiedeln:

> Auch als ich, nach schweren Kämpfen, den Eltern nachgab und mich einem Beruf und einer Lehrzeit unterzog, als Buchhändler, hatte ich es im Blick auf mein Ziel getan, es war eine Anpassung, ein vorläufiger Kompromiß gewesen. Ich war Buchhändler geworden, um zunächst einmal von den Eltern unabhängig zu werden, auch um ihnen zu zeigen, daß ich im Notfall mich beherrschen und etwas im bürgerlichen Leben leisten könne, aber es war für mich von Anfang an nur ein Sprungbrett und Umweg zu meinem Ziel gewesen. (GW X,223; SW XII,351–352)

Und im *Kurzgefaßten Lebenslauf* aus dem Jahr 1924 notiert er: »Dann wurde ich Buchhändler, um endlich einmal mein Brot selber verdienen zu können. Zu den Büchern hatte ich immerhin mehr und bessere Beziehungen als zum Schraubstock und den Zahnrädern aus Eisenguß, mit denen ich mich als Mechaniker geplagt hatte« (GW VI,396; SW XII,50). Sein Ziel ist es jedoch, Dichter zu werden. In den Briefen, die er in der ersten Tübinger Zeit an seine Eltern schreibt, ist er bemüht, nicht auf die ermüdende Alltäglichkeit seiner beruflichen Arbeit einzugehen, sondern berichtet von seinen ausgedehnten Lektüren. Die häufigen Bezugnahmen auf das Leben der Dichter und ihre literarische Arbeit verraten deutlich Hesses Absicht, die Bedenken der Eltern in Bezug auf die berufliche Entwicklung ihres Sohnes zu zerstreuen. So schreibt er im September 1896: »Ihr mögt meine Gedankenwelt für ein Kindergärtchen ansehen, aber da ich nichts besseres gefunden, will ich dieser Welt der Schönheit, deren Grenzen unsren Augen verborgen sind, treu bleiben« (GB I,29).

Bereits im März 1896 veröffentlicht das in Wien erscheinende *Deutsche Dichterheim* Hesses Gedicht *Madonna*, es folgen weitere lyrische Werke in den nächsten Jahren. Während Hesse in der ersten in Tübingen verbrachten Zeit ein zurückgezogenes und einsames Leben führt, das von starken Angstzuständen und wiederkehrenden Erinnerungen an die unverarbeiteten Kindheitskonflikte geprägt ist und dessen Rhythmus von der Sechstagewoche im Ladenlokal und Büro der Buchhandlung bestimmt wird, schließt er sich ab 1897 einem Kreis gleichaltriger Studenten der Tübinger Universität an. Einflussreich über seine Basler Zeit hinaus sind die Freundschaften mit den Schriftstellern Ludwig Finckh und Helene Voigt, der späteren Ehefrau des Verlegers Eugen Diederichs. Als Reaktion auf ein Gedicht über den Komponisten Chopin, das im Oktober 1897 im *Deutschen Dichterheim* veröffentlicht wird, schreibt sie einen Leserbrief an den unbekannten, jungen Dichter. Aus diesen Anfängen entwickelt sich schon bald eine rege Korrespondenz, die sich über viele Jahre fortsetzt. Was Hermann Hesse im Oktober 1898 in einem Brief an die zu diesem Zeitpunkt bereits verheiratete Schriftstellerin schreibt, erlaubt einen Einblick in die Bedeutung, welche diese Freundschaft für ihn gewonnen hat:

> Daneben liegt das begonnene Heft Erinnerungen, von dem ich Ihnen sagte und das ich begierig bin, Ihnen zu zeigen. Die aufgedeckte Vergangenheit liegt neben diesem frischen Blatt, und ich wäge meine tätige Gegenwart gegen die schwerblütigen Träume einer anderen Zeit. Ich denke dabei an die einzige liebe, wertvolle Freundschaft, welche diese Jahre

> mir gebracht, und grüße Sie und danke Ihnen. Wie bin ich oft arm und hart und verbittert gewesen, und jetzt blicke ich mit vertieften Augen in mein Leben und finde mich auf einem emporführenden Weg, auf dem Ihre Teilnahme mich erfrischt und mutig macht. (GB I,43)

Es sind die persönlichen Kontakte zu Schriftstellern, Künstlern und Intellektuellen, die den jungen Hermann Hesse ermutigen, seine erste Lyriksammlung *Romantische Lieder* zu veröffentlichen. Sie erscheint Ende 1898 mit der Jahresangabe 1899 im Verlag Pierson in Dresden und enthält Gedichte, die zwischen Januar 1897 und Frühjahr 1898 entstanden sind. An seine Mutter schreibt Hesse im Dezember 1898: »Die ›Romantischen Lieder‹ tragen schon im Titel ein ästhetisches und ein persönliches Bekenntnis. Ich nehme es als Abschluß einer Periode und glaube, daß auf mein ferneres Dichten von ihnen aus kein Schluß zulässig ist.« (GB I,48) Weder ökonomisch noch literarisch ist der Band ein Erfolg. Hesse muss sich mit 175 Mark an den Herstellungskosten beteiligen, und von den 600 Exemplaren der ersten Auflage werden bis Anfang 1900 nur 54 verkauft. Bald darauf, im Juni 1899, publiziert der Eugen Diederichs Verlag in Leipzig – auf Vermittlung Helene Voigts – den Prosaband *Eine Stunde nach Mitternacht*, der sich ebenfalls in den ersten Jahren schlecht verkauft. Und im Dezember 1900 erscheinen im Verlag der Buchhandlung R. Reich in Basel die *Hinterlassenen Schriften und Gedichte von Hermann Lauscher*. Wie Hesse selbst in der Vorrede zur Neuauflage des Werkes im Jahr 1907 schreibt, spiegeln sich in dem frühen Prosatext zum einen die »zu einer Krise gediehenen Jünglingsträume« des Autors (GW XI,20; SW I,222), zum anderen sind in dem bekenntnishaften Roman bereits die zentralen Themen des späteren Werkes angelegt. Ein weiterer Lyrikband erscheint 1902 unter dem Titel *Gedichte* in der

Sammlung *Neue Deutsche Lyriker* im Verlag Grote in Berlin. Carl Busse, der Herausgeber der Reihe, war durch einzelne Gedichte auf Hesse aufmerksam geworden und hatte ihn daraufhin gebeten, einige seiner lyrischen Werke zu einem Auswahlband zusammenzustellen. Hesse erinnert sich 1928 in einem Beitrag für die *Neue Zürcher Zeitung*: »Diese freundliche Aufforderung war die erste wirkliche Freude, die ich in meinem jungen Literatenleben erfuhr« (GB I,494).

1899 gibt Hermann Hesse seine Tätigkeit bei Heckenhauer auf und arbeitet von Dezember 1900 bis Januar 1901 als Sortimentsgehilfe für die Reich'sche Buchhandlung in Basel. Nachdem er auch diese Stellung gekündigt hat, unternimmt er in den Monaten März bis Mai des Jahres 1901 eine erste Reise nach Italien, die ihn über Mailand, Genua, Florenz, Ravenna und Padua bis nach Venedig führt. Finanziert wird die Reise zu einem Teil durch den Verkauf von Handschriften seiner frühen Gedichte, die er Liebhabern und Sammlern zum Preis von 20 Franken das Stück anbietet. Bevor er im August als Buchhändler für das Antiquariat Wattenwyl in Basel zu arbeiten beginnt, verbringt er den Sommer im elterlichen Haus in Calw. In dieser Zeit schreibt Hesse über seine Lebenssituation und die beruflichen Perspektiven: »Ich bin also vom 1. August an im v. Wattenwyl'schen Antiquariat für 6 Monate mit fr. 100,– angestellt, und bin damit sehr zufrieden. Nach Ende der 6 Monate wird mein Chef, falls er mich behalten will, mir auf 130 bis 150 aufbessern. Natürlich kann ich mit hundert Franken nicht leben, hoffe jedoch den Rest zu verdienen« (GB I,82). Er publiziert kleinere Aufsätze, Gedichte und Rezensionen in Schweizer sowie deutschen Zeitungen und Kulturzeitschriften, deren Honorare zusammen mit dem Gehalt sein wirtschaftliches Auskommen sichern.

In Basel, der Stadt in der er mehrere Jahre seiner Kindheit verbracht hat, widmet sich Hesse erneut ausgedehnten Lektüren sowie dem autodidaktischen Studium der europäischen Geistesgeschichte. Während sein Interesse in der Tübinger Zeit vor allem der deutschen Literatur der Klassik und Romantik gegolten hatte, beginnt er sich nun mit der bildenden Kunst auseinanderzusetzen. Die Arbeit in der Buchhandlung und später im Antiquariat ist zwar ungleich anspruchsvoller als die Lehrzeit in Tübingen, aber er verfolgt weiterhin das Ziel, Schriftsteller zu werden. So schlägt er im März 1902 – nach einigem Zögern – das Angebot einer Assistentenstelle am Leipziger Buchgewerbemuseum aus. In den Briefen, die er während dieser Zeit an seinen Vater und seine Mutter schreibt, reagiert er zum einen auf die Vorwürfe und Ermahnungen, die ihm weiterhin zuteil werden, und ist zum anderen darum bemüht, die Eltern von der Ernsthaftigkeit seiner autodidaktischen Studien zu überzeugen.

Deutlich spiegelt sich in der Korrespondenz der Widerspruch, der über viele Jahre seines Lebens einen Grundkonflikt Hermann Hesses bildet: die liebende Fürsorge der Eltern einerseits und die unerbittliche moralische Strenge andererseits. In den Briefen, die der Schriftsteller nach dem Tod der Mutter am 24. April 1902 an seinen Vater und seine Geschwister schreibt, kommen diese gegensätzlichen Empfindungen ebenfalls zum Ausdruck:

> So leid es mir tut, nicht beim Begräbnis der lieben Mama gewesen zu sein, so war es doch für mich und Euch vielleicht besser, als wenn ich gekommen wäre. Ich war und bin noch sehr gedrückt, dennoch habe ich in diesen Tagen seit dem 24sten weniger gelitten als in den Wochen vorher. Seit der Todesnachricht war ich zu betäubt und ermüdet, um mehr als einen dumpfen Schmerz zu empfinden. Außerdem hatte ich in der allerletzten Zeit für Mama so sehr den Wunsch nach Erlösung gehabt, daß ich mich in aller Trauer doch ihres seligen, sanften Heimgangs freuen konnte.

> Auch habe ich seither immer das Gefühl gehabt, sie nicht verloren zu haben, sondern ihre geistige Gegenwart gütig und tröstend zu spüren. (GB I,88–89)

Eine der prägenden Erfahrungen seiner Zeit als Buchhändler in Tübingen und Basel ist das vertiefte Erleben der eigenen Einsamkeit. Das zeigt sich nicht zuletzt in den unglücklichen Liebesbeziehungen, die Hesse in den frühen Jahren hat. Helene Voigt, die fast gleichaltrig ist und für die er mehr als nur freundschaftliche Gefühle entwickelt, verbindet sich mit dem Verleger Diederichs. Gegenüber Julie Hellmann, der Nichte des Kronen-Wirtes in Kirchheim an der Teck, die Hesse auf einem Ausflug mit Freunden aus Tübingen im August 1899 kennen lernt, ist er zu schüchtern, seine Liebe zu gestehen, und die Tänzerin und Choreographin Elisabeth La Roche, Tochter des Pfarrers Emmanuel La Roche, die der Schriftsteller Anfang des Jahres 1900 bei Musikabenden im Haus des Historikers und Staatsarchivars Rudolf Wackernagel in Basel kennen lernt, bewundert er aus der Distanz, ohne auch nur den Versuch zu machen, sich zu erklären. Als das Ideal einer unnahbaren Frau von hoher ethischer Gesinnung findet ihre Gestalt literarischen Niederschlag in den Figuren der Elisabeth in *Peter Camenzind* und der Gertrud im gleichnamigen Musikerroman des Jahres 1910. Die Erfahrung existentieller Einsamkeit, die zu einem zentralen Motiv seines literarischen Werkes werden sollte, zeigt sich nicht nur in den frühen Gedichten und Prosaschriften, sondern auch in den Briefen der in Tübingen und Basel verbrachten Jahre. So schreibt er aus Tübingen an Ernst Kapff im April 1896:

> Seltsam, daß ich seit meiner Schulzeit immer zur Einsamkeit verdammt war, die mir endlich zur Freundin geworden ist. Ich finde keinen Freund, vielleicht weil ich zu stolz bin und nicht werben

> mag, und seit drei Jahren bin ich gewohnt, allein zu denken, allein zu singen, beim Glas, auf Spaziergängen, zuhause, überall ist's, als wäre ein Kreis um mich gezogen, der mit mir sich bewegt und der nicht zu überschreiten ist. (GB I,20)

Vor diesem Hintergrund erweist sich die intensive Lektüre der Literatur und das autodidaktische Studium der Kunstgeschichte auch als Versuch, der eigenen Lebenswirklichkeit in die Fiktion zu entfliehen. In der Begegnung mit den Werken Brentanos, Novalis', Eichendorffs, Tiecks, Schlegels, Goethes und schließlich Nietzsches, die auf die Schreibart wie das Selbstverständnis des Dichters einen prägenden Einfluss ausüben, ist zudem das Bemühen zu erkennen, sich nach dem Abbruch der schulischen Laufbahn eigenständig eine humanistische Bildung anzueignen. Das kommt auch in den Briefen, die er zwischen 1895 und 1902 an Johannes und Marie Hesse nach Calw schreibt, zum Ausdruck, wenngleich Hesse es vermeidet, die schmerzhaften und schwierigen Aspekte seiner eigenen Bildungsgeschichte gegenüber den Eltern direkt anzusprechen.

> Mich betrübt, außer allem großen Unrecht, das ich Euch abzubitten habe, im Grunde nur das, daß ich schließlich in einen kaufmännischen Beruf mündete, nachdem ich einen besseren mir selber verdarb. Je ruhiger ich werde und je mehr ich mich bemühe, meinem Berufe Mühe und Fleiß zu widmen, desto gewisser wird mir seine relative Niedrigkeit – es ist eben Kauf und Verkauf [...]. Meine Kollegen flüchten sich abends ins Wirtshaus, zu Bier und Karten; ich flüchte mich vom Äußern der Bücher ins Innere und betreibe planmäßig größere literarhistorische und überhaupt geistesgeschichtliche Studien, die, wie ich hoffe, sich später werden verwerten lassen. (GB I,42)

Zwei weitere Aspekte seiner Zeit als Buchhändler in Tübingen und Basel haben sein literarisches Werk geprägt. Dass der Schriftsteller in den zwanziger Jahren neben der literarischen und publizistischen Arbeit zahlreiche Werke der klassischen deutschen wie europäischen Literatur, mit Vor- oder Nachworten versehen, neu herausgibt, geschieht nicht nur aus ökonomischen Erwägungen, sondern zeigt den Wert, den Hermann Hesse der literarischen Tradition, der er sich als Dichter verpflichtet fühlt, im Kontext der geistesgeschichtlichen Diskurse seiner Zeit beimisst. Zum anderen zeigt sich in den zahlreichen Aufsätzen und Artikeln, die dem *Umgang mit Büchern*, dem *Bücherlesen und Bücherbesitzen* oder der *Magie des Buches* gewidmet sind, dass Hesse nicht nur als Schriftsteller an der Entstehung von Büchern beteiligt ist, sondern durch seine Lehrjahre als Buchhändler und Antiquar auch den materiellen wie bibliophilen Wert des Mediums Buch kennen und wertschätzen gelernt hat.

1903 bis 1912
»Das Gefühl von Seßhaftigkeit«

Im Frühjahr des Jahres 1903 kündigt Hermann Hesse seine Stellung im Wattenwyl'schen Antiquariat in Basel, um im April zu einer zweiten Italienreise aufzubrechen, die ihn über die großen norditalienischen Städte erneut bis nach Venedig führt. Er reist in Begleitung einer befreundeten Malerin und seiner zukünftigen Frau, Maria Bernoulli. Der Schriftsteller hatte sie anlässlich eines der Künstlertreffen kennen gelernt, die in dem Fotoatelier, das sie gemeinsam mit ihrer Schwester in Basel unterhielt, stattfanden. Aus Florenz schreibt er über die Umstände dieser Reise an seine Familie nach Calw:

> Eine mir befreundete Malerin, Frl. Gundrun, verließ neulich Basel, um für immer nach Italien zu gehen, und lud allerlei Bekannte und Freunde ein, sie für die Ostertage nach Florenz zu begleiten. Ich dachte nicht daran mitzugehen, bis am letzten Tag Frl. Bernoulli, eine andere Künstlerin, sich dafür begeisterte und mich zum Mitgehen überredete. (GB I,100)

Bereits zu Pfingsten verlobt sich Hesse trotz des Einspruchs ihres Vaters mit der neun Jahre älteren Maria Bernoulli. Sie stammt aus der berühmten und angesehenen Basler Gelehrtenfamilie Bernoulli und war die erste freie Berufsfotografin der Schweiz. An seinen Vater notiert er im Juni 1903:

> In letzter Zeit kam ich in die seltsame Lage, die Möglichkeit einer Heirat zu überlegen. Ein mir schon länger befreundetes Mädchen, das mich lieb hat, ziemlich älter als ich ist und wohl zu mir passen würde. Ich kann aber in dieser Sache mich einstweilen zu nichts entschließen, da ich zunächst noch zu arm an Gelde bin und auch vor dem Heiraten ein unbestimmtes Grauen habe. (GB I,105)

Die wirtschaftliche Situation, die Hermann Hesse gegenüber dem Vater anführt, bessert sich bereits im Sommer des Jahres. Auf Empfehlung des Thurgauer Heimatschriftstellers Paul Ilg, der Hesse zwar nicht persönlich kannte, aber durch die Lektüre des *Hermann Lauscher* auf den jungen Dichter aufmerksam geworden war, hatte der Berliner Verleger Samuel Fischer Hesse aufgefordert, gelegentlich einige Arbeiten einzureichen. Im Mai 1903 schickt Hesse das Anfang 1902 begonnene und im Frühjahr 1903 abgeschlossene Manuskript des *Peter Camenzind* nach Berlin. Später erinnert sich Hesse an diese Zeit: »Es war die erste literarische Anerkennung und Ermunterung in meinem Leben. Ich hatte damals den Camenzind begonnen, und Fischers Einladung spornte mich sehr an. Ich schrieb ihn fertig, er wurde sofort angenommen« (GB I,497). Fischer, der das Manuskript noch im Mai liest, bietet dem jungen Schriftsteller einen Fünfjahresvertrag an: »Ein berühmter großer Verleger hat mein letztes Manuskript, einen kleinen Roman, gekauft und einen literarischen Vertrag auf 5 Jahre mit mir angeschlossen. Das ist ein großer Schritt vorwärts, doch würde ich nur im Fall eines wirklichen Erfolges davon leben können, da ich Prozente vom Absatz beziehe« (GB I,107). Der Roman, der zuerst von Oktober bis Dezember 1903 in der *Neuen deutschen Rundschau* vorabgedruckt wird und 1904 in Buchform erscheint, wird zu einem Erfolg, der den Ruf des bis dahin unbekannten Schriftstellers Hermann Hesse auf dem literarischen Markt begründet und ihm ein Leben als freier Autor ermöglicht. Noch im Erscheinungsjahr wird der Roman in mehreren Auflagen nachgedruckt – 1909 erscheint das Werk bereits im 50. Tausend – im Herbst wird ihm der renommierte, mit 1000 Kronen dotierte Wiener »Bauernfeldpreis« zuerkannt, und der Schwäbische Schillerverein ernennt ihn zum korrespondierenden Mitglied. So kann er, nach einjähriger Verlobungszeit, Maria Bernoulli am 2. August 1904 in Basel heiraten. An Stefan Zweig schreibt er nach Wien:

> Es lebe Peter Camenzind! Ohne den hätte ich nicht heiraten und nicht hierherziehen können. Er hat mir 2500.– Mark eingebracht, davon kann ich zwei Jahre leben, wenigstens wenn ich hier bleibe. [...] Meine Hochzeit ging im Galopp. Da der Schwiegerpapa nicht einverstanden ist und nichts von mir will, kam ich dahergereist, solang er gerade nicht in Basel war, dann gings subitissimo aufs Standesamt. Nun grollt der Alte von ferne, scheint aber allmählich sich zu beruhigen.

Und nun bin ich ein verheirateter Mann, und mit dem Zigeunern hat es einstweilen ein Ende. (GB I,125–126)

Das Ehepaar bezieht noch im August 1904 ein altes Bauernhaus in Gaienhofen am Bodensee, das sie bis zum Bau eines eigenen Hauses im Frühjahr 1907 bewohnen. Maria hatte das etwas verwahrloste Haus, das weder einen Strom- noch einen Gasanschluss hatte, während des Sommers entdeckt. Für Hermann Hesse beginnt nach den unruhigen, von wirtschaftlichen wie psychischen Problemen geprägten Jahren als Buchhändler in Tübingen und Basel eine Zeit der Ruhe und konzentrierten Arbeit an seinem literarischen Werk. Er schreibt Erzählungen, Gedichte, Rezensionen und Buchberichte. Noch im Jahr seines Umzuges nach Gaienhofen erscheint der bereits in Calw begonnene Roman *Unterm Rad* in Fischers *Neuer Rundschau*. Das ein Jahr später in Buchform veröffentlichte Werk wird ebenfalls ein Erfolg. Gemeinsam mit Ludwig Thoma und dem Münchner Verleger Albert Langen realisiert er *März. Halbmonatsschrift für deutsche Kultur*, deren erstes Heft im Oktober 1907 erscheint. Das letzte große Werk, das in Gaienhofen entsteht, ist der Musikerroman *Gertrud*, der mehrfach überarbeitet, schließlich im Jahr 1910 bei Albert Langen in München veröffentlicht werden kann.

Zu den Freunden dieser Jahre gehören Stefan Zweig, mit dem Hesse seit 1903 in brieflichem Verkehr steht und den er 1905 anlässlich eines Besuches in Gaienhofen persönlich kennen lernt, ferner die Schriftsteller Emil Strauß, Ludwig Thoma und Wilhelm Schäfer, in dessen Monatsschrift *Die Rheinlande* zahlreiche Erzählungen, Gedichte und Rezensionen Hesses erscheinen, die Komponisten Othmar Schoeck und Volkmar Andreae sowie die Künstler Albert Welti und Olaf Gulbransson. In der näheren Umgebung Gaienhofens lässt sich auch Ludwig Finckh nieder, den Hesse aus seiner Tübinger Zeit kennt. Die Briefe dieser Jahre spiegeln die häufigen Begegnungen und intensiven Gespräche mit Freunden wider, die das Leben des Schriftstellers am Bodensee bestimmen. Im Dezember 1905 wird sein erster Sohn Bruno geboren, es folgen 1909 Heiner und 1911 der jüngste Sohn Martin. In dem Essay beim *Einzug in ein neues Haus* erinnert sich Hesse an die frühen in Gaienhofen verbrachten Jahre:

> In diesem Haus habe ich drei Jahre gewohnt, während dieser Zeit ist mein erster Sohn zur Welt gekommen und sind viele Gedichte und Erzählungen entstanden. [...] Etwas, was kein späteres Haus mehr zu geben hatte, macht dieses Bauernhaus mir lieb und einzigartig: Es war das erste! Es war die erste Zuflucht meiner jungen Ehe, die erste legitime Werkstatt meines Berufes, hier zum erstenmal hatte ich das Gefühl von Seßhaftigkeit, und eben darum auch zuweilen das Gefühl der Gefangenschaft, des Verhaftetseins an Grenzen und Ordnungen; hier zum erstenmal ließ ich mich auf den hübschen Traum ein, mir an einem Orte eigener Wahl etwas wie Heimat schaffen und erwerben zu können. Und es geschah mit geringen und primitiven Mitteln. (GW X,141–142; SW XII,140)

Aus der Stille und Zurückgezogenheit seines Gaienhofener Familienlebens reist Hesse häufig nach München, zur Kur nach Locarno und im Sommer 1907 zusammen mit dem Maler Fritz Widmann erneut nach Italien. Die häufigen Kuraufenthalte, die aufgrund seines Augenleidens notwendig sind, und die Vortragsreisen, die der Schriftsteller nach dem Umzug in das im September 1907 fertiggestellte Haus »Am Erlenloh« unternimmt, sind ein erstes Indiz für wachsende innere Unruhe und Zweifel sowie die Spannungen, die sich in seiner Ehe bereits in den frühen Jahren bemerkbar machen. Zunehmend wird dem Schriftsteller bewusst, dass er das bürgerliche Leben und die daraus erwachsenden Verpflichtungen als Belastung empfindet. Die 1926 unter dem Titel *Bodensee* veröffentlichten autobiographischen Skizzen geben einen Einblick in das äußere Leben wie das innere Erleben dieser Zeit. Unter der Überschrift *Wenn es Abend wird* schreibt Hesse:

> Es ist schön, es ist schmeichelnd und wohlig, an seinem sicheren Tisch zu sitzen, ein sicheres Dach über sich, einen zuverlässigen Wein in der Kanne, eine wohlgefüllte große Lampe brennend, und nebenan bei offener Türe eine Frau am Klavier, Chopin-Stükke und Kerzenlicht ... Plötzlich steigt mir wie eine Seifenblase die Frage auf: Bist du eigentlich glücklich? (GW VI,182; SW XIII,44)

Und aus der Retrospektive des Jahres 1930 notiert Hesse über die frühen Ehejahre in Gaienhofen:

> Aber die Ewigkeit, für die wir gebaut hatten, dauerte nicht lange. Ich hatte Gaienhofen erschöpft, es war dort kein Leben mehr für mich, und ich reiste nun häufig für kurze Zeiten weg, die Welt war so weit da draußen, und fuhr schließlich sogar nach Indien, im Sommer 1911. Die heutigen Psychologen, der Schnoddrigkeit beflissen, nennen so etwas eine »Flucht«, und natürlich war es unter andrem auch dies. Es war aber auch ein Versuch, Distanz und Überblick zu gewinnen. Im Sommer 1911 fuhr ich nach Indien und kam ganz am Ende des Jahres zurück. (GW X,148; SW XII,145)

Die Indienreise, die Hesse gemeinsam mit dem befreundeten Maler Hans Sturzenegger vom 4. September bis zum 11. Dezember des Jahres 1911 unternimmt, führt ihn

Hesse (Mitte) bei der Überfahrt nach Indien,
links von ihm Hans Sturzenegger
Foto, September 1911

durch die Schweiz und Oberitalien bis nach Genua. Von dort reisen sie mit dem Dampfer über das Mittelmeer, durch den Suezkanal über Aden nach Colombo auf Ceylon. Die Reise geht weiter über Penang, Kuala Lumpur, Singapur bis in das südliche Sumatra. Auf dem Dampfer »York«, der sie Ende November nach Europa zurückbringt, berichtet Hesse seinem Freund Conrad Haußmann von den Eindrücken der Reise:

> Vorderindien, wo ich ohnehin nur eine Reise im Süden geplant hatte, mußte ich aufgeben, teils weil das Leben und Reisen hier draußen weit über meine Verhältnisse und Erwartungen teuer ist, teils weil Magen,

> Darm und Nieren streiken. Dagegen sah ich die Strait Settlements und Malay States ziemlich gründlich, ebenso den Südosten von Sumatra, und zwar zuletzt noch 14 Tage, meist leider krank und bei Regen, im Gebirg von Ceylon. Die Inder haben mir im ganzen wenig imponiert, sie sind wie die Malayen schwach und zukunftslos. Den Eindruck unbedingter Stärke und Zukunft machen nur die Chinesen und die Engländer, die Holländer etc. nicht. (GB I,201)

Hermann Hesse, der sich auch in den Jahren am Bodensee intensiv mit der Literatur und Philosophie Ost- und Südostasiens beschäftigt, was sich sowohl in seiner Lektüre als auch in den Rezensionen der in diesen Jahren vermehrt auf dem deutschen Buchmarkt veröffentlichten Werke der asiatischen Literatur widerspiegelt, ist von der unmittelbaren Begegnung mit Hinterindien enttäuscht. Deutlich zeigt sich, wie stark seine Vorstellungen von dem um die Jahrhundertwende noch wirksamen Einfluss der romantischen Indienrezeption des frühen 19. Jahrhunderts geprägt sind. Dennoch schreibt er sowohl in dem 1913 bei Fischer in Berlin veröffentlichten autobiographischen Reisebericht *Aus Indien* als auch in der in den frühen zwanziger Jahren entstandenen Dichtung *Siddhartha* eben dieses Bild der asiatischen Kultur und Lebenswelt fort. »[...] die Reise selbst war eigentlich eine Enttäuschung – d. h. für den Moment, denn für die Folge trug sie die schönsten Früchte« (GB II,56), notiert er nach der Fertigstellung des *Siddhartha* an Romain Rolland, was nicht nur auf die literarischen Arbeiten, die unter dem Eindruck der indischen Erlebnisse entstanden sind, zu beziehen ist. Auch lebensgeschichtlich markiert die Reise einen Wendepunkt seiner Entwicklung. Die während der mit Hans Sturzenegger in den Tropen verbrachten Wochen und Monate gewonnene Distanz zum Leben in der kleinen Bodenseegemeinde Gaienhofen, aber auch zu der Beziehung zu seiner Frau und seinen Kindern, eröffnen neue Perspektiven, sowohl in Bezug auf seine persönliche Lebenssituation wie auf sein literarisches Werk. Nach seiner Rückkehr entschließt Hesse sich, gemeinsam mit seiner Frau das Domizil am Bodensee aufzugeben und nach Bern zu ziehen.

> Aber das alles genügte nicht. Mit der Zeit fanden sich zu den verschwiegenen inneren Gründen unsrer Unzufriedenheit auch die äußern, die zwischen Mann und Frau leicht diskutierbaren: ein zweiter und dritter Sohn war geboren, der älteste wurde schulpflichtig, meine Frau empfand zuweilen Heimweh nach der Schweiz und auch nach der Nähe einer Stadt, nach Freunden und nach Musik, und allmählich gewöhnten wir uns daran, unser Haus als verkäuflich und unser Gaienhofener Leben als eine Episode zu betrachten. Im Jahre 1912 wurde die Sache reif, es fand sich ein Käufer für das Haus. (GW X,148; SW XII,145–146)

1912 bis 1919
»Verschattet und unglücklich«

Die erste Hälfte des Jahres 1912 verbringt Hermann Hesse zu einem Teil auf Reisen. Nachdem er im März eine Vortragsreise unternimmt, die ihn über Wien, Prag und Brünn nach Dresden führt, hält er sich im Sommer erneut zur Kur bei Professor Fraenkel in Badenweiler auf. Gemeinsam mit Maria sucht er nach einem Domizil, das ihren Wünschen, wieder in der Schweiz zu leben, entgegenkommt, das zudem ländlich liegt und dennoch die Möglichkeit bietet, am kulturellen Leben einer Stadt teilhaben zu können. Im September schließlich ziehen sie in das Landhaus eines verstorbenen Freundes. Das Haus Albert Weltis, das der Maler bis zu seinem Tod im selben Jahr selbst bewohnt hatte, liegt in Ostermundingen bei Bern. »Das Haus am Melchenbühlweg bei Bern, oberhalb von Schloß Wittigkofen, war nun eigentlich in jeder Hinsicht die Verwirklichung unsrer alten, seit den Basler Zeiten mehr und mehr befestigten Vorstellung von einem idealen Hause für Leute von unsrer Art« (GW X,149; SW XII,146). Es gehört einer Berner Patrizierfamilie, und die Hesses können es mit dem Hausrat zum gleichen Mietpreis wie Welti übernehmen. Es entspricht ziemlich genau den Ansprüchen des Ehepaares, und dennoch zögern sie mit dem Einzug. »Wir wehrten uns innerlich gegen diese Nachfolgerschaft, es roch uns zu sehr nach Tod«, erinnert sich Hesse später (GW X,149; SW XII,146).

Hesse arbeitet während seines ersten Berner Winters 1912/13 an dem bereits in Gaienhofen begonnenen und in Badenweiler fortgesetzten Künstlerroman *Roßhalde*. Das neue Haus, das die Familie bis zum Jahr 1919 bewohnt, wird zum Vorbild des herrschaftlichen Landhauses, das der Roman darstellt. Es ist zum einen eine Reminiszenz an den verstorbenen Freund Albert Welti, dessen Bilderwelt sich in den im Roman beschriebenen Gemälden spiegelt, zum anderen thematisiert das Werk die inneren Konflikte des Künstlers Hermann Hesse, die Krise und das langsame, unaufhaltsame Auseinanderbrechen seiner Ehe.

Auch wenn sich das Ehepaar durch den mit dem Umzug verbundenen Ortswechsel neue Impulse für ihre Beziehung verspricht, sind die Berner Jahre eine letzte, von zunehmender Distanz und wachsenden Auseinandersetzungen zwischen Hermann und Maria Hesse geprägte Zeit. Zudem antizipiert das 1913 in Velhagen und Klasings *Monatsheften* vorabgedruckte und 1914 in Buchform bei Fischer veröffentlichte Werk das schwere, beinahe tödliche Nervenleiden, an dem der jüngste Sohn im März des Jahres 1914 erkrankt. In dem autobiographischen Essay *Beim Einzug in ein neues Haus* erinnert sich Hesse: »[...] es kam das jahrelange schwere Kranksein unsres jüngsten, dritten Söhnchens, es kamen die ersten Vorboten der Gemütskrankheit meiner Frau« (GW X,151; SW XII,148).

Überschattet werden die Jahre in Bern zudem vom Ausbruch des Ersten Weltkrieges. Während Hesse zu Beginn des Jahres 1913 gemeinsam mit dem Maler Fritz Widmann und dem Komponisten Othmar Schoeck erneut nach Italien reist und noch im März 1914 zum ersten Mal nach dem Ende seiner Schulzeit das Kloster Maulbronn besucht, meldet er sich im August 1914 als Freiwilliger für den Landsturm, wird jedoch nach der Musterung im deutschen Konsulat in Bern wegen seines Augenleidens zurückgestellt. »Es kam nicht ganz zwei Jahre nach unsrer Übersiedlung der Weltkrieg, es kam für mich die Zerstörung meiner Freiheit und Unabhängigkeit, es kam die große moralische Krise durch den Krieg« (GW X,151; SW XII,148). Noch im ersten Kriegsherbst veröffentlicht er in der *Neuen Zürcher Zeitung* den Aufsatz *O Freunde, nicht diese Töne!*, den ersten einer Reihe von pazifistischen Beiträgen, die ihn in den folgenden Jahren zu einer Zielscheibe der konservativen, nationalistischen deutschen Presse machen.

Hesse wird nicht nur wegen seiner humanistischen Gesinnung als Vaterlandsverräter angegriffen, auch die Tatsache, dass er in der neutralen Schweiz lebt, trägt zu seiner Isolation während des Krieges bei. Zugleich gewinnt er neue Freunde, denn bereits als Reaktion auf seinen ersten Artikel in der *Neuen Zürcher Zeitung* schreibt ihm der französische Dichter und Publizist Romain Rolland einen solidarischen Brief, aus dem sich eine bis zum Tod des Franzosen im Jahr 1944 fortgesetzte Korrespondenz ergibt. Im Oktober 1915 notiert Hesse an Rolland: »Im letzten Briefe schrieben Sie mir: ›Wie sollten Sie und ich durch irgendwelche Mächte gezwungen werden können, einander zu hassen?‹ Nein, das ist glücklicherweise nicht möglich. Und die Liebe, die den Tod besiegt, wird einmal auch stärker und dauernder sein als die Schrecken von heute« (GB I,287).

Hesse, der bereits im Sommer 1915 gemeinsam mit Richard Woltereck für die Kriegsgefangenenfürsorge gearbeitet hat, wird im August desselben Jahres einberufen, jedoch für die Arbeit für die Gefangenenfürsorge freigestellt, die er bis zum Ende des Krieges fortsetzt, zuletzt in der Position eines Beamten-Stellvertreters ohne Feldwebelrang. Er schreibt Artikel für die *Deutsche Internierten Zeitung*, gibt ab Dezember 1916 den *Sonntagsboten für die deutschen Kriegsgefangenen* heraus und baut die »Bücherzentrale für deutsche Kriegsgefangene« auf, die bis zum Ende des Krieges über eine halbe Million internierte Soldaten mit Büchern und Zeitschriften versorgt. Gegen Ende des Krieges im Jahr 1917 gründet er sogar einen eigenen Verlag für Kriegsgefangene, in dem bis 1919 25 Bände mit Texten von Thomas Mann und Arnold Zweig, aber auch mit Werken der romantischen deutschen Literatur erscheinen. In den Zeitungen und Zeitschriften des Deutschen Reiches ruft er in Anzeigen zu Spenden für die Gefangenenfürsorge auf und verkauft in der letzten Phase des Krieges handillustrierte Manuskripte seiner Werke, um seine Arbeit finanzieren zu können. Seine amtliche Tätigkeit endet im April 1919.

Auch für den Schriftsteller und Familienvater sind die Jahre des Ersten Weltkrieges eine schwierige Zeit. Zu der Nervenkrankheit seines Sohnes kommt im Frühjahr 1915 das Gemütsleiden seiner Frau. Ihre Schizophrenie muss zeitweilig in einer Nervenheilanstalt stationär behandelt werden. Als am 8. März 1916 sein Vater stirbt, zeigen sich auch bei Hermann Hesse Symptome einer tiefgehenden psychischen Krise. »[...] ich sah mein Leben rückwärts nicht wie ein launig gewundenes Tal, sondern als eine einzige, harte, schnurgerade Straße unerbittlicher Notwendigkeit, vom Vater her und zu ihm zurückführend« (GW X,125; SW XII,301). Obwohl es schwierig ist, während des Krieges aus der Schweiz in das Deutsche Reich auszureisen, fährt er zu der Beerdigung seines Vaters nach

Korntal. In dem autobiographischen Essay *Zum Gedächtnis* notiert er über die Beziehung, die von Nähe und Distanz, kindlicher Liebe und Revolte, Vertrautheit und Fremdheit geprägt war: »Sie haben ihn nie verstanden, niemand, auch alle seine Freunde nicht. Nur ich verstehe ihn ganz, weil ich bin wie er, allein und von keinem verstanden« (GW X,123; SW XII,299).

In der Folge muss er zeitweilig die Arbeit für die Kriegsgefangenenfürsorge aufgeben und sich in Luzern einer Elektrotherapie unterziehen. Hier lernt er den Psychoanalytiker Josef Bernhard Lang kennen, einen Schüler Carl Gustav Jungs, von dem er bis 1917 behandelt wird. An Helene Welti schreibt er am 18. Mai 1916 aus dem Kurhaus Sonnmatt in Luzern:

> Bei mir ist auch eine Krisis im Werden, wobei freilich das Körperliche nur eine nebensächliche, wenn auch symbolische Bedeutung hat. Ich werde elektrisiert, elektrisch durchwärmt, massiert, gebürstet und an die Sonne gelegt, doch ist es uns mit aller Mühe noch nicht geglückt, mir für länger als Viertelstunden warme Füße zu verschaffen. Daneben kriege ich ständig kleine Bromdosen und habe in den letzten Nächten zum erstenmal seit manchen Wochen wieder anständig geschlafen.
>
> Doch das sind nur Nebensachen und zum Teil nur Symptome einer innern Verstimmung und Zersetzung, die seit Jahren in mir wuchs und die nun irgendwie nach einer Krisis und Lösung verlangt, wenn das Weitermachen einen Sinn haben soll. Wohin der Weg führt, ist mir noch ganz unklar – vielleicht in die »Welt« zurück, vielleicht in noch engere Einsamkeit und Selbstbeschränkung. Zur Zeit spüre ich nur das Abwelken von Trieben und Denkweisen, die mir einst lieb und lebendig waren, und das Werden von Neuem, das noch unklar ist und mehr Angst als

> Freude macht. Auch diese Entwicklung hat der furchtbare Krieg beschleunigt durch den quälenden Druck, den er übt. (GB I,324)

In dieser Zeit beginnt Hesse zu malen. Die künstlerische Beschäftigung, die ihm von Dr. Lang empfohlen wird, bildet einen wichtigen Ausgleich zur schriftstellerischen Arbeit und eröffnet dem Dichter durch die Konzentration auf die bildnerische Gestaltung die Möglichkeit, den Konflikten und Sorgen des Alltags zu entfliehen. Dass er sich 1919, ein Jahr nach dem Ende des Krieges, von seiner Familie trennt und sich zunächst in der Nähe von Locarno, dann in Sorengo und schließlich in Montagnola niederlässt, ist der Versuch, die quälenden und bedrückenden Krisen und Auseinandersetzungen der Berner Jahre hinter sich zu lassen und lebensgeschichtlich wie künstlerisch einen neuen Anfang zu wagen.

Während des Ersten Weltkrieges veröffentlicht Hesse nur wenige Werke. Gegen Ende des Jahres 1914 erscheint bei Eugen Salzer in Heilbronn der schmale Gedichtband *Musik des Einsamen*, der die lyrische Produktion der Jahre 1911 bis 1914 enthält. Und ein halbes Jahr später veröffentlicht Fischer in Berlin die *Drei Erzählungen aus dem Leben Knulps*, an denen der Schriftsteller seit 1908 gearbeitet hat. Sie sind, wie auch schon die Gedichte, literarischer Ausdruck der Krise des Dichters. Die eskapistische Tendenz der Geschichten um den Landstreicher Knulp spiegelt zudem die Sehnsucht Hesses, der scheinbar ausweglosen Lebenssituation zu entkommen, deren Krisen und Konflikte sich in den Jahren bis zum Ende des Krieges noch verstärken.

Lebens- wie werkgeschichtlich bilden die in Bern verbrachten Jahre eine wichtige Zäsur. Durch die Behandlung bei Dr. Lang gelingt es Hesse nicht nur, mit der Malerei ein neues künstlerisches Ausdrucksmedium zu finden, die psychoanalytische Therapie ermöglicht ihm zugleich, die

Erfahrungen seiner Kindheit und Jugend aufzuarbeiten und zu bewältigen. Die Behandlung setzt auf diese Weise psychische Kräfte frei, die in den vorangegangenen Lebensjahrzehnten darin gebunden waren, die wiederkehrenden schmerzhaften Erinnerungen, Angst- und Depressionszustände zu überwinden. Zum anderen erschließt die eigene therapeutische Erfahrung dem Schriftsteller, der sich bereits zuvor mit den Schriften Sigmund Freuds und Carl Gustav Jungs auseinandergesetzt hat, die Psychoanalyse für sein literarisches Werk. Während die frühen Werke psychologisch präzise beobachtete Seelenbiographien sind, vermag er in der Folge die Erkenntnisse der wissenschaftlichen Psychoanalyse literarisch umzusetzen. So schreibt er im Juni 1919 an Emil Molt: »Dichterisch äußert sich das Erlebte bei mir in einer Vertiefung der Psychologie, die mir aber zugleich viele neue technische Aufgaben stellt, so daß die literarische Arbeit für mich zu einem schweren Ringen geworden ist« (GB I,403–404). Das zeigt sich nicht nur in seinem noch während der Behandlung bei Dr. Lang begonnenen und 1919 veröffentlichten Roman *Demian*, sondern auch in dem im selben Jahr erschienenen Aufsatz über den *Künstler und die Psychoanalyse* und der 1920 veröffentlichten Schrift *Blick ins Chaos*, die zwei in den letzten Kriegsjahren entstandene Essays über die psychologische Schreibart Fjodor M. Dostojewskijs zusammenfasst.

Die Erfahrung seiner scheiternden Ehe ist zwar ebenso schmerzhaft wie die Einsicht, dass das bürgerliche Familienleben, das er sich seit der Heirat mit Maria Bernoulli zunächst in Gaienhofen am Bodensee und dann in Bern aufgebaut hat, seiner künstlerischen Natur nicht gemäß ist. Zugleich ist es ihm jedoch möglich, auf der Basis dieser Erkenntnis im Tessin einen neuen Lebensabschnitt zu beginnen. An den langjährigen Freund Ludwig Finckh notiert er: »Dieser Tage verlasse ich Bern und will mir im Tessin für einige Zeit eine Arbeitsstätte suchen. Ich hoffe den Tiefstand, auf den meine Existenz gekommen ist, noch einmal zu überwinden und noch ein Stück zu leben und zu arbeiten« (GB I,399). Und in der Erinnerung an diesen Aufbruch notiert er 1931:

> Der Abschied von Bern fiel mir im übrigen nicht mehr schwer. Es war mir klargeworden, daß es moralisch nur noch eine Existenzmöglichkeit für mich gab: meine literarische Arbeit allem andern voranzustellen, nur noch in ihr zu leben und weder den Zusammenbruch der Familie noch die schwere Geldsorge, noch irgendeine andre Rücksicht mehr ernst zu nehmen. Gelang es nicht, so war ich verloren. (GW X,151–152; SW XII,148–149)

Auch wenn Hesse in der Folge betont, dass seine Aufgabe »auf der Seite des Geists, nicht der Praxis, also auch nicht der Politik« liege (GB I,403), so ist die kritische Auseinandersetzung mit den politischen und geistesgeschichtlichen Tendenzen der eigenen Gegenwart neben der Psychoanalyse der wichtigste Impuls, den seine literarische Arbeit in den Jahren des Ersten Weltkrieges erfahren hat. Bereits die Arbeiten, die unmittelbar nach dem Krieg erscheinen wie die Flugschrift *Zarathustras Wiederkehr* oder *Demian*, dokumentieren den politischen Anspruch des Dichters. Auch wenn er in den Werken der zwanziger und dreißiger Jahre über den Gedanken der Autonomie seiner Kunst reflektiert, zeigen die Novelle *Klein und Wagner*, aber vor allem der Roman *Der Steppenwolf*, dass hinter den in der Tradition der Romantik erzählten Lebensgeschichten präzise psychologische Beobachtungen der gesellschaftlichen und politischen Entwicklungen der eigenen Gegenwart stehen. Letztlich hat auch die junge Generation, die in den 1960er Jahren das Werk Hesses neu entdeckt, gerade diesen gesellschaftskritischen Aspekt seines Œuvres betont.

1919 bis 1931
»Zu einer Vereinsamung und einem Leiden verurteilt«

Am 11. Mai 1919 bezieht Hermann Hesse vier Räume in der Casa Camuzzi, die bis ins Jahr 1931 sein Domizil bleiben sollten. Ein Freund, der expressionistische Maler Carl Hofer, hatte ihn auf den im Stil eines barocken Jagdschlosses nachgebauten Palazzo aufmerksam gemacht. Später erinnert sich Hesse:

> Freilich besaß ich hier gar nichts, und bewohnte nicht das Haus, sondern nur eine kleine Wohnung von vier Stuben als Mieter, ich war kein Hausherr und Familienvater mehr, der ein Haus und Kinder und Dienstboten hat, seinem Hunde ruft und seinen Garten pflegt; ich war jetzt ein kleiner abgebrannter Literat, ein abgerissener und etwas verdächtiger Fremder, der von Milch und Reis und Makkaroni lebte, seine alten Anzüge bis zum Ausfransen austrug und im Herbst sein Abendessen in Form von Kastanien aus dem Walde heimbrachte. (GW X,152; SW XII,149)

Obwohl die ersten Tessiner Jahre noch unter dem Eindruck des Krieges und des Zerbrechens seiner bürgerlichen Existenz stehen und auch wirtschaftlich eine schwierige Zeit sind, gehören sie zu den künstlerisch produktivsten Phasen im Leben Hesses. »Ich arbeite hier, literarisch und malerisch, fleißig, habe mich bis jetzt aber nicht gut befunden, da die Erschütterungen nun nachwirken und trotz allem noch schwer drücken« (GB I,403). In der Begegnung mit der südlichen Landschaft entfaltet sich aus den frühen Anfängen in Bern eine intensiv-farbige, deutlich vom Expressionismus beeinflusste malerische Handschrift, seine kleinen Federzeichnungen und Aquarelle bekommen eine neue Farbigkeit und künstlerische Ausdruckskraft. Viele Tage verbringt er mit Zeichenstift und Farbkasten auf Wanderungen in der Gegend um Montagnola. Zugleich beginnt er wieder zu schreiben. »Ich male den Tag über und schreibe die Abende, allerdings nichts Erquickliches, aber etwas Notwendiges«, notiert er an seine Schwester Adele im Juli 1919 (GB I,405).

Gleich zu Beginn seines ersten Tessiner Sommers entstehen die Erzählung *Klingsors letzter Sommer* und die Novelle *Klein und Wagner*. Bereits Ende Juli schreibt er an Alice Leuthold: »Ich habe in diesen 3 Monaten hier unten eine große literarische Arbeit fertiggemacht, viele Wochen lang fast Tag für Tag gemalt und Abend für Abend geschrieben. Die Überanstrengung büße ich nun seit 14 Tagen mit Augenschmerzen« (GB I,409). In den Briefen dieses Sommers spiegelt sich die nach den Jahren des Stillstandes während des Ersten Weltkrieges neu gewonnene künstlerische Produktivität. Er berichtet von seinem Tagesablauf, seinen Ausflügen und Wanderungen, seinen Arbeiten und reflektiert in den Schreiben an Freunde wie Louis Moilliet oder Carl Seelig über poetologische oder kunsttheoretische Fragen. Zugleich plant er gemeinsam mit Richard Woltereck die Zeitschrift *Vivos voco*, deren erstes Heft im Oktober 1919 erscheint. Ihr humanistisches Programm ist Ausdruck der während der Kriegsjahre gewonnenen Einsicht in die Notwendigkeit des schriftstellerischen Engagements für Frieden und Völkerverständigung. »Möchte es dann nur gelingen, die beiden Hauptforderungen der Zeit an so ein Blatt einigermaßen zu erfüllen –: Brückenbauen zwischen Deutschland und seinen Feinden, und Mahnung an Deutschland selbst, mehr als an die andern!« (GB I,401.) Hesse ist bis 1922 Mitherausgeber der Zeitschrift und liefert auch danach noch Artikel und Rezensionen. Dass er die pazifistische Publizistik in der Nachkriegszeit fortsetzt, konfrontiert ihn in den zwanziger Jahren erneut mit den Angriffen der konservativen und nationalistischen deutschen Presse.

Auch wenn die Einsamkeit ein wiederkehrendes Motiv sowohl in seinem literarischen Werk wie in seinem Leben ist, knüpft Hesse auch in den ersten Jahren seines Lebens in Montagnola zahlreiche Freundschaften, von denen die zu dem Schriftstellerehepaar Hugo Ball und Emmy Ball-Hennings die einflussreichste ist. Im April 1920 rezensiert Hesse in seiner Zeitschrift *Vivos voco* Emmy Ball-Hennings Buch *Gefängnis*. Wenig später, gegen Ende des Jahres, lernt er das Ehepaar persönlich kennen. Sie leben in dem nur wenige Kilometer von Montagnola entfernten Agnuzzo, und Hesse besucht sie häufig auf seinen Malausflügen. Es ist eine der Künstlerfreundschaften des Schriftstellers, die über viele Jahre hinaus Bestand haben. Hugo Ball schreibt schließlich in den folgenden Jahren die von persönlichen Beobachtungen und Gesprächen ebenso wie von einem weitsichtigen literaturgeschichtlichen Urteil geprägte erste Biographie Hermann Hesses. Er stirbt kurz nach ihrem Erscheinen im Jahr 1927 im Alter von 41 Jahren an einem Krebsleiden. Die Biographie des Autors, der den wenig erfolgreichen, jüngeren Kollegen häufig auch finanziell unterstützt hat, wird zu der erfolgreichsten Veröffentlichung Balls. Nach dem Erhalt der ersten Exemplare bedankt sich Hesse brieflich bei Ball:

> Ich muß Dir sehr zu diesem Buch gratulieren, und mir auch, obwohl ich ja nicht an allen Stellen Deine Auffassungen teile, und obwohl ich im ganzen ja etwas schamhaft bin und eigentlich mich nicht gern im Mittelpunkt einer Diskussion sehe. […] Einige Deiner Worte beschämen meine Bescheidenheit. Aber da Du selbst Dich in diesem Buch wieder als einen Meister der wahren Dichtung, der Findung von Hieroglyphen und Ideogrammen erwiesen hast, darf ich Dir sagen, wie wohl es mir tut, von einem der Wenigen, denen ich in dieser Kunst mich als Bruder fühle, ge-

> rade in diesem wesentlichen Punkt verstanden zu sein. (GB II,178)

Ebenfalls zu Beginn seiner Tessiner Zeit lernt Hesse auf einem Ausflug mit Freunden Ruth Wenger kennen. Ihre Eltern besitzen in Carona ein Haus, und schon bald ergibt sich ein enger Kontakt zwischen dem nun schon 42-jährigen Schriftsteller und der 20 Jahre jüngeren Sängerin, die er – nach einigem Zögern – im Januar 1924 heiratet. Seine Ehe mit Maria Bernoulli ist bereits im Juni des Vorjahres geschieden worden.

> Vor einigen Wochen ist meine Ehe geschieden worden. Und (bitte niemand sagen!) jetzt werde ich, ohne es zu wollen, wahrscheinlich bald wieder heiraten. Der Freundin, die mir 2 Jahre auch ohne Aussicht auf Ehe treu war, bin ich es schuldig, ihrer Familie auch, andre Triebfedern sind nicht da, denn die Ehe ist ja nichts, was ich begehre und wozu ich begabt bin, aber das Leben und Schicksal ist hier stärker als meine Gedanken oder Wünsche. (GB II,65)

Ruth Wenger ist es, die ihm über die schwierige, krisenhafte Zeit, die dem produktiven ersten Tessiner Jahr folgt, hinweghilft. Zwar kann Hesse bereits im Januar 1920 seine Aquarelle erstmals in einer Ausstellung in der Basler Kunsthalle öffentlich präsentieren und veröffentlicht verschiedene Sammlungen seiner Prosa und Lyrik, zum Teil mit eigenen Illustrationen, aber nach dem Abschluss des ersten Teils des *Siddhartha*-Manuskriptes im Sommer 1920 zeigen sich erneut die psychischen Krisen, die seine künstlerische Produktivität auch in den Jahren des Ersten Weltkrieges beeinträchtigt haben. Hesse verlässt Montagnola nur selten und unterzieht sich von Februar bis Juli 1921 erneut einer psychoanalytischen Behandlung, diesmal bei Carl Gustav Jung in Küsnacht.

Die Tagebucheintragungen aus dem Sommer 1920 zeigen, dass die persönliche Krise wesentlich dazu beiträgt, das *Siddhartha*-Manuskript zu vollenden. Erst nachdem Hesse einen Teil der im Werk reflektierten psychologischen Entwicklung selbst durchlebt und durchlitten hat, vermag er sie literarisch zu gestalten. Im März 1922 beginnt er mit der Arbeit am zweiten Teil der Dichtung. Das fertige Manuskript kann er schon im Mai desselben Jahres an seinen Verleger Samuel Fischer nach Berlin schicken.

Aber die bereits in seiner ersten Ehe gemachte Erfahrung wiederholt sich. Er findet auch in der Beziehung mit Ruth Wenger nicht das Maß an Freiheit, das er für seine literarische Arbeit als notwendig erachtet, und vermag sich nicht in die bürgerliche Konvention einer Ehe zu fügen. An seine Schwiegermutter Lisa Wenger, mit der ihn ein freundschaftliches Verhältnis verbindet, schreibt er im zweiten Jahr seiner Ehe im Dezember 1926:

> Du schreibst am Schluß Deines Billets, ich möchte Dir doch ein wenig Freundschaft bewahren. Das ist es, worüber ich mich so gefreut habe. In der Tat ist ja unsre Freundschaft dadurch in Gefahr gekommen, daß ich den großen Fehler begangen habe, aus dieser Freundschaft eine Verwandtschaft zu machen. Ich glaube nicht, daß diese Verwandtschaft immer bestehen wird – Ruth hat mich ja schon seit anderthalb Jahren vollkommen stehen lassen. Und ich glaube, und hoffe sogar, daß Ruth gesund und jung genug ist, um sich beizeiten noch richtig in einen Mann zu verlieben – in einen, für den sie auch wirklich etwas zu tun und zu sein entschlossen ist. Ich werde es ihr dann nicht erschweren, frei zu werden. (GB II,158)

Ein Brief aus dem April 1927 an seine Frau Ruth spiegelt die Schwierigkeiten und Konflikte der Beziehung:

Ich kann Dich nur bitten, auch das zu bedenken, daß ich sowohl in die damaligen Heiratsformalitäten wie in die jetzigen Scheidungsformalitäten nur sehr ungern und einzig aus Rücksicht auf Dich gewilligt habe. Sieh aus beidem, daß ich es mit Dir doch nicht bloß böse gemeint habe, und Du wirst leichter an mich denken können.
Du sagst, ich habe viel in Dir zerstört. Ich habe aber nichts zerstört als das Bild, das Du einst von mir hattest. Mich selbst zu zerstören, in vielerlei Formen, ist das einzige, was ich seit 2 Jahren getan habe.
Ich wünsche Dir Gutes und bedaure es, wenn ich Dir unnütz weh getan habe. (GB II,174)

Zudem bringen die ersten Jahre seiner zweiten Ehe neben der schon früh einsetzenden Entfremdung zwischen den Eheleuten weitere Krisen und Konflikte. Im Mai 1925 erkrankt Ruth an einer Lungentuberkulose, der lange Sanatorienaufenthalte folgen. Seine erste Frau, für die er sich weiterhin verantwortlich fühlt, wird im selben Monat – nach dem Selbstmord ihres älteren Bruders Adolf Bernoulli – erneut in eine Nervenheilanstalt eingeliefert, und Hesse selbst leidet unter einer bereits chronisch gewordenen Entzündung der Augen, Ischias, Gicht und Schlaflosigkeit, die immer wieder Kuraufenthalte in Baden bei Zürich nötig machen.

In den Jahren 1923/24 und 1924/25 verbringt er die Winter in Basel, zunächst in einer kleinen Wohnung im Hotel Krafft, die Ruth angemietet hat, dann allein in einer möblierten Mansardenwohnung in der Lothringer Straße 7. Ab dem Winter 1925/26 bis 1931 bezieht er eine Wohnung im Schanzengraben 31 in Zürich, die seine Freunde Fritz und Alice Leuthold ihm zur Verfügung stellen – Hesse hatte das Ehepaar bereits 1911 auf seiner Reise nach Indien kennen gelernt. In einem Brief an Fritz und Alice Leuthold aus dem April 1931 schreibt er rückblickend über diese Zeit in Zürich: »Und wenn ich diese Werkstätte und Zuflucht in den Wintern nicht gehabt hätte, und nicht Euch und einige Freunde, so hätte ich diese Jahre nicht überstehen können, daß ich ihrer jetzt mit Dankbarkeit denken kann« (GB II,334). Die Sommer verbringt er weiterhin in der Casa Camuzzi in Montagnola, nur unterbrochen von längeren Kuraufenthalten in Baden und Lesereisen durch Deutschland in den Jahren 1925 und 1926.

Hinzu kommen finanzielle Schwierigkeiten. Da er auf die Honorare aus dem Verkauf seiner Werke in Deutschland angewiesen ist, trifft ihn die Geldentwertung in den Jahren der Weltwirtschaftskrise besonders stark. Für sein Haus in Gaienhofen am Bodensee, das er in diesen Jahren verkauft, erhält er inflationsbedingt nur noch 35 Franken. So arbeitet er trotz seines Augenleidens und rheumatischer Beschwerden an Rezensionen, Feuilletons, Aufsätzen und Essays für deutsche und Schweizer Zeitschriften und veröffentlicht zudem zwischen 1922 und 1927 über zwanzig Anthologien und Leseausgaben mit Werken der klassischen deutschen, europäischen und asiatischen Literatur. Sie erscheinen mit Vor- und Nachworten versehen bei Fischer in Berlin und Seldwyla in Bern.

Im Januar 1926 muss er sich erneut einer psychoanalytischen Behandlung bei Josef Bernhard Lang unterziehen. Dennoch arbeitet Hesse bis zum Januar 1927 an dem Manuskript seines neuen Werkes, dem *Steppenwolf*. Parallel entstehen die 1928 veröffentlichten Gedichte des Bandes *Krisis*. In beiden Werken spiegeln sich die Erfahrungen der lebensgeschichtlichen Konflikte dieser Jahre, seine Begegnungen mit Basel, der Stadt seiner Kindheit, und mit dem Leben in den Jazzbars und Tanzlokalen Zürichs, die Hesse häufig besucht. An Anny Bodmer schreibt er:

> Die Abende bin ich fast immer mit Lang, wir essen in einer Kneipe im Niederdorf und sitzen dann bei ihm oder bei mir, plaudern und trinken Cognac, worin er

> ein Virtuose geworden ist. Doch habe auch ich von ihm gelernt, nämlich die Kunst, Foxtrott zu tanzen, und kürzlich habe ich das auf einem Maskenball, dem ersten meines Lebens, bis morgens halb acht Uhr erprobt. Glänzend bekommen ist es mir nicht gerade, aber ich will am Samstag doch wieder gehen. Ich sehe mir dabei zu, wie der weise Autor des »Siddhartha« den Foxtrott schreitet und seine Weibchen an sich drückt. Aber es geht jeder Fortschritt auf dem Weg übers Irrationale, Dumme und Verrückte oder Kindische, ich bin ganz damit einverstanden, obwohl ich von dem mir ungewohnten Betrieb, von dem sehr vielen Trinken und dem Nichtschlafen allmählich elend kribblig geworden bin. (GB II,131)

Wie bereits die vorangegangenen Werke des Autors ist der *Steppenwolf* ein literarischer Reflex der schweren psychischen Konflikte, die Hesse in der Mitte der zwanziger Jahre durchlebt. Aber erneut gelingt es ihm, durch das Schreiben die persönliche Lebenskrise zu überwinden. Das literarische Kunstwerk eröffnet die Möglichkeit, die individuellen Erfahrungen abstrahierend zu reflektieren und sie durch die Übertragung in den Bereich der Fiktion zu bewältigen. An Helene Welti notiert er: »Wenn mein Leben nicht ein gefährliches, leidvolles Experiment wäre, wenn ich nicht ständig am Abgrund entlang liefe und das Nichts unter mir fühlte, hätte mein Leben seinen Sinn nicht, und ich hätte dann alle meine Dichtungen, auch die scheinbar angenehmen und freundlichen, nicht machen können« (GB II,132).

Maßgeblich zur Stabilisierung seines Zustandes trägt auch die Begegnung mit Ninon Dolbin bei. Bereits 1910 hatte die damals 14-jährige Ninon Ausländer nach der Lektüre des *Peter Camenzind* einen Brief an Hermann Hesse geschrieben. Der Kontakt reißt durch eine unregelmäßig fortgesetzte Korrespondenz bis zu der ersten persönlichen

Begegnung im Sommer 1922 nicht ab. Sie stammt aus einer jüdischen Familie in Czernowitz, hatte in Wien, Berlin und Paris Medizin, Kunstgeschichte und Archäologie studiert und war seit 1919 mit dem Wiener Karikaturisten Benedict Fred Dolbin verheiratet. (Die Ehe wurde im September 1931 geschieden.) Im Sommer 1926 besucht sie den Schriftsteller erneut im Tessin. Im darauffolgenden Jahr feiern sie gemeinsam mit Josef Bernhard Lang, Louis Moilliet, Tilly und Max Wassmer Hesses 50. Geburtstag in Montagnola. Ab 1927 bis zu ihrer Heirat am 14. November 1931, der Hesse anfangs skeptisch gegenübersteht, lebt Ninon in einer Wohnung, die sie in der Casa Camuzzi anmietet. Die Begegnung mit Ninon Dolbin ist es auch, die in ihm den Wunsch nach einem eigenen Haus aufkommen lässt.

> Wäre ich in meiner Einsamkeit geblieben, hätte ich nicht nochmals einen Lebenskameraden gefunden, so wäre es wohl nie dazu gekommen, daß ich das Camuzzihaus wieder verlassen hätte, obwohl es in vielen Beziehungen für einen alternden und nicht mehr gesunden Menschen unbequem war. [...] Da ereignete sich das schöne Märchen: in der »Arch« in Zürich saßen wir an einem Frühlingsabend des Jahres 1930 und plauderten, und die Rede kam auch auf Häuser und Bauen, und auch meine gelegentlich auftauchenden Hauswünsche wurden erwähnt. Da lachte plötzlich Freund B. mich an und rief. »Das Haus sollen Sie haben!« (GW X,154–155; SW XII,151)

Hesses Mäzen ist der Mediziner und Beethovensammler H. C. Bodmer, mit dem der Schriftsteller seit seiner Übersiedlung nach Montagnola befreundet ist. Kurz nach dem Gespräch mit Bodmer notiert Hesse an Georg Reinhart: »Der Mäzen, Herr H. C. Bodmer-Stünzi, wollte mir ursprünglich das Haus sogar schenken, aber ich wäre dadurch in jeder Hinsicht in eine ganz falsche Lage gekommen« (GB II,251). Und an Arthur Stoll schreibt er: »Er stellt mir sein ihm gehöriges, aber für meine Bedürfnisse groß und reichlich gebautes neues Haus hier frei zur Verfügung. Damit gewinne ich für Leben und Arbeit ein stilles, gesundes und heizbares Heim, brauche auch keine Miete zu bezahlen« (GB II,290). Schon im Juni 1930 kauft Bodmer ein 11000 Quadratmeter großes Grundstück oberhalb von Montagnola, im Oktober desselben Jahres erfolgt die Grundsteinlegung, und bereits im August des Folgejahres ziehen Hermann Hesse und Ninon Dolbin in die »Casa rossa« ein. Ninon Dolbin betreut den Bau und die Einrichtung des Hauses. Erstmals seit der Trennung von seiner ersten Frau und seinen Kindern und dem Auszug aus dem Welti-Haus im Frühjahr 1919 hat der Dichter wieder ein eigenes Haus. Trotz der inneren Konflikte, die mit dem sesshaften, bürgerlichen Leben für Hesse verbunden sind, wird er bis zu seinem Tod im Jahr 1962 in Montagnola wohnen bleiben. Ein Brief, den er kurz nach der dritten Hochzeit und dem Einzug in das neue Haus zu Beginn des Jahres 1932 an den Künstler und Schriftsteller Alfred Kubin schreibt, dokumentiert die ambivalente innere Haltung Hesses zu seinem neuen Leben:

> Zweitens ist meine Heirat nichts andres als was bei mir eben eine Heirat sein kann: ein Akt der Ergebung nach langem Sträuben, eine Gebärde des Nachgebens und Fünf-grade-sein-Lassens der Frau gegenüber. Immerhin, bin ich dieser Frau dafür dankbar, daß sie mich an der Grenze des Alters noch einmal in Versuchung geführt und zu Fall gebracht hat, daß sie mein Haus führt und mich mit leichten bekömmlichen Sachen füttert, da ich meistens krank bin. Aber zwischenein fühle ich doch den Zustand des Wohlergehens als kläglich, und stünde lieber nackt im Regen. (GB II,330)

Literarisch spiegelt sich die neue Lebenssituation in dem zwischen April 1927 und Januar 1929 entstandenen Roman *Narziß und Goldmund*, der das zu seinen Lebzeiten erfolgreichste Werk Hermann Hesses werden sollte. Das Zusammenleben mit Ninon, das eine für Hesse wichtige Balance zwischen Distanz und Nähe hält, ermöglicht dem Dichter nach der Krise der *Steppenwolf*-Jahre zu einem inneren Ausgleich zu kommen.

1931 bis 1945
»Möglichkeiten des Menschentums«

Ein Jahr nach dem Umzug in das neue Haus erscheint die Erzählung *Die Morgenlandfahrt*. Hesse hatte mit der Niederschrift unmittelbar nach dem Abschluss des *Narziß und Goldmund*-Manuskriptes in der zweiten Jahreshälfte 1929 begonnen und konnte die Arbeit im April 1931 abschließen. Er widmet das Werk, das ebenfalls bei Fischer in Berlin erscheint, den Freunden Hans und Elsy Bodmer. Es ist die letzte größere Prosaarbeit, die bis zur Veröffentlichung des *Glasperlenspiels* im November 1943 erscheinen wird. Während der dreißiger und vierziger Jahre publiziert der Schriftsteller lediglich mehrere Gedichtsammlungen wie den *Baum des Lebens* 1934 im Leipziger Insel Verlag, die *Neuen Gedichte* im Jahr 1937 bei Fischer und die erste, chronologisch geordnete Gesamtausgabe seines lyrischen Werkes 1942 im Züricher Verlag Fretz und Wasmuth.

Bereits kurz nach der Machtergreifung der Nationalsozialisten, deren Bewegung Hermann Hesse schon in den späten zwanziger Jahren mit wachsender Sorge betrachtet hat, wird sein Domizil in Montagnola zu einer Durchgangsstation für regimekritische deutsche Intellektuelle, die aus politischen Gründen ihre Heimat verlassen müssen, und zu einer Anlaufstelle für zahlreiche ratsuchende

Schriftsteller der inneren Emigration. Im Jahr 1933 besuchen ihn Kurt Wolff, Bertolt Brecht, Kurt Kläber, Thomas Mann, Hermann Kasack und Romain Rolland. Im März desselben Jahres beherbergt Hesse als ersten Flüchtling Heinrich Wiegand, der kurz darauf in Italien stirbt. Bis zum Beginn des Zweiten Weltkrieges folgen der Indologe Heinrich Zimmer, der jüdische Religionsphilosoph Martin Buber, Hans Carossa, Christoph Schrempf, Joachim Maass, Karl und Magda Kerényi, Rudolf G. Binding, Max Picard, Ernst Wiechert, Peter Weiss, Rudolf Jakob Humm und zahlreiche andere. Mit weiteren prominenten deutschen Exilanten steht er in brieflichem Kontakt, so mit Max Herrmann-Neiße, Reinhold Schneider, Luise Rinser oder Stefan Zweig. Hesse verfasst Empfehlungsschreiben, bemüht sich um die Erteilung von Reisevisa, setzt sich bei der Schweizer Fremdenpolizei für die Emigranten ein und leistet, sofern möglich, auch finanzielle Hilfe. Für Walter Benjamins *Berliner Kindheit um Neunzehnhundert* bemüht er sich vergeblich um einen Verleger. Er engagiert sich für eine Niederlassungsbewilligung für Robert Musil in der Schweiz, unterstützt den Maler Gunter Böhmer, der 1933 in die Schweiz emigriert und seitdem in der Casa Camuzzi in Montagnola lebt. Und der staatenlose Peter Weiss, der seit 1938 ebenfalls in der Casa Camuzzi lebt, illustriert in Hesses Auftrag einige Handschriften der Erzählungen und Märchen. Gemeinsam mit Thomas Mann ist Hermann Hesse nicht nur Anlaufstelle für die antifaschistischen Flüchtlinge aus dem Deutschen Reich, sondern auch eine moralische Instanz, welche literarisch wie publizistisch für die humanistische Tradition der deutschen Kultur kämpft. So schreibt er im Februar 1936 an Thomas Mann nach Küsnacht:

> Wenn ein Lager da wäre, dem man sich zuwenden und anschließen könnte, wäre ja alles gut. Aber daran fehlt es ja. Wir haben aus der Giftgasatmosphäre zwi-

> schen den Fronten keine andere Zuflucht als zu unserer Arbeit. Und die, gewissermaßen illegale Wirkung des Trostes und der Stärkung, die Sie auf die reichsdeutschen Leser hatten, wird Ihnen nun wohl verloren gehen – das ist ein Verlust für beide Teile. Auch ich bin mitbetroffen, ich verliere einen Kameraden, und ich beklage das ganz egoistisch. So wie ich während des Weltkriegs einen Kollegen in R. Rolland hatte, so hatte ich ihn seit 1933 in Ihnen. Ich denke Sie zwar keineswegs zu verlieren, ich werde nicht leicht untreu, aber drüben in Deutschland stehe ich, als Autor, nun sehr allein. Ich möchte aber den Posten halten, solang es von mir abhängt. (AB 152)

Die Briefe und Aufzeichnungen dieser Jahre bezeugen sowohl Hesses unermüdlichen Einsatz für die Flüchtlinge des »Dritten Reiches« als auch die tiefe Sorge um die politische Situation in Deutschland und Europa. Ein Schreiben aus dem Oktober 1940 an Ernst Morgenthaler bringt die Befürchtungen des Schriftstellers zum Ausdruck:

> Ich sehe den Zersetzungsprozeß der staatlichen Moral und Politik als unaufhaltsam an und glaube zwar durchaus an ein Ende dieser Hölle und an eine Rückkehr der Menschen zu einer erträglichen Art von Menschlichkeit, Politik und Staat, aber ich glaube nicht, daß irgendeine Nation oder eine Verfassung der Welt vor dem Umfallen und Vergewaltigtwerden sicher ist. Die Hölle des totalen Staates ist eine Phase im Ablauf des Nationalismus und wird nicht ewig dauern, wird aber das, woran wir glauben und was uns das Leben lebenswert macht, beinahe vollends vernichten, ehe sie zusammenbricht. In solchen Zeiten ist es eine gute Schule, als Gegenmittel gegen blinden Patriotismus eine direkte Verbindung mit den Verfolgten und Notleidenden in seinem Leben

> zu haben, etwa in Form einer jüdischen Frau, da erlebt man die ganze Schweinerei nicht mehr blind, sondern sehend mit, und die, die das überstehen, werden nachher die Brauchbaren sein. (GB III,165)

Auch publizistisch ist Hesse engagiert. Er notiert in dieser Zeit: »Meine eigentliche Arbeit ist ohnehin durch die giftige Atmosphäre lahmgelegt; darum habe ich mich auch in dieser Zeit so reichlich mit Buchkritik etc. befaßt, was für mich ja nur ein Nebenberuf ist« (AB 156). Obwohl einige der Zeitschriften, für die er seit den zwanziger Jahren gearbeitet hat, ihm die Mitarbeit bereits in den frühen dreißiger Jahren aufkündigen – u. a. *Die Propyläen*, für die er seit 1904 als Literaturkritiker tätig war –, veröffentlicht er weiterhin Rezensionen und Literaturberichte in deutschen Journalen. Parallel dazu schreibt er seit 1935 für die schwedische Zeitschrift *Bonniers Litterära Magasin*. Thomas Mann berichtet Hesse über seine literaturkritische Arbeit:

> Diese Buchberichte für Schweden sind, von mir aus gesehen, der Ast auf den ich meine Tätigkeit retten werde, wenn die Rundschau uns früher oder später weggenommen wird. Allerdings sind sie vielleicht auch das Pulver, das mich einmal in die Luft sprengen wird; da ich dort je und je auch antideutsche Bücher, oder Bücher verbotener und exilierter Autoren anzeige und lobe, ist es wohl möglich, daß das dazu führt, mich auf die schwarze Liste zu bringen. Ich habe dabei den Grundsatz, mich weder zu exponieren noch zu schonen, d. h. den Standpunkt einer neutralen Gerechtigkeit, so fiktiv er sein mag, einzuhalten, und weder vor dem Teutonischen Kotao zu machen noch dem Vergnügen eines gelegentlichen Wutausbruches nachzugeben. (GB II,466)

Die Tätigkeit für die schwedische Zeitschrift setzt ihn sowohl den Angriffen der deutschen Exilschriftsteller wie der Nationalsozialisten aus: letztere kritisieren, dass er Werke jüdischer Autoren empfiehlt, erstere werfen ihm vor, auch in Deutschland erscheinende Literatur zu rezensieren. Als Gottfried Bermann Fischer, der seit dem Tod seines Schwiegervaters Samuel Fischer im Oktober 1934 Hesses Berliner Verlag leitet, gegen Ende des Jahres 1935 die Aufforderung des Reichspropagandaministeriums erhält, aus der Leitung des »jüdischen« S. Fischer Verlages auszuscheiden, unterschreibt Hermann Hesse gemeinsam mit Thomas Mann und Annette Kolb einen *Protest* überschriebenen Artikel zugunsten Bermann Fischers, der am 18. Januar 1936 in der *Neuen Zürcher Zeitung* veröffentlicht wird. Daraufhin erscheint am 19. Januar im *Pariser Tageblatt*, einer Zeitschrift deutscher Emigranten, ein Artikel Georg Bernhards, ehemaliger Chefredakteur der *Vossischen Zeitung*, der Hesse beschuldigt, durch seine Rezensententätigkeit für die *Frankfurter Zeitung* die »Kulturpolitik« des »Dritten Reiches« zu unterstützen. Hesse gerät durch die unhaltbaren Anschuldigungen wie bereits durch seine publizistische Arbeit während des Ersten Weltkrieges zwischen die Fronten.

Im Moment hält mich eine doppelte Hetze in Atem, die wieder einmal gegen mich im Gang ist. Ich werde von 2 Seiten beschossen: von meinen Kollegen in Deutschland, die mich immer heftiger denunzieren und den Behörden empfehlen, mich endlich zu verbieten – weil ich Juden und Emigranten auch für Menschen halte und zuweilen ihre Bücher empfehle. Und zugleich schießen, vielmehr spucken, von der andern Seite diese selben Emigranten, die zum Teil ein Saupack sind, und suchen mir den Hals abzudrehen. Alte gerissene Konjunktur-Journalisten wie z. B. G. Bernhard, die während des Krieges preußischer ta-

> ten als der Kaiser, wollen mich jetzt als einen heimlichen Schrittmacher des Dr. Goebbels denunzieren – des selben Goebbels, den meine deutschen Kollegen anflehen, er möge meine Bücher verbieten. Es wäre zum Lachen, und geht vermutlich vorüber, aber es kann auch meinem Verleger und mir den Hals kosten. (GB III,12)

Nach den Angriffen Will Vespers, des Herausgebers der nationalsozialistischen Zeitschrift *Die Neue Literatur*, die sich gegen seine zeitkritischen Artikel und Rezensionen in deutschen Journalen richten, muss Hesse seine publizistische Arbeit aufgeben. Seine letzte Sammelrezension in Deutschland erscheint im September 1936 unter der Überschrift *Anmerkungen zu Büchern* in der *Neuen Rundschau*. Im selben Monat veröffentlicht *Bonniers Litterära Magasin* den sechsten und letzten Literaturbericht Hesses. Bereits im März 1936 schreibt er resigniert an Thomas Mann:

> Die große Enttäuschung, die mir meine dreijährige Tätigkeit als Rezensent gebracht hat, indem ich von beiden Seiten, der deutschen und der Seite der Emigranten, als Antwort auf eine gutgemeinte und schließlich unheimlich anstrengende Arbeit Ohrfeigen geerntet habe, diese Enttäuschung hat mir gezeigt, wie sehr diese Tätigkeit als wohlwollender Referent über deutsche Literatur nebenher auch eine Flucht gewesen war, Flucht vor dem tatenlosen Zusehenmüssen dem Aktuellen gegenüber, und Flucht vor meiner Dichtung, vor der mich seit zwei Jahren ein immer zunehmendes Vacuum trennte. (AB 159)

Indessen gelingt es Peter Suhrkamp, der gemeinsam mit Bermann Fischer Vorstandsmitglied des Verlagshauses ist, in Verhandlungen mit dem Ministerium für Fischer die

Erlaubnis zu erwirken, mit den Verlagsrechten an den verbotenen Autoren und einem Teil der Lagerbestände Deutschland zu verlassen. Fischer emigriert daraufhin zuerst nach Wien, dann nach Stockholm, später in die Vereinigten Staaten und betreibt dort den ihm verbliebenen Teil des Verlages weiter. Die Rechte an den Werken Hesses bleiben jedoch beim Fischer Verlag in Berlin. Hesse klagt gegenüber Helene Welti: »Thomas Manns Werke darf Bermann, wenn er im Ausland neu beginnt, mitnehmen, die meinen aber nicht. So werde ich in Bälde, wenn der Verkauf zustande kommt (er ist natürlich eigentlich eine Enteignung), einem beliebigen deutschen Verleger in die Hände fallen« (GB III,31). Um die Übernahme des Verlages durch die Nationalsozialisten zu verhindern, kauft Peter Suhrkamp den in Deutschland verbliebenen Teil des Verlages, der nach 1942 in Suhrkamp Verlag, vorm. S. Fischer umbenannt werden muss. Als Suhrkamp, der schon bei Samuel Fischer als Lektor gearbeitet hat und seit 1933 Herausgeber der *Neuen Rundschau* ist, den Verlag übernimmt, schreibt Hesse: »Seien Sie meiner Loyalität gegen den Verlag für jeden Fall versichert! Ich habe auch nicht Pläne, meine Bücher in eigene Regie zu nehmen oder ähnliches, nichts liegt mir ferner und wäre mir unmöglicher« (GB III,37). Peter Suhrkamp, der im April 1944 von der Gestapo verhaftet wird und zunächst in Ravensbrück, dann im Konzentrationslager Sachsenhausen interniert wird, ist für Hesse nicht nur ein Verleger, sondern auch ein Freund. Ihre Beziehung hat die Wirkungsgeschichte der Werke des Schriftstellers im Nachkriegsdeutschland maßgeblich geprägt.

Das literarische Werk, an dem Hesse in diesen Jahren schreibt, ist das *Glasperlenspiel*. Bereits kurz nach dem Abschluss der *Morgenlandfahrt* beginnt er mit dem neuen Roman, an dem er, mit halb- oder ganzjährigen Unterbrechungen, bis 1942 arbeitet. Seine private Lebenssituation hat sich zwar mit der Heirat und dem Umzug in ein eigenes Haus stabilisiert, aber zum einen hält er sich wegen seines Augenleidens und der rheumatischen Beschwerden immer wieder für längere Zeit zur Kur in Baden bei Zürich auf, zum anderen lässt ihm das politische Engagement wenig Zeit für seine literarische Arbeit. Als er das fertige Manuskript schließlich im April 1942 an seinen Verleger nach Berlin schickt, kann der Roman in Deutschland nicht erscheinen. Peter Suhrkamp bemüht sich in den folgenden Monaten vergeblich beim Reichspropagandaministerium um die notwendige Genehmigung zur Veröffentlichung des Romans und die Zuteilung von Papier für den Druck des Werkes. *Das Glasperlenspiel*, das als eine Reaktion auf den Faschismus und Totalitarismus entstanden ist, kann schließlich – nachdem Suhrkamp die Auslandsrechte freigegeben hat – 1943 in Zürich im Verlag Fretz und Wasmuth in zwei Bänden erscheinen.

Auch wenn Hesse ab Mitte der dreißiger Jahre als »unerwünschter« Autor gilt und die Veröffentlichung einzelner Werke nicht genehmigt wird, sind seine Bücher weiterhin auf dem deutschen Buchmarkt präsent. Zwar dürfen einige Werke nicht mehr nachgedruckt werden – so der frühe Roman *Unterm Rad*, *Der Steppenwolf*, die *Betrachtungen*, *Eine Bibliothek der Weltliteratur* und der Roman *Narziß und Goldmund* (weil Hesse sich weigert, das im 14. Kapitel beschriebene Judenpogrom aus dem Werk zu streichen). Aber die insgesamt 20 Titel, die zwischen 1933 und 1945 in Deutschland lieferbar sind, erreichen eine Gesamtauflage von fast 500 000 Exemplaren. Als sein gesamtes literarisches Werk nach der Befreiung im Jahr 1945 wieder in vollem Umfang in Deutschland verlegt werden kann, wird auch das *Glasperlenspiel* erstmals dem deutschen Lesepublikum zugänglich.

Mit der Befreiung Deutschlands setzt auch für Hesse eine Phase der Neuorientierung ein. In den Briefen, die er nach dem Ende des Krieges schreibt, spiegelt sich zum einen die Erleichterung über das Ende der nationalsozialistischen Gewaltherrschaft, andererseits die Sorge um die Zukunft Deutschlands. So schreibt er im Juni 1945 an Günther Friedrich, einen Verwandten in englischer Kriegsgefangenschaft:

> Du meinst in Deinem Brief, es wäre besser gewesen, wenn Hitler bei jenem Attentat umgekommen wäre. Das stimmt insofern, als für Deutschland alles ein klein wenig besser ausgesehen hätte. Aber die Tatsache, daß Deutschland sich Hitler ausgeliefert, daß es Böhmen, Österreich, Polen, Norwegen und schließlich die halbe Welt überfallen, ausgeraubt, Menschen zu Millionen geschlachtet und Land um Land ausgeraubt hat, diese traurige Tatsache bestünde auch dann weiter, wenn Hitler etwas früher umgekommen wäre. Und das Unglück und die Schande Deutschlands besteht ja nicht darin, daß es jetzt auch einiges leiden muß und besiegt wurde, sondern daß es viele Jahre lang diese Scheußlichkeiten ausgeübt hat. (GB III,270–271)

1945 bis 1962
»Das Schauen, das Betrachten, die Kontemplation«

Bereits im ersten Nachkriegsjahr wird Hermann Hesse, der wie Thomas Mann als einer der großen deutschsprachigen Autoren während der nationalsozialistischen Diktatur durch sein literarisches und publizistisches Werk Widerstand geleistet hat, mit zahlreichen Preisen geehrt. 1946 verleiht ihm die Stadt Frankfurt den Goethepreis, 1947 wird er Ehrenbürger der Stadt Calw, und im selben Jahr erhält er die Ehrendoktorwürde der Universität Bern. Als ihm ebenfalls 1946 »für sein durch Versenkung getragenes Werk, das sich immer kühner und eindringlicher entwickelte und die Ideale des klassischen Humanismus ebenso wie eine hohe Kunst des Stils offenbart«, wie es in der Begründung der Schwedischen Akademie heißt, für seine Erzählungen *Demian* und *Die Morgenlandfahrt* der Nobelpreis für Literatur zuerkannt wird, hält Hesse sich zusammen mit seiner Frau im Sanatorium Préfargier in Marin am Neuenburger See auf. Hesse betrachtet die Ehrungen, die ihm zuteil werden, mit einer gewissen Skepsis. So schreibt er in einer Notiz an seine Frau Ninon, kurz bevor ihn die Nachricht aus Stockholm erreicht: »Daß nun diese Sache über mir hängt, mit Stockholm, hat grade noch gefehlt« (GB III,385). Und an Thomas Mann, der selbst 1929 für seinen Roman *Die Buddenbrooks* mit dem Nobelpreis ausgezeichnet worden war und in den folgenden Jahren Hesse dem Komitee immer wieder empfohlen hatte, notiert er am 19. November 1946:

> Für Ihren Glückwunsch wie für Ihre Verdienste um das Zustandekommen des Stockholmer Entschlusses sage ich Ihnen den herzlichsten Dank, und wollte, ich könnte es in einem Briefe tun, der Ihrer und des Anlasses würdiger wäre. [...] Dies Jahr hat mir mehrere an sich gute und erwünschte Gaben gebracht: im Sommer konnte ich meine beiden Schwestern einige Wochen bei mir zu Gast haben, füttern, kleiden und trösten, bis sie wieder ins finstere Germanien zurück mußten. Dann gab man mir den Goethepreis. Dann hat man den grimmigsten und bösesten Feind, den ich je gehabt habe, er hieß Rosenberg, in Nürnberg aufgehängt. Und nun hat der November den Nobelpreis gebracht. Das erste dieser Ereignisse, das mit den Schwestern, war schön und war das einzige, das wirklich Realität für mich hatte. Die andern haben mich vorläufig noch nicht so recht erreicht, ich habe die Verluste immer schneller perzipiert und verdaut als Erfolge, und daß ich während einer Woche von schwedischen und andern Journalisten regelrecht auf

Detektivfahrten umstellt und belagert wurde, denn man hat ihnen meine Adresse nicht gegeben, war schon beinah ein Chock. Aber freilich sprechen die positiven Seiten des Glücksfalles nun doch mehr und mehr zu mir, und meine Freunde und vor allem meine Frau haben eine richtige Kinderfreude gehabt und sie mit Champagner begossen. (GB III,387)

Hermann Hesse ist bei der Ehrung in Stockholm nicht persönlich zugegen. Bei der Preisverleihung am 10. Dezember 1946 nimmt der Schweizer Gesandte in Schweden die Urkunde entgegen und verliest beim anschließenden Bankett ein Grußwort des Dichters.

In den folgenden Jahren erhält Hesse weitere Auszeichnungen und Preise: 1950 den Wilhelm-Raabe-Preis der Stadt Braunschweig, 1954 wird er in die Friedensklasse des Ordens Pour le Mérite aufgenommen, und ein Jahr später erhält er den Friedenspreis des Deutschen Buchhandels. Keine dieser Ehrungen nimmt er persönlich entgegen. Er ist oft krank und fährt regelmäßig zur Behandlung seines Augenleidens und seiner rheumatischen Beschwerden zur Kur nach Baden bei Zürich. Die Sommermonate verbringt er von 1949 bis 1961 in Sils Maria im Engadin, zum einen, um der sommerlichen Hitze im Tessin zu entgehen, zum anderen, um sich den zahlreichen Besuchern zu entziehen. Neben seinen Söhnen und Schwiegertöchtern, Enkelkindern und Freunden gibt es zahlreiche Leser seiner Werke, die den Autor – oftmals unangemeldet – besuchen. In Montagnola, wo er die meiste Zeit des Jahres lebt, widmet er sich der Arbeit im Garten, zeichnet und aquarelliert, empfängt Besucher – u. a. Hermann Kasack, Erika Mann, Friedrich Schnack, Carl J. Burckhardt, Richard Benz, Arthur Georgi, Ludwig Finckh – und beantwortet die immer zahlreicher werdenden Briefe seiner Leser. Während der Schriftsteller nur noch selten in der Öffentlichkeit auftritt, sind ihm die Reaktionen, die seine

Werke bei den Lesern auslösen, wichtig. Auch wenn die Beantwortung der Tausenden von Briefen, die ihn in den fünfziger Jahren erreichen – insgesamt hat Hermann Hesse im Laufe seines Lebens mindestens 35 000 Briefe beantwortet – manchen Tag zur Last wird, setzt er diese Tätigkeit gewissenhaft bis zu seinem Tod fort. Bereits 1948 klagt er gegenüber Salome Wilhelm: »[...] ich habe seit gut zwei Jahren eine tägliche Briefpost, deren bloßes, einmaliges Lesen, noch ohne Beantwortung, einen jungen und gesunden Mann erschöpfen würde, es sind jeden Tag zwischen 100 und 500 Briefseiten« (GB III,456).

Wenngleich Hesse in den letzten beiden Lebensjahrzehnten Gedichte und autobiographische Kurzprosa schreibt, konzentriert sich seine schriftstellerische Arbeit auf die Edition des bereits vorhandenen literarischen und publizistischen Œuvres. Nach dem 1943 erschienenen *Glasperlenspiel* legt er bis zu seinem Tod im Jahr 1962 kein größeres literarisches Werk mehr vor. Im Dialog mit Peter Suhrkamp und später mit Siegfried Unseld, der nach dem Tod Suhrkamps im März 1959 die Verlagsleitung übernimmt, ediert Hesse neben den 1952 erschienenen *Gesammelten Dichtungen* und den 1957 veröffentlichten *Gesammelten Schriften* eine Auswahlausgabe seiner Briefe, verschiedene Einzelausgaben des lyrischen Werkes und kleinerer autobiographischer Prosatexte, Sammelbände mit Aufsätzen und Buchbesprechungen sowie Auswahlausgaben seiner Erzählungen. Er leistet damit nicht nur einen wesentlichen Beitrag zur Rezeption seines Werkes in den folgenden Jahrzehnten, sondern schafft zugleich die Grundlage für den wirtschaftlichen Erfolg des jungen Verlages, den Peter Suhrkamp nach dem Zerwürfnis mit Gottfried Bermann Fischer in Frankfurt gründet. Nachdem Bermann Fischer 1949 aus dem amerikanischen Exil nach Deutschland zurückgekehrt ist, kündigt er das Treuhandverhältnis und fordert die Rückgabe des in Deutschland verbliebenen und von Suhrkamp nach der Enteig-

Gottfried Bermann Fischer und Peter Suhrkamp
Foto, 1950

nung geleiteten Verlagsteils. Suhrkamp ist zwar bereit, den unter großen Mühen und persönlichen Opfern über den Nationalsozialismus geretteten Verlag den ursprünglichen Besitzern zurückzugeben, aber die Bedingungen, die Bermann Fischer stellt, sind für ihn nicht annehmbar – er soll lediglich einen jederzeit kündbaren Beratervertrag bekommen.

Gemeinsam mit 33 anderen Autoren des Berliner Fischer Verlages wechselt Hermann Hesse 1950 zu dem in Frankfurt neugegründeten Verlag. »Er hat mir auf vorbildliche Art die Treue gehalten und dies werde ich ihm erwidern« (GB III,284), schreibt er bereits wenige Monate nach dem Ende des Krieges an Gottfried Bermann Fischer über Peter Suhrkamp. Während das renommierte Verlagshaus Samuel Fischers in den ersten Jahrzehnten des 20. Jahrhunderts maßgeblich zur Etablierung des jungen Autors Hermann Hesse beigetragen hat, ist es in den 1950er Jahren der mit dem Nobelpreis für Literatur geehrte Schriftsteller, der einen wichtigen Beitrag zu dem Aufstieg des Suhrkamp Verlages zu einem der bedeutenden literarischen Verlage im Nachkriegsdeutschland leistet.

Die Publikationspraxis der fünfziger Jahre verfolgt weniger das Ziel einer Revision des Gesamtwerkes im Sinne einer Ausgabe letzter Hand, vielmehr beglaubigt Hesse durch die Wiederherausgabe der Werke aus der Retrospektive des Alters implizit die eigenen psychischen Entwicklungskonflikte, die sein Werk literarisch reflektiert und variiert. Er unterstreicht damit den Charakter seiner Dichtungen als Seelenbiographien und Selbstanalysen. Die erneute, in Vor- und Nachworten von Selbstdeutungen begleitete Publikation der Texte lässt die eigene Gegenwart im Lichte der eigenen Vergangenheit erscheinen. Sie verfolgt zum einen die Absicht, das Leben wie das Œuvre als literarisches Kunstwerk zu stilisieren, und zum anderen, dem eigenen Schaffen eine historische Dimension und Legitimation im Kontext der politischen, literatur- und

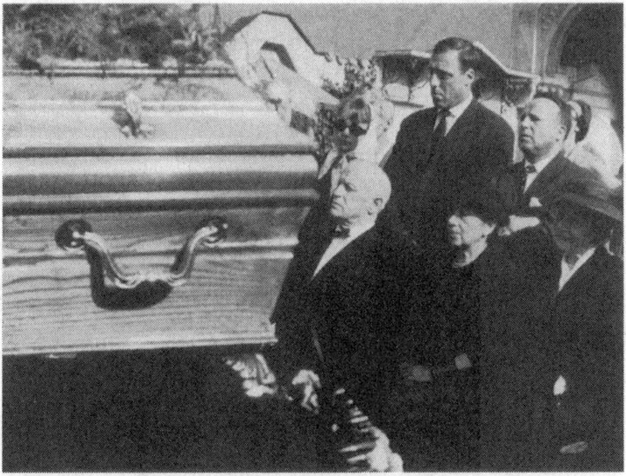

Beisetzung Hermann Hesses am 11. August 1962 in Montagnola, in der Mitte Siegfried Unseld

geistesgeschichtlichen Entwicklungen des 20. Jahrhunderts zu geben, und prädisponiert auf diese Weise die wissenschaftliche wie die öffentliche Rezeption des Werkes bis in die Gegenwart.

Als Hermann Hesse am 9. August 1962, kurz nach seinem 85. Geburtstag, den er im Kreis seiner Familie und Freunde gefeiert hat, im Schlaf an einem Gehirnschlag stirbt, ist er in der Öffentlichkeit zu dem »Weisen von Montagnola« geworden. Zwei Tage nach seinem Tod wird er in Beisein seiner Familie und unter Anteilnahme zahlreicher Freunde auf dem Friedhof von San Abbondio in Gentilino beigesetzt.

Sein letztes literarisches Werk, das er einen Tag vor seinem Tod fertiggestellt hat, ist das Gedicht *Knarren eines geknickten Astes.* Wie in keinem anderen seiner lyrischen Werke tritt das Motiv der Vergänglichkeit in den Vordergrund, gleichsam den Tod des Dichters antizipierend.

Splittrig geknickter Ast,
Hangend schon Jahr um Jahr,
Trocken knarrt er im Wind sein Lied,
Ohne Laub, ohne Rinde,
Kahl, fahl, zu langen Lebens,
Zu langen Sterbens müd.
Hart klingt und zäh sein Gesang,
Klingt trotzig, klingt heimlich bang
Noch einen Sommer,
Noch einen Winter lang.
(GW I,155; SW X,398)

Leben und Werk
»Über die engen Grenzen ins Weite«

Über Hermann Hesses Leben zu schreiben bedeutet auch, über sein Werk zu schreiben. Wie bei wenigen anderen Schriftstellern der deutschen Literaturgeschichte hat sich in der wissenschaftlichen wie öffentlichen Auseinandersetzung mit seinen Romanen und Erzählungen der biographische Zugang als ebenso dominant wie persistent erwiesen. Während die Literaturwissenschaft nach dem Ende des positivistischen 19. Jahrhunderts die lebensgeschichtlichen Selbstdeutungen Johann Wolfgang Goethes kritisch hinterfragt und in weiten Teilen revidiert hat, steht die Auseinandersetzung mit dem literarischen Werk Hesses bis in die Gegenwart unter dem Primat des Biographischen.

Die Verschränkung lebensweltlicher Erfahrungen und literarischer Reflexion, die in Goethes Autobiographie *Dichtung und Wahrheit* bereits im Titel auf eine ebenso programmatische wie einsichtige Weise vollzogen wird, spiegelt sich auch in den Analogien, die Hesse zwischen seiner Biographie und seinen dichterischen Werken aufzeigt. So schreibt er im Oktober 1926 an den befreundeten Schriftsteller Hugo Ball: »Soweit meine Biographie einen Sinn hat, ist es wohl der, daß die persönliche, unheilbare, doch notdürftig bemeisterte Neurose eines geistigen Menschen zugleich Symptom ist für die Zeitseele« (GB II,152). Indem der Schriftsteller die eigene Daseinsproblematik in literarischen Figuren chiffriert, erlangt das Schreiben eine auf den Autor selbst bezogene Entlastungsfunktion. Sigmund Freud bezeichnet dies als den Prozess der Sublimation.

Die Abstraktion individuellen Erlebens im fiktiven Text eröffnet zum einen die Möglichkeit, die bewussten und unbewussten Prozesse der eigenen, inneren Entwicklung zu reflektieren, und spiegelt zum anderen den Glauben an die befreiende und salvatorische Kraft der Kunst. »Eine neue Dichtung beginnt für mich in dem Augenblick zu entstehen, wo eine Figur mir sichtbar wird, welche für eine Weile Symbol und Träger meines Erlebens, meiner Gedanken, meiner Probleme werden kann« (GW XI,80; SW XII,123), notiert Hesse in einem Text des Jahres 1928. Der fiktive Raum der Literatur ermöglicht die Selbstbegegnung des Autors wie des Lesers. Es ist jedoch die Qualität der geistigen und künstlerischen Leistung, durch die literarische Abstraktion das nur Subjektive zu überwinden. »Vielleicht«, sagt Josef Knecht im *Glasperlenspiel*, »ist der Dichter, dessen Verse uns entzücken, ein trauriger Einsamer und der Musiker ein schwermütiger Träumer gewesen, aber auch dann hat sein Werk teil an der Heiterkeit der Götter und der Sterne. Was er uns gibt, das ist nicht mehr sein Dunkel, sein Leiden oder Bangen, es ist ein Tropfen reinen Lichtes, ewiger Heiterkeit« (GW IX,347; SW V,290).

Auch wenn »der Erzählung die Spur des Erzählenden

wie die Spur der Töpferhand an der Tonschale« anhaftet, wie Walter Benjamin formuliert, erschließt der Blick auf die Biographie Hermann Hesses nur eine Facette seines dichterischen Werkes. Als induktiver Prozess, als Ableitung des Allgemeinen aus dem Besonderen und Einzelnen, liegt die Bedeutung der literarischen Abstraktion darin, dass sie etwas sichtbar macht, das in der Wirklichkeit nicht sichtbar ist.

Das erzählerische Werk

Peter Camenzind

Peter Camenzind, der Titelheld des 1904 erschienenen Romans, wächst in dem Schweizer Bergdorf Nimikon auf. Seine Kindheit und Jugend sind geprägt von der Geschlossenheit und Isolation der bäuerlichen Welt und von der Begegnung mit der Natur. Schon früh verlässt er die Geborgenheit der familiären und dörflichen Gemeinschaft, um eine höhere Schule zu besuchen. Als Oberländer bleibt er jedoch unter den Unterländern ein Außenseiter, der sich vor der ihm fremden und beziehungslosen Welt in die Natur flüchtet. Seine Kindheit endet mit der heimlichen und uneingestandenen Liebe zu der schönen Rösi Girtanner, der Tochter eines Advokaten, die ihn zu ersten schriftstellerischen Versuchen inspiriert, und dem Tod der Mutter, die den Jungen mit dem ihm wesenhaft fremden Vater zurücklässt.

Nach ihrem Tod beginnt Peter Camenzind ein Philologiestudium in Zürich, wo er sich mit dem Musiker Richard befreundet, der ihn nicht nur mit den Werken Friedrich Nietzsches und Richard Wagners bekannt macht und den unsicheren, zurückhaltenden Peter Camenzind in die Züricher Gesellschaft einführt, sondern ihm auch die Möglichkeit eröffnet, seine erste Novelle zu veröffentlichen. Das Studium der Philologie schließt er nicht ab, sondern lebt als freier Schriftsteller. Wiederum uneingestanden bleibt seine Liebe zu der Malerin Erminia Aglietti, die, seinem Bekenntnis zuvorkommend, gesteht, einen anderen Mann zu lieben. Enttäuscht flüchtet sich Camenzind in den Alkohol und in die Auseinandersetzung mit der Lebensgeschichte des Franz von Assisi, dessen Heimat er auf einer gemeinsamen Italienreise mit Richard kennen lernt. Nach einem Badeunfall, bei dem

Richard tödlich verunglückt, verlässt Peter Camenzind Zürich und führt ein unbeständiges und oberflächliches Leben in Paris, kehrt jedoch in die Schweiz zurück und bezieht eine Wohnung in Basel. Seine dortige Existenz wird erneut von dem Spannungsverhältnis zwischen Freundschaft und Liebe geprägt. Er verliebt sich in Elisabeth Laroche, eine junge Patrizierin aus der guten Basler Gesellschaft. Erneut unfähig, seine Liebe einzugestehen, lässt er sie einen anderen Mann heiraten. Camenzind findet Zuflucht in der Freundschaft mit dem verkrüppelten Boppi. Nach einer weiteren Reise nach Italien auf den Spuren des heiligen Franz und einem Aufenthalt bei seinem hinfälligen Vater in seinem Heimatdorf bezieht er mit Boppi eine gemeinsame Wohnung in Basel. Nach Boppis frühem Tod beschließt Peter Camenzind, wieder nach Nimikon zurückzukehren, wo er den alten Vater pflegt und plant, die Gastwirtschaft des Ortes zu übernehmen.

Der Erfolg des Romans, der vor der Buchausgabe des Jahres 1904 bereits 1903 in der *Neuen Rundschau* vorabgedruckt wurde, ermöglichte Hermann Hesse das Leben als freier Schriftsteller. Dass der Roman im Berliner Fischer Verlag erscheinen konnte, verdankt Hesse dem Schweizer Schriftsteller Paul Ilg, der Samuel Fischer auf den im Jahr 1901 veröffentlichten Prosaerstling Hesses, die *Hinterlassenen Schriften und Gedichte von Hermann Lauscher*, aufmerksam gemacht hatte. Fischer wandte sich darauf mit der Bitte an den noch unbekannten Autor, seinem Verlag Texte anzubieten. Zwar konnte Hesse der Bitte nicht sofort entsprechen, kündigte dem Verleger jedoch im Februar 1903 an, ein Werk, an dem er bereits seit einigen Jahren arbeite, fertigzustellen. Begonnen hatte er den Roman bereits im Jahr 1900, die Italienreisen, die längeren Aufenthalte in Calw und seine Erfahrungen als Buchhändler in Basel fließen in den Text ein. Trotz der zunächst zurückhaltenden Antwort Hesses kann er das fertige Manuskript bereits im Mai nach Berlin senden, wo es innerhalb weniger Tage lektoriert und angenommen wird. Nach den *Romantischen Liedern* und dem Prosaband *Eine Stunde nach Mitternacht* aus dem Jahr 1899, dem *Hermann Lauscher* und einem Band *Gedichte*, der 1903 in der Sammlung *Neue Deutsche Lyriker* publiziert wurde, ist *Peter Camenzind* das erste Werk des jungen Schriftstellers, das in einem der großen deutschen Verlage erscheinen kann. Der Erfolg des Romans ermöglicht es Hesse, den ungeliebten Brotberuf als Buchhändler aufzugeben und mit Maria Bernoulli, die er im Sommer 1904 heiratet, nach Gaienhofen zu ziehen.

Dass dieser frühe Roman zu einem Erfolg wurde, ist zwei Umständen geschuldet, die für Hesses gesamtes literarisches Schaffen charakteristisch sind. Einerseits sind die entwicklungspsychologischen Probleme des Einzelhelden zugleich Ausdruck der Problematik seiner Epoche: Die Korrespondenz zwischen der inneren Krise des Individuums und der gesellschaftlichen und intellektuellen Krise der Zeit macht den Roman zu einem Zeitroman. Andererseits bleibt Hesse stilistisch und sprachlich den Konventionen der klassisch-romantischen Epoche verpflichtet, so dass sein Werk den emanzipatorischen Impuls auf der Ebene des Inhalts durch die der Tradition verpflichtet bleibende äußere Form zwar nicht relativiert, aber dem Geschmack eines an der klassisch-romantischen Ästhetik sich orientierenden Publikums entgegenkommt. Dieser Dualismus manifestiert sich im *Peter Camenzind* in zwei Aspekten. Indem der Titelheld durch die Lektüre des *Grünen Heinrich* von Gottfried Keller zu seinen ersten literarischen Versuchen inspiriert wird, stellt sich das Werk bewusst in die Tradition der deutschen Bildungs- und Entwicklungsromane und akzentuiert zudem – in der Nachfolge der romantischen Konzepte – die Bedeutung der Natur als eines dem menschlichen Wesen entsprechenden Regressionsraums.

Die Sprechweise der subjektiven Seelenlandschaft jedoch, welche die Gefühle der Personen widerspiegelt, wird mit der Entzauberung der Natur durch die Progression der Technik und der Naturwissenschaften kontrastiert. Im *Camenzind* ist die im stilisierenden Sprachverfahren strenge Geschlossenheit und Einheit der sprachlichen Form deshalb zerbrochen. Die intendierte Vielzahl sich widersprechender, dissonanter Sprachebenen entspringt einem Misstrauen gegenüber der stilisierten Sprachkultur. Besonders deutlich wird dies zu Beginn des zweiten Kapitels:

> Um von der Liebe zu reden – darin bin ich zeitlebens ein Knabe geblieben. Für mich ist die Liebe zu Frauen immer ein reinigendes Anbeten gewesen, eine steile Flamme meiner Trübe entlodert, Beterhände zu blauen Himmeln emporgestreckt. Von der Mutter her und auch aus eigenem, undeutlichem Gefühl verehrte ich die Frauen insgesamt als ein fremdes, schönes, rätselhaftes Geschlecht, das uns durch eine angeborene Schönheit und Einheitlichkeit des Wesens überlegen ist und das wir heilig halten müssen, weil es gleich Sternen und blauen Berghöhen uns ferne ist und Gott näher zu sein scheint. Da das rauhe Leben seinen reichlichen Senf dazu gab, hat die Frauenliebe mir so viel Bitteres als Süßes eingebracht; zwar blieben die Frauen auf dem hohen Sockel stehen, mir aber verwandelte sich die feierliche Rolle des anbetenden Priesters allzuleicht in die peinlich-komische des genarrten Narren. (GW I,366; SW II,25–26)

Der Text kontrastiert die Komplexität der stilisierten Sprachebene mit der Einfachheit der alltäglichen Sprache und ironisiert damit zum einen die romantische Tradition und bekundet zum anderen in dem Antagonismus der Sprachschichten das problematische Verhältnis von poetischer Sprache und innerer Wirklichkeit.

Damit wird der auf der inhaltlichen Ebene konstitutive Dualismus von traditioneller Lebensform und moderner Seinserfahrung auch auf der Ebene der Sprache reflektiert. Die Kindheit und Jugend Peter Camenzinds in den Schweizer Bergen bilden den Hintergrund für die Begegnung mit der industrialisierten Welt der Städte. Im Gegensatz zu den Gerbersau-Erzählungen Hermann Hesses beschäftigt sich der Roman zwar nicht explizit mit den Erfahrungen des Einzelnen in einer technisierten Welt, aber die Begegnung Peter Camenzinds mit der anonymen Gesellschaft einer modernen Großstadt, seine zunächst erfolgreichen Versuche, an den intellektuellen Diskursen der literarischen und künstlerischen Welt seiner Zeit, die Ergebnis der durch die technische Entwicklung veränderten gesellschaftlichen Kultur sind, zu partizipieren und sich schließlich von ihnen zu emanzipieren, spiegeln deutlich den zivilisationskritischen Impuls des Romans. Indem der Titelheld die Gefahren einer Entwurzelung und Naturentfremdung, die Beschränkung des individuellen Lebensbereichs durch die Industrialisierung und den selbstherrlichen Imperialismus der Epoche exemplarisch durchlebt, offeriert der Roman dem Leser ein alternatives Modell, das für die Geistesgeschichte der Jahre vor dem Ersten Weltkrieg charakteristisch ist. Wie zahlreiche Werke der Jahrhundertwende stellt er der modernen Massengesellschaft das konservative Ideal des Individuums entgegen, das sich in das einfache Leben, in die Idylle einer intakten Sozialstruktur zurückzieht. In der Retrospektive erscheint die Weltverachtung, aber auch die Flucht in die Innerlichkeit als eine unzeitgemäße, regressive Sehnsucht, da der Roman die Grenze zwischen idealisiertem Fluchttraum und Utopie nicht eindeutig markiert.

Peter Camenzind ist jedoch nicht nur als ein literarisches Dokument der wilhelminischen Neuromantik zu lesen, sondern auch als ein Künstlerroman. Seine Handlung wird nicht nur durch die Kritik an den Normen und

Werten einer dem Einzelschicksal gegenüber desinteressierten Gesellschaft bestimmt, sondern auch durch die spezifisch künstlerische Weltsicht des Einzelhelden, die aus der Distanziertheit und Fremdheit gegenüber der Welt kreatives Potential generiert. Im Gegensatz zu den späteren Künstlerfiguren im Werk Hermann Hesses wird die Einsamkeitserfahrung des Helden jedoch nicht in Bezug gesetzt zu der modernen Erfahrung existentieller Einsamkeit. Peter Camenzinds Einsamkeit ist eine kontextuelle, die aus der Loslösung des Individuums aus dem es determinierenden Kollektiv der dörflichen und familiären Gemeinschaft erwächst. Die Verbundenheit des Einzelnen mit dem Kollektiv wird zum einen durch den Namen des Helden hergestellt, den fast alle Einwohner Nimikons tragen, und zum anderen durch seine endliche Rückkehr in den familiären Verbund. Der Roman endet damit in einem Paradox. Während Peter Camenzind erzählt, das Manuskript seiner Lebensgeschichte in der Schublade seines Schreibtisches abgelegt zu haben und sich den praktischen Dingen des dörflichen Lebens zu widmen, hält der Leser die gedruckte Lebensgeschichte in Händen. Diese Widersprüchlichkeit dekuvriert zugleich einen wesentlichen Aspekt des Textes: Am Ende seiner Kreisbahn kommt Peter Camenzind nicht über den Stand des Anfangs hinaus, die Begegnung mit der Welt hat den Helden in keiner Weise verändert. Weil der Text sich selbst durch mehrfache intertextuelle Bezüge in die Tradition von Gottfried Kellers *Grünem Heinrich* stellt, prädisponiert er die Rezeptionshaltung, ein Werk in der Nachfolge der deutschen Bildungs- und Entwicklungsromane zu lesen. Ohnehin ist der Roman von gegenläufigen Tendenzen geprägt. Indem der Romananfang auf den Beginn des Johannesevangeliums verweist, kontrastiert er die Gegenläufigkeit der wechselhaften Weltfahrt des Helden und dessen individueller Kontinuität. Er rekurriert auf den Mythos, weil in ihm Konstanten menschlichen

Seins porträtiert werden: Trotz des technischen und geistesgeschichtlichen Fortschritts ist der Mensch in den Strukturen seines Denkens und Seins den Anfängen seiner Gattung gleich geblieben. »Im Anfang war der Mythus. Wie der große Gott in den Seelen der Inder, Griechen und Germanen dichtete und nach Ausdruck rang, so dichtet er in jedes Kindes Seele täglich wieder« (GW I,343; SW II,7).

Das individuelle Schicksal Peter Camenzinds wird, indem es in einen größeren seinsgeschichtlichen Zusammenhang gestellt wird, relativiert. Für die Gattung des Romans bedeutet dies, dass der auf die umfassende Ausbildung des Einzelnen angelegte Bildungsroman abgewandelt wird zu einem individualistischen Entwicklungsroman, in dem Prozesse der Bildung und der Veränderung ihre paradigmatische Funktion zugunsten der Kategorie der Erfahrung eingebüßt haben. Peter Camenzind macht in der Welt der Städte die Erfahrung, dass die Entfremdung und räumliche Entfernung von der Natur seinem Wesen nicht gemäß ist, weshalb seine Sozialisation in der Gesellschaft fehlschlägt. Letztendlich sind auch seine unglücklichen Liebesbeziehungen Ausdruck dieser Entfremdung vom natürlichen Lebensraum.

Bereits die eingeschränkte Erzählperspektive des Ich-Erzählers lässt die Frauengestalten eindimensional erscheinen. Sie sind dem Erzähler hohe, nicht zu erreichende Ideale, und ihr Erscheinen im Kontext des Erzählten hat demzufolge paradigmatische Funktion. Sie werden nicht, wie von Seiten der feministischen Literaturkritik einzuwenden wäre, als Frauen sui generis geschildert, sondern haben, wie auch die anderen Figuren des Romans, lediglich eine funktionale Bedeutung. Das Leben als freier Schriftsteller, die Liebe zu Frauen, die Freundschaft zu Richard und Boppi markieren Erfahrungen des Helden mit sich selbst. In der Begegnung mit ihnen spiegelt sich sein eigenes Inneres, wird die Wechselwirkung zwischen

Natur und Kultur, Stadt und Gebirge, Leidenschaft und Ordnung, Dionysischem und Apollinischem, Liebe und Entsagung dargestellt und der für den Text zentrale Gedanke der beispielhaften Existenz des Franz von Assisi entwickelt.

Peter Camenzinds Rückzug in sein Heimatdorf, mit dem der Roman endet, ist als regressiver Akt unter einer doppelten Perspektive zu verstehen. Er meint zum einen die Rückbesinnung auf die von Franz von Assisi gelebten und gelehrten Werte der Demut und der Einheit des Menschen mit der ihn umgebenden Schöpfung als Manifestation Gottes. Der Sinn des Einzelnen definiert sich nicht aus sich selbst, sondern aus dem Sein im Kontext der göttlichen Schöpfung. Zum anderen thematisiert die Rückkehr nach Nimikon die Funktion des Künstlers. Im Gegensatz zu den Künstlerfiguren Thomas Manns beinhaltet das Künstlerdasein für Peter Camenzind nicht die Möglichkeit, auf die Verwerfungen der modernen Welt zu reagieren. Der Text deutet das Künstlertum als einen regressiven Akt, der dem Außenseiter eine funktionale Rolle für die Gesellschaft zuschreibt, und interpretiert den Heimweg Peter Camenzinds als einen Schritt in die Welt. Der letzte Satz des Romans, der über die Bedeutung der Literatur reflektiert, lautet: »Das Vergangene und doch Unverlorene meines Lebens aber, samt allen den lieben Menschenbildern, von der schlanken Rösi Girtanner bis auf den armen Boppi, wöge es mir nicht auf.« (GW I,496; SW II,134)

Der Roman versucht damit, einen anderen Weg in die Moderne zu gehen. Aus der Begegnung des Einsamen mit der modernen Gesellschaft bietet er nicht das Künstlerdasein als Ausweg, sondern die praktische Existenz in dem Lebenskontext, in den das Individuum gestellt ist. Die christliche Tugend der Demut wird als die Erkenntnis des Einzelnen gedeutet, den ihm gemäßen Platz im Leben einzunehmen und auf eine Revolte zu verzichten. Indem der

Roman Wilhelm Meisters Prinzip der Entsagung aufgreift, zitiert er erneut ein Konzept des Bildungsromans, dessen Tradition er fortschreibend und erneuernd revidiert. Diese subtile Gegenläufigkeit, die sich im Text auf der Ebene der Sprache ebenso zeigt wie in den in ihm durchdachten Ideen und Konzepten, ist charakteristisch für die Zeit um 1900, die zwischen Neoromantik und Moderne, zwischen Tradition und Avantgarde die Kontinuität im Wandel festzuschreiben sucht.

Der Schriftsteller Hermann Hesse hat mit diesem frühen Werk bereits eines der zentralen Themen seines Gesamtwerkes formuliert: die Beziehung des Individuums zur Gesellschaft. In einem offenen Brief an die *Neue Zürcher Zeitung* vom 4. August 1951 betont der Autor diesen Aspekt sehr deutlich, wobei die retrospektive Selbststilisierung, die seiner Aussage immanent ist, nicht überlesen werden kann:

> Ich bin zwar nicht bei der etwas kauzigen Eremitenhaltung Camenzinds geblieben, ich habe mich im Lauf meiner Entwicklung den Problemen der Zeit nicht entzogen, […] aber das erste und brennendste meiner Probleme war nie der Staat, die Gesellschaft oder die Kirche, sondern der einzelne Mensch, die Persönlichkeit, das einmalige, nicht normierte Individuum. Von diesem Standort aus läßt sich der Camenzind, so unzulänglich er sein möge, recht wohl einer Betrachtung und Analyse meines ganzen Lebens zugrunde legen. (GW XI,26–27; SW XII,196)

Dass dieser frühe Roman für Hesse zu einem Erfolg wurde und sowohl von der zeitgenössischen Kritik als auch vom Lesepublikum positiv aufgenommen wurde, ist auch der Tatsache zu verdanken, dass das Werk die Befindlichkeit seiner Epoche ebenso präzise wie kritisch beschreibt, dass es den Konflikt zwischen dem Einzelnen und der Gesellschaft, der als eine Folge der Aufklärung in den Jahren um 1900 kulminiert, literarisch reflektiert und einen an den tradierten Ideen orientierten Lösungsweg beschreitet.

Unterm Rad

Unter diesem seltsamen Titel erzählt Hermann Hesse das kurze unglückliche Leben Hans Giebenraths. Nach dem frühen Tod der Mutter wächst der Junge bei seinem Vater, dem Geschäftsmann Joseph Giebenrath, in einer süddeutschen Kleinstadt auf. Schon früh wird Hans von den Lehrern der Schule und dem Pastor der Gemeinde gefördert und auf das württembergische Landesexamen vorbereitet, das ihm den Eintritt in das evangelische Klosterseminar Maulbronn und ein anschließendes kostenloses Theologiestudium im Tübinger Stift ermöglichen soll. Neben den üblichen Schulstunden erhält er an den Nachmittagen Privatunterricht, der den sensiblen und schwachen Jungen den Spielen seiner Kindheit und seinen Altersgenossen entfremdet. Nachdem er das Landesexamen als Zweitbester bestanden hat, verlässt er seine Heimatstadt und bezieht das Maulbronner Seminar, wo er sich zunächst – die in ihn gesetzten Erwartungen erfüllend – strebsam und erfolgreich in die neue Lebenssituation einfindet. Aber auch hier bleibt er unter den gleichaltrigen Knaben ein Außenseiter, was schließlich zu der Freundschaft mit dem frühreifen Hermann Heilner führt. Heilner, der intellektuell wie physisch weiter Entwickelte, betrachtet das Leben im Seminar ironisch-distanziert. Er schreibt Gedichte und eröffnet Hans Einsichten in die Lebensfeindlichkeit des Erziehungssystems und die Lebensferne der vermittelten traditionellen Bildungsinhalte. Hans gerät durch seine Freundschaft in einen Konflikt zwischen den in ihn gesetzten Erwartungen, die er bisher mit seiner eigenen Lebensperspektive gleichsetzte, und der diese Autoritäten hinterfragenden Lebenshaltung seines Freundes. Der Konflikt kulminiert, als Heilner gegen die Ordnung des Seminars revoltiert und Hans sich aus Angst und Unsicherheit gegen den Freund entscheidet. Erst der unerwartete Tod eines Mitschülers, der die Knaben tief bewegt, führt zu einer Aussöhnung zwischen Heilner und Giebenrath. Nachdem Hans' schulische Leistungen zunehmend schlechter werden und die Kopfschmerzen, die bereits in seiner Heimatstadt seine geistige und körperliche Überanstrengung indizierten, nach der Flucht Heilners aus dem Seminar in einem gesundheitlichen Zusammenbruch kulminieren, wird er von der Schulleitung zur Erholung nach Hause geschickt. Seinen Lehrern, seinem Vater, aber auch ihm selbst ist bewusst, dass er nicht zurückkehren wird. Von den Honoratioren, den Lehrern und dem Pastor, wird er kühl aufgenommen, weil er die in ihn gesetzten Erwartungen nicht erfüllt hat. Den Sommer in der Heimat verbringt er in einem Zustand geistiger und körperlicher Apathie mit Angeln und Schwimmen, wiederum isoliert von seinen Altersgenossen. Der Vater gibt ihn schließlich in eine Mechanikerlehre. Nur zögernd beginnt er sich in die Gemeinschaft der Lehrlinge und Gesellen zu integrieren. Auf dem Rückweg von einem Sonntagsausflug in die Gastwirtschaft eines benachbarten Ortes stirbt Hans im Wasser eines Flusses. Ob sein Tod ein Unglücksfall oder ein Freitod ist, bleibt offen.

Der Roman, der im Jahr 1904 in der *Neuen Zürcher Zeitung* vorabgedruckt wurde, erschien 1905 mit der Jahresangabe 1906 in einer überarbeiteten Version im Berliner Verlag Samuel Fischers. Er entstand im Herbst und Winter 1903 in Calw, die Buchfassung in den ersten Jahren der Ehe mit Maria Bernoulli in Gaienhofen am Bodensee. Bereits Hugo Balls Biographie interpretiert das Werk vor dem Hintergrund der Kindheits- und Jugenderlebnisse Hesses als eine Abrechnung mit den Normen und

Traditionen des Erziehungssystems des 19. Jahrhunderts. Hermann Hesse besuchte von 1890 bis 1891 die Lateinschule in Göppingen und bezog 1891, nach bestandenem Landexamen, als Stipendiat das Maulbronner Seminar. Die Briefe, die er von dort an die Eltern in Calw schreibt, zeigen, dass er sich anfänglich in die strenge Ordnung fügt, doch schon Anfang 1892 mehren sich die Zeichen einer psychischen Krise, die Anfang März in einem Fluchtversuch aus dem Seminar kulminiert. Nach einer auf den Feldern und in den Wäldern verbrachten Nacht wird Hesse erst am nächsten Morgen von einem Landjäger aufgegriffen und nach Maulbronn zurückgebracht. Er wurde daraufhin auf ärztlichen Rat zunächst nach Hause geschickt und kehrte im April für einige Wochen ins Seminar zurück, bevor er im Mai endgültig ausschied. Seine Eltern reagieren verständnislos auf die Revolte des Heranwachsenden gegen die pietistische Tradition des Elternhauses und schicken den Fünfzehnjährigen in die Nervenheilanstalt nach Bad Boll, die von dem befreundeten Pfarrer Christoph Blumhardt geleitet wird. Nach einem gescheiterten Selbstmordversuch wird er in die Nervenheilanstalt Stetten bei Stuttgart eingewiesen, wo er bereits nach einigen Monaten die Einwilligung erhält, das Bad Cannstatter Gymnasium zu besuchen, das er mit dem Einjährigen-Examen abschließt. Nach einer vorzeitig abgebrochenen Buchhändlerlehre in Esslingen kehrt er nach Calw zurück, wo er in der Turmuhrenfabrik Perrot eine Lehre macht.

Wegen der Parallelen des empirischen Autors mit der literarischen Figur Hans Giebenrath, aber auch wegen der realistischen Darstellung entwicklungspsychologischer Zustände und Abläufe ist das Werk als literarische Verarbeitung der eigenen Entwicklung Hermann Hesses gedeutet worden. Vereinzelte Aussagen des Schriftstellers über sein Werk stützen diesen interpretatorischen Zugang. So schreibt er 1953 in den *Begegnungen mit Vergangenem*:

In der Geschichte und Gestalt des kleinen Hans Giebenrath, zu dem als Mit- und Gegenspieler sein Freund Heilner gehört, wollte ich die Krise jener Entwicklungsjahre darstellen und mich von der Erinnerung an sie befreien, und um bei diesem Versuche das, was mir an Überlegenheit und Reife fehlte, zu ersetzen, spielte ich ein wenig den Ankläger und Kritiker jenen Mächten gegenüber, denen Giebenrath erliegt und denen einst ich selber beinahe erlegen wäre: der Schule, der Theologie, der Tradition und Autorität. (GW X,352; SW XII,571–572)

Die Revolte gegen die traditionellen Erziehungsinstanzen und Autoritäten ist jedoch nicht nur individualpsychologisch vor dem Hintergrund der rigiden pietistischen Tradition seines Elternhauses zu verstehen, sondern spiegelt zugleich eine Befindlichkeit, die charakteristisch für die Jahre vor dem Ausbruch des Ersten Weltkrieges ist. *Unterm Rad* steht einerseits in der Tradition der literarischen Auseinandersetzung mit dem Pietismus, die im 18. Jahrhundert mit Karl Philipp Moritz' Roman *Anton Reiser* begonnen hat, und andererseits im Kontext der Romane und Erzählungen des späten 19. und frühen 20. Jahrhunderts, in deren Zentrum Schülerfiguren stehen. Erinnert sei an Conrad Ferdinand Meyers 1883 veröffentlichte Erzählung *Leiden eines Knaben*, Frank Wedekinds *Frühlings Erwachen* aus dem Jahr 1891, die Hanno-Episode aus Thomas Manns 1901 erschienenen Roman *Buddenbrooks*, Rainer Maria Rilkes Erzählung *Die Turnstunde*, Robert Musils *Die Verwirrungen des Zöglings Törless* oder Robert Walsers Roman *Jakob von Gunten*. In der letzten Phase eines von nationalem Chauvinismus und imperialistischer Ideologie geprägten Europa spiegelt die Literatur die Problematik eines Erziehungssystems, das sowohl in seinen Lern- und Lehrformen als auch in seinen Lerninhalten traditionellen Werten verpflichtet ist. Die Figur des Schülers antizipiert noch vor dem Ende des alten Europa in der Katastrophe des Ersten Weltkriegs den Beginn einer neuen Zeit, die den Traditionen und Konventionen der Väter entwachsen ist. In diesem Sinne ist auch der von Hans Giebenrath durchlebte Konflikt von Selbst- und Fremdbestimmung Ausdruck der Konflikte einer jungen, nachwachsenden Generation mit der kulturellen und geistigen, politischen und sozialen Wirklichkeit ihrer Zeit, deren formal wie inhaltlich überkommene Strukturen keinen Bezug mehr haben zu der Wirklichkeit der Gegenwart. Indem der Roman den für jede gesellschaftliche Sozialisation charakteristischen Konflikt zwischen den Wünschen und Erwartungen des Einzelnen und den normativen Traditionen und Konventionen der Gemeinschaft thematisiert, zeigt er den fortschreitenden Verfall der Bildungsideen und das fragwürdig gewordene Bildungsideal einer ganzen Epoche. Hans Giebenraths Scheitern an den in ihn gesetzten Hoffnungen ist jedoch nicht nur ein Ungenügen den Erwartungen einer historisch genau definierten Situation gegenüber. Die altmodische Welt einer Kleinstadt im Schwarzwald, die Geschlossenheit eines moralischen Wertekanons, in dessen Kontext das Leben des Helden erzählt wird, dekuvriert eine tiefe Verzweiflung gegenüber der Gesellschaft, welche zugleich die Überzeitlichkeit des Erzählten ausmacht. Trotz des historisch genau zu definierenden Zeitpunktes der Handlung, trotz der in diesem Kontext präzise formulierten Kritik an den erstarrten gesellschaftlichen und moralischen Konventionen spiegelt der von Hans Giebenrath erfahrene Konflikt den überzeitlichen Prozess der Auseinandersetzung eines einzelnen Individuums mit einer sozialen Gruppe, die Problematik von Erwachsenwerden und Erwachsensein, von Emotion und Rationalität. Dass dieser schmale Roman fast einhundert Jahre nach seinem ersten Erscheinen auch und gerade von Heranwachsenden gelesen wird, dass seine für das späte 19. und das frühe

20. Jahrhundert charakteristischen Probleme zugleich die Probleme jedes Heranwachsens aufgreifen, wirft die Frage auf, ob die Unterdrückung der natürlichen Wesenhaftigkeit des Einzelnen als eine für die Gemeinschaft und den Staat subversive Kraft einen Grundkonflikt menschlichen Seins und menschlicher Gemeinschaft ausmacht.

Fast alle Charaktere des Werkes bleiben bemerkenswert blass. Joseph Giebenrath, der als »Zwischenhändler und Agent« (GW II,7; SW II,137) dem Leser vorgestellt wird, bleibt im gesamten Text ein Jedermann, ein durchschnittlicher Kleinbürger einer durchschnittlichen Kleinstadt. Hermann Heilner, der frühreife, etwas altkluge Freund des Helden, ist, obwohl sich der Text mehrere Kapitel Zeit lässt, seine Eigenschaften zu entwickeln, als Gegenfigur zu den Lehrern auf seine paradigmatische Funktion für Hans reduziert. Er gleicht darin den Schulmeistern, sowohl in der Heimat als auch im Klosterseminar, welche die Strenge, Unerbittlichkeit und Lebensferne des Schulsystems verkörpern. Auch der Schuhmacher Flaig, die einzige Figur des Romans, die Verständnis und Liebe für den scheiternden Helden aufbringt, verkörpert lediglich das humanere Gesicht des Pietismus, vor dessen Hintergrund die Figur des Stadtpfarrers nur umso deutlicher hervortritt. Und Hans Giebenrath? Dass der Autor ihn nicht, wie so viele andere Figuren seines Romanwerkes, zum Titelhelden gemacht hat, ist als ein Indiz dafür zu lesen, dass das Erkenntnisinteresse des Textes sich nicht auf den Charakter und die Lebensschicksale eines Helden konzentriert, sondern auf den Prozess, den dieser durchlebt und den der Titel mit dem ebenso präzisen wie knappen Ausdruck des Epherus zitiert: »unters Rad« kommen (GW II,100; SW II,215), scheitern, aber nicht an sich selbst, sondern an den Ansprüchen der anderen.

Am Ende des Werkes steht ein Dialog zwischen dem Schuhmacher Flaig und Joseph Giebenrath. Sie diskutieren nicht über die Art des Todes, auch nicht über die Frage, ob es ein Freitod oder ein Unfalltod war, und ebensowenig reden sie über die eigene Trauer, sondern Giebenrath artikuliert seine Ratlosigkeit über den Tod seines Sohnes: »Man begreift's nicht, seufzte Giebenrath. Er ist so begabt gewesen, und alles ist ja auch gut gegangen, Schule, Examen – und dann auf einmal ein Unglück übers andere!« (GW II,178; SW II,280.) Flaig antwortet ihm darauf, dass die Lehrer auch ihren Anteil am Tod des Knaben hätten, und schließt mit der Bemerkung: »Und Sie und ich, wir haben vielleicht auch mancherlei an dem Buben versäumt, meinen Sie nicht?« (GW II,178; SW II,280.) Die entscheidende Frage am Ende des Romans ist also nicht, *wie* Hans getötet worden ist, sondern *was* die Umwelt an dem Heranwachsenden versäumt hat. Die Frage wird nicht direkt formuliert, sondern durch das Kontrapunktische des Erzählens, durch die distanzierte, böse Ironie der Schreibart, in einer rhetorischen Frage aufgedeckt.

Der vorsichtig behutsame Ton des Romans, seine der romantischen Tradition verpflichtete Erzählweise täuscht leicht über die ironischen Elemente hinweg. Die Beschreibungen der Natur, der Wälder und Flüsse, Wiesen und Teiche, der Sommerhimmel und der Herbstnebel zitieren zwar eine romantische Landschaftskulisse, kontrastieren jedoch das Friedvolle und Ausgeglichene mit dem Schrecklichen und Abgründigen. Die Natur ist nicht mehr Gegenwelt oder Regressionsraum, sondern leere Kulisse, die sich selbst als eine trügerische Idylle dekuvriert. In der Welt Hans Giebenraths ist nichts mehr heil, zeugt nichts mehr von einer verlorenen Einheit zwischen menschlichem und natürlichem Sein, aus der heraus die Sehnsucht des romantischen Zeitalters geboren wurde. Sehnsucht und Wunsch gibt es in Giebenraths Welt nicht mehr. Seine Welt ist eine Form der Existenz, die den Einzelnen nur noch sozial determiniert und ihn damit funktionalisiert. Der Kontrast der Idylle und der Katastrophe, die Differenz zwischen dem

»fröhlich blauen Himmel« (GW II,178; SW II,280) und dem »stillgewordenen Kinde« (GW II,177; SW II,279), mit dem der Text endet, markiert die Entfernung des Erzählten von der Romantik. Mit der Außenseiterfigur Hans Giebenrath porträtiert der Autor noch einmal einen romantischen Helden und markiert zugleich das Ende einer traditionellen Erzählhaltung. *Unterm Rad* ist ein Ausdruck des Leidens an der Tradition des 19. Jahrhunderts und zugleich ein verhaltener Aufbruch in das 20. Jahrhundert. Das Werk zeigt seinen Autor als einen Repräsentanten einer zu Ende gehenden Epoche.

Die Knabenleiche, die der Vater in der Nacht aufmerksam, aber verständnislos betrachtet, ist, wie die Leiche Karl Grubers aus Rainer Maria Rilkes Erzählung *Die Turnstunde*, ein Sinnbild für das Ende, für den zu frühen Tod einer Generation, deren Idealismus der funktionalistischen und utilitaristischen Ideologie der heraufkommenden Moderne nichts entgegenzusetzen hat als das alte humanistische Ideal des Individuums, dessen individuelle Einsamkeit jedoch an dem kollektiven Wahn der kommenden Zeit scheitert. Die psychische und physische Gewalt, die als eine wesentliche Erfahrung das junge Leben Hans Giebenraths bestimmt und die charakteristisch ist für das Erziehungssystem des wilhelminischen Deutschlands, ist von Alexander Mitscherlich als eine der Voraussetzungen für die Genese der faschistischen Ideologie interpretiert worden. Indem *Unterm Rad* die Geschichte eines stillen, klugen, heranwachsenden Knaben erzählt, der von einem autoritären, ungerechten und menschenfeindlichen Erziehungssystem zu Grunde gerichtet wird, nimmt der Roman die Erfahrungen einer ganzen Generation vorweg, die in einem System impliziter und expliziter Gewalt sozialisiert wurde und deshalb diese die Individualität und Eigenart des Einzelnen negierenden und auslöschenden Erfahrungen in dem Exzess der Gewalt im Nationalsozialismus kompensierend kulminieren lassen musste.

Der Roman thematisiert jedoch nicht nur den Antagonismus von Selbst- und Fremdbestimmung. Wie *Peter Camenzind* erzählt das Werk auch die Geschichte einer Freundschaft. In der Tradition der literarischen Außenseiterfiguren der Romantik begegnen sich zwei Knaben, die, unterschiedlichen gesellschaftlichen Schichten entstammend, unterschiedliche Ideale lebend, einander dennoch Freund werden. Im Gegensatz zu Max Demian und Emil Sinclair sowie zu Narziß und Goldmund entfaltet die Freundschaft jedoch keine die Entwicklung des Einzelnen konstruktiv verändernde Kraft, sondern ist ein weiteres destruktives Element im Leben Hans Giebenraths. In der Forschung sind zwei Deutungen kontrovers diskutiert worden. Zum einen die Frage, ob die Beziehung zwischen Hermann Heilner und Hans Giebenrath homoerotische Züge trägt. Indem der Roman die Geschichte eines scheiternden Reifeprozesses eines jungen Menschen schildert, ist die von den gesellschaftlichen Konventionen der Zeit unterdrückte, nur bedingt zugelassene und deshalb von dem Einzelnen verdrängte Sexualität ein latentes Thema des Romans, das nicht nur in der Freundschaft zwischen Hermann und Hans seinen Ausdruck findet, sondern auch in der kurzen Episode zwischen Hans und der lebenslustigen Emma. Weil sich die Kraft des Eros jedoch nicht frei entfalten kann, sondern verdrängt, allenfalls sublimiert wird, verkehrt er sich auch in seiner Spielart als gleichgeschlechtliche Freundschaft in eine ebenfalls zerstörerische Kraft. Zum anderen spiegelt die Freundschaft zwischen Hans und Hermann die Neigung des Autors, Geschichten in dem Spannungsverhältnis einander komplementärer Doppelgängerfiguren zu erzählen. Während Hans an dem autoritären Erziehungssystem zu Grunde geht, sind Strenge und Autorität für Hermann die Kategorien, die seine Emanzipation und Individuation befördern. Der Grundkonflikt des Romans wird durch die Dopplung der Figuren variiert und einerseits zu einem positiven

Ende geführt, indem Hermann Heilner die Literatur als Ausweg aus der Repression erlebt, und andererseits in dem Tod Hans Giebenraths zu einem negativen und zerstörerischen Schlusspunkt fortgeschrieben. Der Roman bietet jedoch nicht zwei Lösungen des Konfliktes an, sondern intensiviert durch die nebenher erzählte Geschichte Hermann Heilners die Tragik des kurzen und unglücklichen Lebens Hans Giebenraths.

Unter den Zeitgenossen Hermann Hesses wurde der Roman nach seinem Erscheinen zu einem Erfolg, und der Autor konnte den nach der positiven Resonanz des *Peter Camenzind* hohen Erwartungen gerecht werden. Die Kritik lobte die Sprache, die romantischen Natur- und Stimmungsbilder, erkannte in dem Werk aber zugleich die Tradition des poetischen Realismus fortgeschrieben. Während die Dichte der Schilderung der psychologischen Entwicklung Hans Giebenraths positive Erwähnung fand, kritisierten die Rezensenten die Lehrhaftigkeit und den keineswegs latenten didaktischen Zug des Werkes. Der Roman wurde, wie die meisten Werke des Autors, erst durch den Erfolg Hesses auf dem amerikanischen Buchmarkt in den sechziger Jahren auch in Deutschland wiederentdeckt. Diesen unerwarteten, späten Erfolg seines Jugendwerkes kommentierte der alte Hesse in den *Begegnungen mit Vergangenem* mit der lakonischen Bemerkung:

> Aber, ob geglückt oder nicht, das Buch enthielt doch ein Stück wirklich erlebten und erlittenen Lebens, und solch ein lebendiger Kern vermag zuweilen nach erstaunlich langer Zeit und unter völlig anderen, neuen Umständen wieder wirksam zu werden und etwas von seinen Energien auszustrahlen. (GW X,353; SW XII,572)

Gertrud

In Gaienhofen am Bodensee arbeitete Hermann Hesse drei Jahre lang an einem Musikerroman, der 1910 unter dem Titel *Gertrud* erschien. Bereits in den Jahren 1905 und 1906, während Hesse die Zeitschriftenfassung von *Unterm Rad* für die Buchpublikation überarbeitete, entstand eine frühe Version des Werkes. Über die insgesamt drei Fassungen, die der Problematik der Erzählperspektive geschuldet sind, einschließlich einer Journalfassung, die in Velhagen und Klasings *Monatsheften* erschien, schreibt der Autor in einer Reaktion auf die ersten Kritiken des Romans im November 1910 an Theodor Heuss:

> Sie wissen nicht, daß ich am »Ton« dieser »Gertrud«, deren andre Fehler ich leider kenne, lang und schwer gearbeitet und gerade hierin das denkbar reinste Gewissen habe. Es liegen in meinem Tisch verborgen zwei große Manuskripte von je etwa 100 Seiten, in welchen beiden versucht ist, die »Gertrud« nicht im Ich-Ton zu erzählen, sondern rein episch. Das war die Arbeit zweier Winter, und im dritten schrieb ich, nach achtmonatlichem Besinnen, die ganze Sache neu und im Ich-Ton. (GB I,184)

Im Gegensatz zu den beiden zuvor veröffentlichten Romanen erschien das Werk nicht im Berliner S. Fischer Verlag, sondern bei Albert Langen in München. Trotz der verhältnismäßig langen Entstehungszeit etablierte sich der Ruf Hesses als Schriftsteller in den Jahren zwischen 1906 und 1910 durch die in Zeitschriften publizierten Erzählungen auf dem deutschen Buchmarkt, und auch die gespaltene Reaktion der literarischen Kritik auf diese erste größere Prosaarbeit nach *Unterm Rad* konnte daran nichts ändern.

Aus der Retrospektive erzählt der Komponist Kuhn von seinem Leben. Im Gegensatz zu *Unterm Rad* und dem neun Jahre später veröffentlichten *Demian*, aber parallel zu der Lebensgeschichte Peter Camenzinds beginnt der Roman mit den Studienjahren Kuhns auf dem Konservatorium in München und thematisiert die Schulzeit nur als eine beiläufige Episode. Von der schönen, mutwilligen Gesangsschülerin Liddy lässt sich der junge, schüchterne Mann zu einer gefährlichen Schlittenfahrt verleiten, bei der er verunglückt und die ihn mit einem verkrüppelten Bein zurücklässt. Sowohl seine körperliche Behinderung als auch seine einsame und abgesonderte Lebensführung lassen ihn Zuflucht in der Musik suchen, er beginnt zu komponieren. Von den Professoren des Konservatoriums werden seine Werke jedoch kritisch aufgenommen, und erst der Sänger Muoth, den Kuhn am Ende seines Studiums kennen lernt, fördert den jungen Komponisten, indem er seine Lieder zur Aufführung bringt und ihm eine Anstellung als zweiter Orchestergeiger vermittelt. Hier freundet sich Kuhn mit dem Violinisten Teiser und dessen Schwester Brigitte an und lernt im Haus des reichen Fabrikanten Imthor, bei dessen musikalischen Abenden seine Werke zur Aufführung kommen, dessen Tochter Gertrud kennen. Kuhn verliebt sich in Gertrud, seine Liebe bleibt jedoch unausgesprochen. Als Ausdruck seiner tiefen Zuneigung entsteht, gemeinsam mit ihr, seine erste Oper. Als er seinen Freund Muoth bittet, die Hauptrolle des Bühnenwerkes zu übernehmen, das in München erstaufgeführt werden soll, und sie das Werk gemeinsam mit Gertrud proben, verlieben sich Muoth und Gertrud. Die Heirat seines Freundes mit der Geliebten stürzt Kuhn in eine tiefe Verzweiflung. Als er versucht, sich umzubringen, erreicht ihn ein Telegramm seiner Mutter, das ihn vom Tod seines Vaters in Kenntnis setzt. Er reist in die Heimat, verbringt eine Zeit bei seiner Mutter und deren altjüngferlicher Cousine und findet zu der gleichmütig-resignierten Lebenshaltung zurück, die bereits die Jahre nach seinem Unfall geprägt hat. Weder der Erfolg seiner Oper in München, die wachsende Bekanntheit als Liederkomponist noch das stille, schüchterne Werben Brigitte Teisers, die den Freund ihres Bruders schon lange liebt, vermögen etwas daran zu ändern. Die unglückliche, von Gewalt und Alkoholexzessen des Sängers geprägte Ehe zwischen Muoth und Gertrud endet mit dem Selbstmord des Freundes. Am Ende des Romans steht Kuhns Bericht über seine von freundschaftlichen Gefühlen und platonischer Liebe geprägte Beziehung zu der Witwe seines Freundes.

Wie in zahlreichen seiner Romane erzählt Hesse auch in *Gertrud* die Geschichte der Freundschaft zweier ungleicher Freunde. Die vitale, lebensfrohe, zugleich exzessiv-zerstörerische Lebenshaltung des Sängers Muoth kontrastiert mit der weltfremden, ängstlichen und resigniert-pessimistischen Einstellung Kuhns und antizipiert damit bereits die in *Narziß und Goldmund* und später im *Glasperlenspiel* ausgeführte Gegenüberstellung von Vita activa und Vita contemplativa. Die Figur des Sängers Muoth ist zugleich eine Chiffre für das dionysische, leidenschaftliche und unkontrollierte Element der Kunst, das in Anlehnung an die von Schelling entwickelte und von Nietzsche in der *Geburt der Tragödie* aufgenommene Antithese der formstrengen und kontrollierten apollinischen Kunstauffassung Kuhns gegenübergestellt wird. Der verhinderte Selbstmord Kuhns ist eine Chiffre für die Stärke des sowohl von Entsagung und Resignation als auch von Beherrschung und Formwillen geprägten apollinischen Konzeptes, während das berauschende und ekstatische, entfesselte und jeden normativen Impuls negierende Prinzip im lebensweltlichen Scheitern und endlichen Selbstmord Muoths abgebildet wird.

Indem der Ich-Erzähler der geschlechtlichen Liebe und dem Ideal eines Glücks in der bürgerlichen Ehe entsagt und indem ihm die Musik zu einem Ersatz für die defizitäre Teilhabe an der Welt wird, deren physischer Ausdruck seine körperliche Behinderung ist, steht das Werk in der Nachfolge des Bildungsromans, in der Tradition der *Wanderjahre* Johann Wolfgang Goethes und des *Nachsommers* von Adalbert Stifter. Kuhns platonische Freundschaft zu Gertrud entspricht jedoch nicht dem Ideal eines gewählten Verzichtes mit der Intention der das Individuum befreienden und entlastenden Funktion des Entsagens, sondern überträgt das aus dem Idealismus erwachsene Konzept Goethes in den geistesgeschichtlichen Kontext der intellektuellen und gesellschaftlichen Befindlichkeit der Wende vom 19. zum 20. Jahrhundert. Das Werk thematisiert damit zum einen die Einsamkeit des Individuums als eine für die literarische Moderne charakteristische Erscheinung und zum anderen die Desillusion des Einzelnen als eine Konsequenz aus der Aufhebung normativer moralischer Paradigmen durch die Aufklärung.

Hesse variiert in diesem frühen Roman zentrale Themen seines Werkes: das Künstlertum, die Liebe und die Freundschaft. Dass der Autor die erste Fassung umgeschrieben hat und von der Perspektive eines allwissenden Erzählers zu der eines Ich-Erzählers wechselt, zeigt, dass das Werk nicht nur entstehungsgeschichtlich, sondern auch ästhetisch und formal zwischen den Entwicklungsromanen *Peter Camenzind* und *Demian* einzuordnen ist. Gleichwohl war sich der Autor, wie Briefe aus den Jahren 1909 und 1910 belegen, trotz der langjährigen und arbeitsintensiven Entstehungsgeschichte, der Schwächen dieses stoffreichen und konstruiert wirkenden Werkes bewusst. Hesse schreibt am 18. April 1909 aus Gaienhofen an Franz Karl Ginzkey: »Den Winter über habe ich wieder einen hübschen Unterhaltungsroman geschrieben und dem Velhagen gegeben« (GB I,153).

Das Werk wurde wegen seiner differenzierten und vielschichtigen Auseinandersetzung mit der Künstlerproblematik positiv aufgenommen, so notiert Hesse in einem kurzen Schreiben aus dem November 1910 an Theodor Heuss:

> Ich war der Meinung, stofflich in der »Gertrud« insofern Neues zu probieren, als das Buch von der schwierigen Balance handelt, die im echten Künstler zwischen Liebe zur Welt und Flucht vor der Welt einerseits, andrerseits zwischen Befriedigung und Durst beständig vibriert. Äußerlich ist das kein großer Stoff, aber psychologisch doch. (GB I,186)

Die zeitgenössische Kritik bewertete jedoch vor allem die farblos bleibende Titelheldin kritisch. Hesse nimmt diese Reaktionen, wie seine Briefe belegen, relativ gelassen auf. Nach dem Erscheinen der Buchfassung bemerkt er ebenfalls im November 1910 in einem Schreiben an Conrad Haußmann:

> Merkwürdig geht es meiner »Gertrud« jetzt in der Kritik. Neben kritiklosem Lob äußert sich stark auch jene Revanche der Presse, die einen Autor so lang als Genie ausgeschrien hat, bis sie müd wird und ihn plötzlich für einen Trottel erklärt. (GB I,189)

Indem der Autor eine Figur zur Titelheldin wählt, die für den Konflikt des Romans zwar eine zentrale Rolle spielt, jedoch bereits durch die Perspektive des Ich-Erzählers in der Darstellung ihres Charakters und ihrer Motive erzähltechnisch eingeschränkt ist, lenkt er die Aufmerksamkeit auf die Funktion dieser Figur innerhalb des Erzählten. Der Titel ist nicht Ausdruck einer verfehlten Thematik, sondern akzentuiert zum einen die Bedeutung Gertruds für die individuelle wie künstlerische Entwicklung Kuhns, also ihre symbolische Funktion innerhalb des

Künstlerromans, und zum anderen ihre paradigmatische Funktion für die kunsttheoretischen Überlegungen, die Hesse seinem dritten Roman eingeschrieben hat.

Roßhalde

Roßhalde ist der Name eines herrschaftlichen Landhauses, in dem, umgeben von einem weitläufigen Park, der Maler Johann Veraguth und seine Frau Adele ein zurückgezogenes und einsames Leben führen. Ihre Ehe ist schon lange zerbrochen, Adele bewohnt mit dem gemeinsamen Sohn Pierre den Herrensitz, während Johann Veraguth in dem zu einem Atelier umgebauten alten Lusthäuschen lebt. Seit vielen Jahren verändert nichts das Leben dieser beiden Menschen, die sich durch unterschiedlichen Charakter und unterschiedliches Temperament immer weiter voneinander entfernt haben und kaum mehr in der Lage sind, das Alltägliche und Notwendige miteinander zu besprechen. Einzig der siebenjährige Pierre teilt beider Welten, besucht täglich den Vater in dessen Atelier und verbringt viele Stunden bei der Mutter im Herrenhaus.

Johann Veraguth, auf dessen Perspektive der Erzähler beschränkt bleibt, hat sich aus der Sprach- und Beziehungslosigkeit der Ehe in die Kunst geflüchtet. Erst die Gespräche mit seinem in Indien lebenden Freund Otto Burckhardt, der auf einer Europareise Roßhalde besucht, bringen dem Maler die widerstandslose Resignation und mutlose Entsagung seiner Lebensführung zu Bewusstsein. Während Otto Burckhardts Besuch kehrt der ältere Sohn Albert aus dem Internat heim; seine Beziehung zum Vater ist von einem unüberwindlichen ödipalen Hass geprägt. Veraguth beschließt, sich von seiner Familie zu trennen und mit seinem Freund nach Indien zu reisen. In dieser Situation zeigen sich bei dem von Adele wie Johann gleichermaßen geliebten Sohn Pierre Symptome einer Hirnhautentzündung. Die Krankheit des Kindes führt das Ehepaar nochmals zusammen, und sie versuchen in der Pflege des Sohnes die ritualisierten Formen ihres Umgangs zu durchbrechen, ohne jedoch zu einer gemeinsamen Sprache zurückfinden zu können. Der Roman schließt mit dem Tod des Knaben; nach dessen Beerdigung verlässt Adele mit dem älteren Sohn Albert Roßhalde, Johann Veraguth bricht mit Otto Burckhardt zu einer Indienreise auf.

Hermann Hesse konnte das Manuskript des Romans, das er noch in Gaienhofen begonnen hatte, zu Beginn des Jahres 1913 in Bern abschließen. Wie bereits *Gertrud* erschien auch *Roßhalde* in den *Monatsheften* des Verlages Velhagen und Klasing. Hesse plante den Roman zunächst, wie ein Brief an Alfred Schlenker aus dem Sommer 1913 belegt, erst im folgenden Jahr zu veröffentlichen: »Jener Roman, nach dem Du fragst, ist längst fertig, aber nicht gut geworden, ich habe ihn, um ihn einstweilen aus den Augen zu kriegen, einer Zeitschrift überlassen, wo er nächstes Jahr erscheinen soll« (GB I,227). Die Journalfassung erschien jedoch im Juli und August desselben Jahres, und im September notiert er an Albert Fraenkel:

> Jener Roman, an dessen entscheidendem Kapitel ich 1912 bei Ihnen in Badenweiler arbeitete und zu dem mir Dr. Thorspeken medizinische Aufschlüsse gab, ist im Winter fertig geworden und im August in Velhagens Monatsheften gestanden. Über eine Buchausgabe bin ich noch nicht schlüssig; ich habe bei dieser Arbeit viel gelernt, und sie hat mir manches Persönliche überwinden und verstehen helfen, aber ich weiß nicht, ob sie auch anderen wird wesentlich nützen können. (GB I,230)

Die Buchausgabe wurde im März des folgenden Jahres bei Samuel Fischer in Berlin veröffentlicht.

Im Gegensatz zu *Peter Camenzind* und *Unterm Rad* ist *Roßhalde* kein Entwicklungsroman. Während auch *Gertrud* die Entfaltung eines jungen Mannes zum Künstler problematisiert, thematisiert *Roßhalde* die existentielle Spannung zwischen Kunstwirken und Lebenswirklichkeit. Hesses Roman ist eine Abkehr von der seit Heinse über Tieck, Schlegel, Goethe, Novalis bis zu Mörike und Keller gattungsgeschichtlich bevorzugten Form des Bildungs- und Entwicklungsromans. Weder die nichtbürgerliche Lebensweise noch die gesellschaftliche Außenseiterrolle, deren für den Einzelnen spannungsreiche Dialektik Hesse wenige Jahre später im *Steppenwolf* in die Figur Harry Hallers einschreiben wird, sondern die eher für die kleinere Form der Novelle kennzeichnende Auseinandersetzung mit einer exemplarischen, für die Problematik des Künstlers jedoch charakteristischen Episode bildet den ebenso streng wie überzeugend ausgeführten Konflikt des Werkes. Dass *Roßhalde* sowohl in der Ausgabe der *Gesammelten Werke* von 1931 als auch in den *Gesammelten Schriften* von 1956 als Erzählung geführt wird, zeigt die Problematik der Gattung ebenfalls. Sowohl die thematische Konzentration als auch die bereits von Hugo Ball aufgezeigten biographischen Parallelen zum Leben des Autors haben dem Roman den Vorwurf eingebracht, lediglich die literarische Verarbeitung einer persönlichen und nur privaten Thematik zu bieten.

Betrachtet man die Briefäußerungen Hermann Hesses aus den Jahren 1913 und 1914, liegt es nahe, das Werk vor einem lebensgeschichtlichen Hintergrund zu interpretieren. So schreibt der Autor am 24. Dezember 1913 an Otto Blümel:

> Mein Roman »Roßhalde« kommt bald als Buch, ich sehe darin aber nur eine Art Schlußpunkt unter meine bisherige Dichterei, die mir kläglicher erscheint als je, und habe das Gefühl, ich müsse nun entweder

> ganz einpacken oder aber ganz Neues wagen, wozu Ansätze und Ahnungen vorhanden sind. Es beginnt jetzt, ein wenig spät und mit geschwächten Kräften, bei mir ein Kampf um das Künstlerische, dem ich wenigstens nicht ausweichen werde. (GB I,236)

In den Monaten September bis Dezember 1911 unternahm Hesse gemeinsam mit dem befreundeten Maler Hans Sturzenegger eine Reise, die ihn über Ceylon und Singapur nach Sumatra führte. Die Reise ist einerseits Ausdruck seiner Auseinandersetzung mit der Geistes- und Religionsgeschichte Südostasiens, zu er der bereits im Elternhaus angeregt worden ist. Andererseits deutet der Schriftsteller sie als eine Flucht, wenn er in dem 1922 veröffentlichten *Besuch aus Indien* schreibt:

> Indiens Geist gehörte noch nicht mir, ich hatte noch nicht gefunden, ich suchte noch. Darum floh ich damals auch Europa, denn meine Reise war eine Flucht. Ich floh es und haßte es beinahe, in seiner grellen Geschmacklosigkeit, seinem lärmigen Jahrmarktsbetrieb, seiner hastigen Unruhe, seiner rohen, tölpelhaften Genußsucht. (GW VI,294–295; SW XIII,422–423)

Zudem empfand Hesse das stille und zurückgezogene Leben, das er seit seiner Heirat mit Maria Bernoulli in Gaienhofen am Bodensee führte, als zunehmend bedrückende Gewohnheit und Pflicht. Dass er nach der Rückkehr das Haus in Gaienhofen aufgibt und mit seiner Familie im September 1912 das am Stadtrand von Bern gelegene Haus des verstorbenen Malers Albert Welti bezieht, ist jedoch nur ein äußeres Indiz für den tiefer liegenden Konflikt, in dem sich seine Ehe befindet und der nur zwei Jahre später in Marias psychischem Zusammenbruch seinen Ausdruck findet. Die Forschung hat vor diesem Hintergrund die autobiographisch-psychologischen Aspekte

Hermann Hesse
Roßhalde
S. Fischer/Verlag
BERLIN
1914

Titelseite des Romans *Roßhalde*,
im März 1914 bei S. Fischer erschienen

akzentuiert, die der Roman spiegelt. Da ist zum einen der Landsitz Roßhalde, in dessen literarische Gestaltung verschiedene Schauplätze eingeflossen sind: das Haus des Malerfreundes und Reisegefährten Hans Sturzenegger in Schaffhausen, das Atelier Wilhelm Balmers in Rörswil bei Bern und das Weltihaus, vor allem jedoch der eigene Konflikt zwischen Künstlertum und Bürgertum, Individualismus und Ehe, den Hesse in der Figur Johann Veraguths gestaltet.

Bereits die Titelzeichnung der Erstausgabe von E. R. Weiß gibt der Eheproblematik einen bildnerischen Ausdruck. Sie verweist auf ein Gemälde Johann Veraguths, das einen spielenden Knaben zwischen einer weiblichen und einer männlichen Figur zeigt.

> Auf einer grünen Fläche mit wenigen kleinen Wiesenblumen saßen die drei Figuren: der Mann gebückt und in ein hoffnungsloses Grübeln vergraben, die Frau ergeben wartend in enttäuschter Freudlosigkeit, das Kind hell und arglos in den Blumen spielend, und über ihnen allen ein intensives, wogendes Licht, das triumphierend den Raum flutete und in jedem Blumenkelch mit derselben unbekümmerten Innigkeit aufstrahlte wie im lichten Haar des Knaben und in dem kleinen Goldschmuck am Halse der betrübten Frau. (GW IV,89; SW III,75)

Dass der Maler nach den Gesprächen mit Otto Burckhardt zu einer künstlerischen Verarbeitung der wortlosen Gefühlsleere und beklemmenden Kälte seiner Beziehung zu Adele findet und das Gemälde erst nach der Abreise des Freundes vollenden kann, bildet den Vordergrund der Handlung. Der Roman thematisiert jedoch nicht nur den psychologischen Konflikt eines Ehepaares, sondern auch das Scheitern des Künstlers an der bürgerlichen Existenz, für welche die Paarbeziehung nur als Chiffre dient. Bereits der Aufbau des Bildes enthält einen für das Verständnis des Romans wichtigen Hinweis: Die männliche und die weibliche Figur im Mittelgrund dominieren zwar das Gemälde, aber sowohl die Zentralperspektive als auch die Lichtführung lenken den Blick des Betrachters auf den mittig im Bildvordergrund sitzenden Knaben. In Analogie zu diesem scheinbar einfachen und dennoch vielschichtigen Kompositionsprinzip ist auch der Roman aufgebaut. Die Konflikte zwischen Mann und Frau, Vater und Sohn, häuslichem Leben und Reise, Künstlertum und Bürgertum sind lediglich binäre Oppositionen, die den Text episch konturieren und intertextuell konstituieren. Die Geschichte der gescheiterten Ehe Johann Veraguths ist nicht das Psychogramm einer Liebe, sondern ein symbolischer Code, dessen eigentliches Thema der innerpsychologische Konflikt des Malers ist. Im Rekurs auf die in den Eheromanen des Realismus diskutierte Problematik des an der bürgerlichen Konvention der Ehe scheiternden Individuums thematisiert *Roßhalde* die Tragik des Künstlers als innere Zerrissenheit des Einzelnen. Im Gegensatz zu den psychologischen Romanen des 18. und 19. Jahrhunderts hat dieser Konflikt keine soziale Dimension, sondern reflektiert die Vereinsamung und Vereinzelung des Individuums in der heraufbrechenden Moderne. *Roßhalde*, aber auch die nachfolgenden Werke Hesses unterscheiden sich gerade in diesem Punkt von den Romanen des Realismus: Das erzählerische Interesse zielt auf die Darstellung der kohärenten und zugleich widersprüchlichen innerpsychologischen Genese einer einzelnen Figur. Weil jedoch die übrigen Figuren des Romans paradigmatische Funktion haben und auf die Person des Künstlers bezogen sind, ist ihre Individualität nur schematisch ausgeführt.

Die Forschung hat betont, dass Hesse in *Roßhalde* die eigene Problematik auf die Person des Malers übertragen hat, wie er bereits in *Gertrud* lebensgeschichtliche Konflikte der eigenen Person in der Figur des Komponisten dargestellt hat. Der Roman ist in dieser Lesart aus Hesses krisenhaftem Lebensgefühl, aus einer resignierten Schwermut und zurückgezogenen Haltung, die sich in den Jahren vor dem Ersten Weltkrieg den Ansprüchen des Lebens nicht gewachsen fühlt, entstanden. Er ist der literarische Bewältigungsversuch der eigenen Eheproblematik und eine realistisch anschauliche Projektion der durchlebten Konflikte. Diese Lesart wird auch durch Äußerungen Hesses unterstützt. So erklärt der Autor im März 1914, nach Erscheinen der Buchausgabe bei S. Fischer, seinem Vater:

> Heute ist mein neues Buch herausgekommen. Der Roman hat mir viel zu schaffen gemacht und ist für mich ein, wenigstens einstweiliger, Abschied von dem schwersten Problem, das mich praktisch beschäftigt hat. Denn die unglückliche Ehe, von der das Buch handelt, beruht gar nicht nur auf einer falschen Wahl, sondern tiefer auf dem Problem der »Künstlerehe« überhaupt, auf der Frage, ob überhaupt ein Künstler oder Denker, ein Mann, der das Leben nicht nur instinktiv leben, sondern vor allem möglichst objektiv betrachten und darstellen will – ob so einer überhaupt zur Ehe fähig sei. Eine Antwort weiß ich da nicht; aber mein Verhältnis dazu ist in dem Buch möglichst präzisiert; es ist darin eine Sache zu Ende geführt, mit der ich im Leben anders fertig zu werden hoffe, und die mir doch überaus wichtig ist. (GB I,242)

Während die Musik in dem vier Jahre zuvor veröffentlichten Roman *Gertrud* als eine Chiffre für das Dionysische, Leidenschaftliche und Unkontrollierte gelesen werden kann, an dem der Sänger Muoth letztlich scheitert, steht die Malerei für das Apollinische, das formal Begrenzte, Geordnete und Anmutige, durch das der Maler

Veraguth zu sich selbst findet. Dieser Dualismus, den Hesse im Rückgriff auf Friedrich Nietzsches Schrift *Die Geburt der Tragödie aus dem Geiste der Musik* in beiden Romanen literarisch reflektiert, ist der später in *Narziß und Goldmund*, aber auch im *Glasperlenspiel* ausgeführte Widerspruch zwischen dem Freiheitsdrang des Künstlers und dem gleichzeitigen Wunsch nach Zurückhaltung und Beherrschung.

Der spielende Knabe auf Johann Veraguths Gemälde ist darüber hinaus ein Symbol für die Kunst, die aus der komplementären Polarität des Männlichen und Weiblichen entsteht. Dass Pierre bei der Mutter im Herrenhaus wohnt und viele Stunden des Tages in dem Atelier des Vaters verbringt, um sich dann spielend in dem weitläufigen Park zu verlieren, ist zudem gleichnishaft für das Hermetische und Autonome der hier vertretenen Kunstauffassung. Pierres Krankheit und sein Tod sind einerseits als Chiffre für das Scheitern der Ehe zwischen Johann und Adele zu lesen und andererseits als eine vielschichtige Reflexion über das Wesen der Kunst. Veraguths Malerei ist keine Begegnung mit der Welt, sondern ein Rückzug aus ihr, eine aus der Enttäuschung über seine Frau vollzogene Regression in das Innere. Als Flucht in eine ästhetische Scheinwelt ist sie Ausdruck der Vereinsamung in der intimen Beziehung. Der Roman kontrastiert, indem er in Anordnung und Figurenkonstellation Johann Wolfgang Goethes *Wahlverwandtschaften* zitiert, das Ideal des Objektiven als Paradigma anthropologischer Weltaneignung mit einem modernen Subjektivismus und einer daraus resultierenden Entfremdung des Individuums von der Wirklichkeit. Weil es Hesse nicht allein um die Frage der Kunst und des Künstlertums in der Gesellschaft und in seiner individuellen Entwicklung und Bildung geht, problematisiert *Roßhalde* nicht mehr die Musik, die in *Gertrud* als Chiffre für die Kunst dient, sondern die Malerei und deren durch die Entwicklung der Fotografie obsolet gewordenes mimetisches Paradigma. Indem die Wirklichkeit fotomechanisch reproduzierbar geworden ist, verliert die Kunst ihre ursprünglich schildernde und epische Funktion. Die Ablösung von der Wirklichkeit wird für die Malerei im frühen 20. Jahrhundert zu einem Weg in das Innere des Menschen; sie spiegelt zum einen dessen gebrochene und facettenreiche Wesenhaftigkeit mit den Mitteln der Farbe und des Lichtes und eröffnet zum anderen einen Weg zur Betrachtung des Mediums selbst, das Farben und Strukturen, Visuelles und Haptisches miteinander in Beziehung setzt, um die Wesenhaftigkeit seiner selbst zu erkunden. Als welt- und lebensferne Flucht in das Innere reflektiert Johann Veraguths Kunst die Unhaltbarkeit seiner eigenen Lebenssituation; als Reproduktionen und Variationen traditioneller ästhetischer Paradigmen sind seine Bilder zwar auf dem Kunstmarkt erfolgreich, haben jedoch außer der Regression, dem Rückzug in das Altbekannte und Durchlebte, keine Bedeutung für den Künstler selbst.

In Analogie zu der sich durch die Gegenwart des Hauptmannes ebenso subtil wie unaufhaltsam verändernden Beziehung zwischen Eduard und Charlotte in den *Wahlverwandtschaften* wandelt sich die in einer gefährdeten Idylle im Gleichgewicht gehaltene emotionale Balance zwischen Johann und Adele durch den Besuch Otto Burckhardts. Der aus Indien zurückgekehrte Freund ist ein Katalysator, der dem Maler die Unhaltbarkeit seiner Ehe und das intellektuell Unproduktive seiner künstlerischen Arbeit bewusst macht. Am Ende des Romans steht Johann Veraguths Einsicht in die Notwendigkeit einer existentiellen Einsamkeit für die künstlerische Kreativität.

> Was ihm blieb, das war seine Kunst, der er sich nie so sicher gefühlt hatte wie eben jetzt. Ihm blieb der Trost der Draußenstehenden, denen es nicht gegeben ist, das Leben selber an sich zu reißen und auszutrinken; ihm

> blieb die seltsame, kühle, dennoch unbändige Leidenschaft des Sehens, des Beobachtens und heimlich-stolzen Mitschaffens. (GW IV,169; SW III,142)

Die aus der Anschauung und Erfahrung erwachsende Darstellung des Wirklichen repliziert auf romantische Vorstellungen der Subjekt-Objekt-Relation. Die künstlerische Betrachtung und Umsetzung der Wirklichkeit führt über das Innere des Menschen zu der Erkenntnis des Objektiven in seiner Abhängigkeit von den Bewusstseinsakten des Subjektes, sie zeigt die Bedingtheit der Perspektive auf die Wirklichkeit durch die Befangenheit der Wahrnehmung. Indem Hesse diesen dialektischen Mimesis-Begriff aufgreift und die ästhetischen Diskussionen der Romantik in der Kunstanschauung Veraguths literarisch reflektiert, unternimmt er den Versuch, einen anderen Weg in die Moderne zu finden, einen Weg, der nicht nur die Destruktion des Bestehenden durch Emanzipation und Revolte meint, sondern die Konzeption einer neuen, avantgardistischen Kunst aus dem Geiste der Tradition. Auf diese Weise hält der Text die schwierige Balance zwischen der Affirmation der romantischen Tradition der ambivalent-zerrissenen Natur des ästhetischen Menschen und der modernen Opposition von Kunst und Leben.

Die für den Inhalt konstitutiven Gegensätze strukturieren auch die Bildlichkeit und die Motivelemente des Romans, dessen »Höhe an Handwerk und Technik« (GB III,201) Hermann Hesse 1942, nach der nochmaligen Lektüre des Werkes, in einem Brief an Peter Suhrkamp selbst hervorhebt. Der »Rasenplan, der Lindengarten und der Kastaniengarten« (GW IV,8; SW III,7), die das herrschaftliche Haus einfassen, in dem Adele lebt, kontrastieren mit dem »ehemaligen Wildpark« (GW IV,8; SW III,7), von dem Johann Veraguths Atelier am Waldsee umgeben ist. Sie sind Sinnbilder für die Gespaltenheit der Beziehung des Ehepaares. Zudem symbolisiert die Differenz zwischen dem Geordneten und Umfriedeten der Gärten und dem Wilden und Untergründigen des Waldsees das Zivilisierte und Rezeptive des weiblichen und das Leidenschaftliche und Schöpferische des männlichen Prinzips. Der Konflikt zwischen Johann und Adele wiederholt sich zwischen Albert und Pierre und erscheint als erneute Spiegelung in dem düster-aussichtslosen Verhältnis zwischen Johann und Albert Veraguth. Die künstlerische Vitalität des Malers wird von der dem Leben entsagenden Langeweile und erloschenen Beharrlichkeit Adeles grundiert, und die intime Entfremdung, die der Roman in der idyllischen Garten- und Parklandschaft Roßhaldes inszeniert, kontrastiert mit den wenigen, nur flüchtig ausgeführten Bildern der Außenwelt. Auch die Vertrautheit und Offenheit des Freundschaftsverhältnisses zwischen dem Maler und Otto Burckhardt dient als Hintergrund, vor dem die Entzweiung der Eheleute deutlich hervortritt. Im Gegensatz zu *Peter Camenzind*, *Demian* oder *Narziß und Goldmund* ist die Freundschaft nicht hauptsächliches, sondern nur funktionales Element in dem innerseelischen Prozess des Malers, auf den die übrigen Figuren und Motive des Romans bezogen sind.

Antithetisch steht auch der Tod Pierres dem befreienden Aufbruch Johann Veraguths gegenüber, mit dem das Werk schließt: »Jetzt stand er arm und verspätet im hellen Tag, und von dem gedachte er keine köstliche Stunde mehr zu verlieren« (GW IV,169; SW III,142). Ist die blasse Leiche Hans Giebenraths in *Unterm Rad* eine Chiffre für die an den Ansprüchen einer ehrgeizigen und lebensfeindlichen Gesellschaft gescheiterte Entwicklung eines Knaben, so ist der tote Pierre ein Sinnbild für das romantische, zu Beginn des 20. Jahrhunderts spätzeitlich gewordene Konzept eines ästhetischen Eskapismus, das mit der Emphase des Neuanfangs der Reise Johann Veraguths nach Indien kontrastiert wird. In der Figur des Malers gestaltet Hesse zum letzten Mal die aus dem Geist der Romantik geborene Suche des zerrissenen Individuums nach Erlösung in der Kunst und zum ersten Mal den modernen Konflikt des Vereinsamten als Seismograph seines Inneren. Die in *Roßhalde* sich vollziehende Hinwendung zu den psychologischen und poetologischen Implikationen des Paradigmenwechsels der Moderne wird in den nachfolgenden Werken *Demian* und *Der Steppenwolf* explizit. Dass Hesse in der thematischen und formalen Gestaltung der Künstlerproblematik mit *Roßhalde* zu einem Abschluss einer Schaffensperiode gekommen ist, erkannte bereits die zeitgenössische Kritik, die dem Roman insgesamt wenig Beachtung geschenkt hat. So schreibt Kurt Tucholsky in einer Rezension, die 1913 in der *Schaubühne* veröffentlich wurde:

> Nun hat er sich gewandelt: er ist älter geworden, und es bereitet sich da irgend etwas vor. Wenn nicht vorn auf dem Titelblatt der Name Hesse stünde, so wüßten wir nicht, daß er es geschrieben hat. Das ist nicht unser lieber, guter, alter Hesse: das ist jemand anders. Eine Puppe liegt in der Larve, und was das für ein Schmetterling werden wird, vermag niemand zu sagen. Es ist schön, daß jemand im besten Mannesalter noch einmal frische Triebe ansetzt und wieder neue Blüten entfalten läßt. (TGW I,208)

Knulp. Drei Geschichten aus dem Leben Knulps

In den Jahren 1907 bis 1914 arbeitet Hermann Hesse zunächst in Gaienhofen am Bodensee und ab 1912 in Bern im Haus des Malers Albert Welti an drei Erzählungen um die Figur eines Landstreichers, die 1915 unter dem Titel *Knulp. Drei Geschichten aus dem Leben Knulps* in S. Fischers Bibliothek zeitgenössischer Romane erscheinen. Zwischen 1908 und 1914 werden die Erzählungen zunächst unabhängig voneinander als Zeitschriftendrucke veröffentlicht. Fischers *Neue Rundschau* publiziert 1908 *Meine Erinnerung an Knulp*, die Monatsschrift *Der Greif* 1913 *Vorfrühling*, und 1914 erscheint *Das Ende* ebenfalls in der Berliner *Neuen Rundschau*. Dass Hesse mit langen Unterbrechungen an dem Motiv des Wanderers gearbeitet hat, spiegelt sich zudem in den drei in Basel entstandenen Vorstudien *Peter Bastians Jugend* (1902), *Brief an Herrn Kilian Schwenkschedel* (1902/03) und *Aufzeichnungen eines Sattlergesellen* (1904), die erst 1965 unter dem Titel *Geschichten um Quorum* in einem Band mit Prosatexten aus dem Nachlass von Ninon Hesse herausgegeben wurden.

Vorfrühling erzählt eine kurze Episode aus dem Leben Knulps, der, aus dem Spital entlassen und der Ruhe bedürftig, im Haus seines ehemaligen Wandergefährten, des Gerbermeisters Emil Rothfuß und seiner Ehefrau, während einiger Februartage gastfreundliche Aufnahme findet. Die Gespräche mit dem Gerber reflektieren zum einen die Erlebnisse der kurzen, gemeinsamen Wanderschaft und zum anderen die ungebundene, von bürgerlichen Konventionen freie Existenz des Vagabunden. Die erotischen Annäherungen der Ehefrau seines Gastgebers weist Knulp zurück, verlässt nach einem Tanzabend mit der Magd Barbara das Haus seines Freundes und begibt sich erneut auf Wanderschaft. In *Meine Erinnerung an Knulp* berichtet ein namenlos bleibender Ich-Erzähler von einer sommerlichen Wanderung mit dem Landstreicher durch Süddeutschland. Die Unterhaltungen kontrastieren die Weltsicht des Vagabunden und gesellschaftlichen Außenseiters mit der des Sesshaften und erschließen die Erfahrung existentieller Einsamkeit, die das Leben des Wandernden prägt. Am Schluss der Geschichte findet sich der Ich-Erzähler von Knulp, der seinen Weg allein fortgesetzt hat, ohne Abschied verlassen. *Das Ende* zeigt den alten und kranken Knulp in den späten Tagen des Oktobers und schließt mit seinem Tod im ersten Schnee des frühen Winters. Auf der Wanderung begegnet Knulp einem ehemaligen Schulkameraden, dem Arzt Dr. Machold, der den von Lungentuberkulose gezeichneten Landstreicher für einige Tage in sein Haus aufnimmt. Knulp verweigert sich der Empfehlung des Arztes, ein Krankenhaus aufzusuchen, und besucht im Bewusstsein des nahen Todes noch einmal seine Heimat, sein Elternhaus und die Stätten seiner Jugend. Am Ende stirbt er allein, aber im Zwiegespräch mit Gott, auf einem verschneiten Feld in der Nähe seiner Heimatstadt.

Zum einen spiegeln die Wanderungen des Landstreichers Knulp durch Süddeutschland Hesses eigene Kindheitserfahrungen in der schwäbischen Heimat vor der Jahrhundertwende. Rückblickend schreibt der Autor in einem Brief an Hilde Sarasin vom 4. Juni 1956:

> Ich kam, zusammen mit einem meiner Söhne, etwa im Jahr 1930 nach sehr langer Zeit wieder einmal nach Calw, übernachtete im Waldhorn, ganz nah beim großväterlichen und väterlichen Haus, ging durch ein paar Gassen, sah von der Brücke in die Nagold hinunter – und die Gestalt, die mir da überall gegenwärtig war, da um eine Gassenecke verschwand und hier beim Brunnen stand, war keine Person meiner Kindheit und Jugend, sondern war Knulp. Er war für mich (was ich vorher nicht gewußt hatte) zum Geist und Sinnbild der Heimat geworden. (U 46)

Das Joseph von Eichendorffs Novelle *Aus dem Leben eines Taugenichts* verpflichtete Motiv, das als lyrisch-idealisierendes Bild aus dem alten Europa gelesen werden kann, und der romantisierende Eskapismus der Erzählungen sind zum anderen Ausdruck der Skepsis gegenüber den im Ersten Weltkrieg kulminierenden destruktiven Tendenzen der westlichen Moderne.

Zudem reflektiert das Motiv des Wanderers den Widerspruch zwischen künstlerischer Natur und bürgerlicher Existenz, der Hesse in den in Gaienhofen verbrachten Jahren zunehmend bewusst wird. Während der Schriftsteller sich dem stillen und zurückgezogenen Leben, das er mit seiner Frau und seinen Kindern am Bodensee führt, durch Wanderungen und Reisen entzieht, sind die zwischen 1907 und 1914 entstandenen Werke der Versuch, die Einsamkeit und innere Beziehungslosigkeit literarisch zu verarbeiten. Werkgeschichtlich spiegelt sich in dem impliziten Selbstporträt der Knulp-Erzählungen nicht nur die in den vorangegangenen Prosatexten thematisierte Künstlerproblematik, sondern bereits das für die 1930 veröffentlichte Erzählung *Narziß und Goldmund* charakteristische Motiv der Lebenswanderung. Die einseitige Idealisierung einer eskapistischen und naturnahen Existenz steht motiv- wie gattungsgeschichtlich in der Tradition des Landstreicher- und Vagabundenromans. Sie ist zugleich im Kontext der individualistisch-antibürgerlichen Weltanschauungen in den ersten Jahrzehnten des 20. Jahrhunderts zu lesen, die ihren literarischen Ausdruck in dem sowohl von Thomas Mann wie Rainer Maria Rilke gestalteten Dualismus zwischen dem sinnlich-schöpferischen Lebensprinzip des Künstlers und den normativen Ansprüchen einer moralisch rigiden bürgerlichen Gesellschaftsordnung finden. In der Figur eines Vagabunden chiffrieren die Erzählungen um Knulp die für den Künstler charakteristischen Spannungen zwischen der kreativen Erlebniswelt des Subjekts und den lebenspraktischen Ansprüchen der Gesellschaft, die eine existentielle Erfahrung von Alterität bedingen. »Damals hatte er sich weggeworfen und von allem nichts mehr wissen wollen, und das Leben war darauf eingegangen und hatte nichts von ihm verlangt. Er war außerhalb gestanden, ein Bummler und Zaungast, beliebt in den guten jungen Jahren, und allein im Kranksein und Altern« (GW IV,516; SW III,210). Damit antizipiert der Text bereits die ein Jahrzehnt später im *Steppenwolf* gestaltete tragische Zerrissenheit des einsamen Individuums in der Moderne. Dem Arzt Dr. Machold bekennt Knulp:

> Denn – wie soll ich's sagen? – schau, seither habe ich manche Freunde und Bekannte und Kameraden und auch Liebschaften gehabt; aber ich habe nie mehr mich auf das Wort eines Menschen verlassen oder mich selbst durch ein Wort gebunden. Niemals mehr. Ich habe mein Leben gehabt, wie es mir paßte, und es hat mir nicht an Freiheit und Schönem gefehlt, aber ich bin doch immer allein geblieben. (GW IV,505; SW III,201)

Strukturell sind die einzelnen Erzählungen zum einen durch den Wechsel der Jahreszeiten, die den Lebenszyklus des Landstreichers versinnbildlichen, miteinander verbunden, zum anderen durch die Zurücknahme des Erzählers und die Akzentuierung des Figurengespräches. Die Retrospektive der Erinnerung, die Handlungsarmut und die Verwendung des epischen Präteritums erzeugen eine reflexive Nachdenklichkeit, die wie der in den Erzählungen vollzogene Wechsel der Erzählhaltung die Flüchtigkeit des Landfahrerlebens narratologisch nachvollziehen. Der Polyperspektivismus wie die dialogische Struktur, die den Fortgang des Geschehens unterbricht und die Bedeutung der Handlung im Gespräch hermeneutisch erschließt, zeigen sich besonders deutlich in den *Erinnerungen an Knulp*, die als zweite der drei Erzählungen das Mittelstück des erzählerischen Triptychons um die Figur des Landstreichers bilden. Im Gegensatz zu dem auktorialen Narrator in *Vorfrühling* und *Das Ende* gehört der Erzähler in den *Erinnerungen* zur Welt der Erzählung. In den Gesprächen dieser Erzählung erschließt sich die Lebensgeschichte Knulps, dessen Dasein von der Erfahrung des Nicht-Dazugehörens und der Einsamkeit geprägt ist. Zugleich stellt der Vagabund, der freiwillig außerhalb der bestehenden Gesellschaftsordnung steht und sich dennoch nach Teilhabe sehnt, die Frage nach der Bedeutung und Sinnhaftigkeit der menschlichen Existenz.

> Das Sinnen und Gedankenmachen hat keinen Wert, und man tut ja auch nicht, wie man denkt, sondern tut jeden Schritt eigentlich ganz unüberlegt so, wie das Herz gerade will. Aber das mit dem Freundsein und Verlieben ist vielleicht doch so, wie ich meine. Am Ende hat doch ein jeder Mensch das Seinige ganz für sich allein und kann es nicht mit anderen gemein haben. Man sieht es auch, wenn einer stirbt. Da wird geheult und getrauert, einen Tag und einen Monat und auch ein Jahr, aber dann ist der Tote tot und fort, und es könnte in seinem Sarge drin gerade so gut ein heimatloser und unbekannter Handwerksbursch liegen. (GW IV,479; SW III,180)

Die zeitgenössische Literaturkritik hat in den *Drei Geschichten aus dem Leben Knulps* weniger den Widerspruch von künstlerischer Natur und bürgerlichem Leben erkannt, sondern die Erzählungen einerseits im Kontext der zivilisationskritischen, vitalistisch-eskapistischen Tendenzen der Jahrhundertwende gelesen und andererseits als ein Werk, das den Schreibstil und die Weltsicht der deutschen Romantik in der eigenen Gegenwart fortsetzt. So schreibt Stefan Zweig 1923 in der *Neuen Freien Presse*: »Die schönen Novellenbände jener Übergangsjahre gehören gewiß zur reinsten Erzählerprosa, und der *Knulp*, dieser einsame Spätling einer romantischen Welt, scheint mir ein unvergängliches Stück Kleindeutschland, ein Spitzwegbild und gleichzeitig voll reiner Musik wie ein Volkslied« (U 47). Und bereits 1915 notiert Otto Flake in der *Neuen Rundschau*:

Hermann Hesses *Knulp* habe ich in den letzten Tagen vor der italienischen Kriegserklärung gelesen, im Hofgarten in München, während das Zeitungsblatt neben mir lag und die Nachrichten noch im Untergrund des Bewußtseins nachhallten. So ergab sich von selbst, daß beides, die so weltfremde Geschichte und die erregenden Weltbegebenheiten, ineinander griffen. Ein in gewissem Sinne nicht mehr überbietbares deutsches Buch und welche Händel – man sann unwillkürlich darüber nach. (U 45–47)

Demian. Die Geschichte einer Jugend

»Um nicht die Jugend durch den bekannten Namen eines alten Onkels abzuschrecken«, veröffentlichte Hermann Hesse die Erzählung *Demian. Die Geschichte einer Jugend* unter dem Pseudonym Emil Sinclair. Hesse hatte das in wenigen Wochen zwischen September und Oktober 1917 in Bern entstandene Manuskript im Herbst desselben Jahres als Erstling eines jungen, unbekannten Schriftstellers namens Emil Sinclair an seinen Berliner Verleger Samuel Fischer geschickt. Nach Begutachtung durch den Lektor des Verlages wurde das Manuskript zwar angenommen, aufgrund des kriegsbedingten Papiermangels erschien das Werk jedoch erst in den Monaten Februar bis April 1919 als Vorabdruck in der *Neuen Rundschau* und im Juni desselben Jahres in Buchform.

Bereits für einen Teil seiner während des Ersten Weltkrieges veröffentlichten politischen Aufsätze hatte Hesse, um seine Arbeit für die Deutsche Gefangenenfürsorge nicht zu gefährden, das Pseudonym Emil Sinclair benutzt, das an Friedrich Hölderlins Homburger Freund, den frühen Republikaner Isaac von Sinclair (1775–1815), erinnert. Dass Hesse der Autor der Erzählung war, verschwieg er selbst seinem langjährigen Verleger Fischer. Die literarische Kritik, die das Werk sehr positiv aufnahm, vermutete bereits kurz nach Erscheinen einen anderen Verfasser. Hesse bekannte sich erst zu seiner Urheberschaft, nachdem *Demian* mit dem Fontane-Preis für Erstlingswerke ausgezeichnet worden war, der Schriftsteller Otto Flake ihn als Verfasser erkannt hatte und er von Eduard Korrodi in einem am 24. Juni 1920 in der *Neuen Zürcher Zeitung* veröffentlichten Artikel zur Preisgabe seines Pseudonyms aufgefordert worden war. Hesses Bekenntnis erschien im Heft 1, 1920, der von ihm selbst gemeinsam mit Richard Woltereck herausgegebenen Monatsschrift *Vivos voco*. Den dem literarischen Anfänger Emil Sinclair zuerkannten Preis gab er zurück.

Während die erste bis achte Auflage, die 1919 und 1920 gedruckt wurden, unter dem Titel *Demian. Die Geschichte einer Jugend. Von Emil Sinclair* erschienen, wurde das Werk ab der 17. Auflage unter dem Titel *Demian. Die Geschichte von Emil Sinclairs Jugend von Hermann Hesse* veröffentlicht.

Die Geschichte von Emil Sinclairs Jugend, die in der ersten Person erzählt wird, ist geprägt von dem Erleben gegensätzlicher, dem Heranwachsenden unvereinbar erscheinender Welten und Seinsbereiche. Im Vaterhaus, im Kreis seiner Eltern und seiner Schwestern, erlebt er eine streng religiöse, moralisch geordnete und in ihren bürgerlichen Strukturen festgefügte, gerechte, aber zugleich lebensferne Welt. Außerhalb seines Elternhauses begegnet Emil Sinclair der Welt der Straße und der Fabriken, der Dienstmägde und Handwerksburschen, der Polizisten, der Diebe und Betrunkenen, deren latente Gefahren und abgründig-faszinierende Vitalität auf den Knaben eine durch das elterliche Verbot nur gesteigerte Anziehung ausübt. In dieser Welt trifft er auf den Gassenjungen Franz Kromer, der ihn wegen eines prahlerisch erfundenen Apfeldiebstahls erpresst. Aus dieser bedrückenden und beängstigenden Abhängigkeit, innerhalb derer er sich immer tiefer in Lügen und kleinere Diebstähle verstrickt, kann Emil sich erst durch das Eingreifen des älteren Mitschülers Demian befreien. Der frühreife Demian erkennt den aus der Unmöglichkeit zur Integration beider Welten erwachsenen inneren Konflikt Sinclairs und versucht, diesen einerseits durch die Neuinterpretation biblischer Gleichnisse begreifbar zu machen und andererseits die polare Spannung entgegengesetzter Wirklichkeitsbereiche in dem Bild der gnostischen Gottheit Abraxas, die sowohl das Gute und Göttliche als auch das Böse und Teuflische in sich einschließt, aufzulösen.

Die Pubertät konfrontiert Emil Sinclair mit der Erkenntnis, dass das Böse und Abgründige, das sich in der Kindheit in Franz Kromer personifizierte, immanenter Bestandteil der eigenen Person ist. In dem Organisten Pistorius meint Emil erneut einen Seelenführer gefunden zu haben, als er jedoch die Diskrepanz zwischen den Erkenntnissen, die der Musiker vermittelt, und dessen eigenem Leben erkennt, wendet er sich enttäuscht von ihm ab. Durch Zufall gelangt er während eines Spaziergangs zum Elternhaus Demians, den er seit langer Zeit aus den Augen verloren hat. In Frau Eva, Demians Mutter, meint er das Bildnis einer Frau zu finden, die er einem nächtlichen Traumbild folgend gemalt und in Anlehnung an Dante Beatrice genannt hat. Emil verliebt sich in sie, die erotische Erfüllung, nach der er sich sehnt, wird ihm jedoch verweigert.

Die Erzählung endet mit dem Ausbruch des Ersten Weltkrieges, zu dessen Beginn Emil von einer Granate verletzt wird. Hesse kehrt mit der Geschichte Sinclairs zum offenen Ende der Handlung zurück, das bereits *Unterm Rad* auszeichnet. Die letzte Szene, in der sich Emil neben Demian im Lazarett findet, nach einem nächtlichen Gespräch mit dem sterbenden Gefährten einschläft, um im Erwachen am Morgen einen fremden Soldaten neben sich zu finden, hält die Balance zwischen realem Erleben und Traumbild.

Demian ist ein Text der Krise: Er reflektiert zum einen die Erfahrung des Ersten Weltkrieges, den Untergang des alten Europa in einem Exzess militärischer Gewalt, seine spätzeitliche Übersteigerung in den imperialistisch-chauvinistischen Ideologien des späten 19. und frühen 20. Jahrhunderts, die Ohnmacht und Verzweiflung des Einzelnen, der mit einem sinnlosen, massenhaften Töten konfrontiert wird, sowie die Erfahrung einer Generation, die dem Zurückgezogenen und neuromantisch-nachbiedermeierlichen Idyll des Wilhelminismus entrissen, im Expressionismus und Dadaismus nach einem künstlerischen Ausdruck der existentiellen und gesellschaftlichen Verunsicherung der neuen Zeit sucht. Zum anderen spiegelt er die lebensgeschichtliche Krise des Schriftstellers Hermann Hesse, die durch die kritisch-feindliche Reaktion der deutschen Öffentlichkeit auf seine pazifistische Publizistik während des Ersten Weltkrieges, den Tod des Vaters im Jahr 1916, die gefährliche, beinahe tödliche Krankheit seines jüngsten Sohnes Martin und die fortschreitende, psychische Erkrankung seiner Frau Maria Bernoulli ausgelöst wird.

Werkgeschichtlich jedoch ist *Demian* kein Text des Übergangs, wie es *Roßhalde* ist, sondern steht am Beginn einer neuen Periode des Œuvres, die nicht nur durch einen anderen Schreibstil und eine neue Ausdrucksform geprägt wird. Hesse begibt sich in Luzern in die Behandlung des Psychoanalytikers und Jung-Schülers Josef Bernhard Lang und versucht mit Hilfe der Psychoanalyse, die sein bisheriges Sein, aber auch sein Werk dominierenden Kindheitskonflikte aufzuarbeiten und zugleich die zunehmend lähmende Situation seiner Beziehung zu Maria Bernoulli zu ordnen. Die Forschung hat *Demian* vor dem Hintergrund der Auseinandersetzung Hesses mit der Psychoanalyse als Dokument der individuellen Problematik der Selbstfindung gedeutet.

Die Erzählung weist eine latente und zugleich bemerkenswerte Parallele zu *Peter Camenzind* auf. Während in dem 1904 erschienenen Roman die Entwicklung des Protagonisten vor dem Hintergrund der regressiven Rückkehr in die angestammte Heimat des Schweizer Bergdorfes uneindeutig bleibt und widersprüchliche Perspektiven eröffnet, folgt die Geschichte Emil Sinclairs dem prozesshaft-genetischen Konzept eines Bildungsschemas. Nach der Begegnung mit der Welt Franz Kromers verlässt Sinclair den Bereich der Kindheit, die Berührung mit dem Schmutzigen, Abgründigen und Ungeordneten entfremdet ihn dem Elternhaus und den durch dieses vertretenen Moralvorstellungen. Das zerstörerische oder zumindest ontologisch verunsichernde Potential, das durch die Differenz dieser Welten in ihm offenbar wird, führt zu dem Versuch einer Synthese beider Seinsbereiche, die zunächst durch die Figur Demians, dann durch Pistorius und schließlich wieder durch Demian repräsentiert wird. Aber auch am Ende dieser Erzählung steht die Rückkehr des Protagonisten: Er findet – analog zu Peter Camenzind – zurück in den Bereich des eigenen Selbst. Die, psychologisch betrachtet, durch den Individuationsprozess verlorene Ganzheit der frühkindlichen Welt wird substituiert durch die Einheit der Gegensätze, zu der Sinclair nach der Begegnung mit dem Tod gelangt. So kann das Werk in der Tradition des seit Goethes *Wilhelm Meister* die Gattung des Romans dominierenden Entwurfes der Bildung und Entwicklung gelesen werden. Die Forschung hat die Leistung Hesses herausgestellt, dieses Konzept psychoanalytisch fortgeschrieben und weiterentwickelt zu haben. Doch während die Bildlichkeit und Symbolik des Textes polare Spannungen abbildet, innerhalb derer sich die Entwicklung Emil Sinclairs vollzieht, wird die Erzählung zugleich von einer gegenläufigen Tendenz durchzogen, die sich erst in der letzten Begegnung der beiden Freunde im Feldlazarett erschließt.

Hesse erzählt in *Demian* wie in früheren Werken die Geschichte einer Freundschaft, einer Freundschaft jedoch, die von ihrem Ende her verstanden werden will. Demian kommt die Funktion des älteren und wissenden Seelenführers zu, der das Werden Emil Sinclairs begleitet. Bereits der Titel des Werkes deutet einerseits auf das Freundschaftsmotiv und andererseits auf die dialektisch-polare Grundkonstellation der Erzählung. Die Titelfigur ist nicht der Protagonist, doch zugleich tritt die »Geschichte von Emil Sinclairs Jugend«, die das zentrale Thema bildet, hinter den Namen Demians zurück und verweist damit auf das Paradigmatische, das für die Figurenkonzeption der Erzählung kennzeichnend ist.

Wenn bisher betont wurde, dass Hesse mit *Demian* – werkgeschichtlich betrachtet – eine neue Qualität des literarischen Ausdrucks erreicht, so liegt dies keineswegs nur in der Auseinandersetzung des Autors mit den Schriften Carl Gustav Jungs und Sigmund Freuds begründet oder in dem gelungenen Versuch der persönlichen, psychotherapeutischen Behandlung. Ebenso wenig lässt sich das Werk auf die Synthese christlicher, aufklärerisch-analytischer und heidnisch-antiker Denkmuster und Verstehenszugänge reduzieren. Vielmehr liegt das innovative Element des *Demian* in einer erzähltheoretisch gewandelten Akzentuierung der Figuren. Sind die Protagonisten der frühen Werke noch dem Einzelheldschema der Tradition des Entwicklungsromans verpflichtet, so gelingt mit Demian und Sinclair das Paradox einer Konzentration überindividueller Prinzipien in individuell hochentwickelten literarischen Gestalten. In einem Brief aus dem Februar 1954 an Hilde Sarasin betont Hesse retrospektiv diesen für die Gestaltung des Figureninventars zentralen Aspekt und deutet die Erzählung vor diesem Hintergrund im Kontext der Figurenkonzeption des 1927 veröffentlichten Romans *Steppenwolf*: »Demian ist in der Tat nicht eigentlich ein Mensch, sondern ein Prinzip, die Inkarnation einer Wahrheit oder, wenn Sie wollen, einer Lehre« (GB IV,203). Keine der Figuren in der Erzählung trägt ausschließlich individuelle Züge, sowohl die beiden Freunde als auch die sich um sie gruppierenden Personen wie Frau Eva, Sinclairs Eltern, Kromer und Pistorius verkörpern Prinzipien der christlichen wie der heidnisch-mythologischen Tradition – sie versinnbildlichen Gegensatzpaare, die zunächst parallel geführt werden, um syllogistisch zu einer Synthese zu finden. Der Text ist ein komplexes, vielschichtiges Spiel mit abstrakten Paradigmen, die individuell verkörpert werden. In der Nachfolge Friedrich Nietzsches verfasst Hesse eine Erzählung, welche die Geschichte nicht um der Geschichte willen erzählt, ein Konzept, das der Autor noch in seinem Frühwerk, in der epischen Tradition des 19. Jahrhunderts, erneuert und fortgeschrieben hat. *Demian* erzählt eine Geschichte, die einerseits innerseelische Entwicklungsprozesse des Individuums reflektiert und andererseits kollektive psychische Prozesse thematisiert.

So erscheint der Ausgang der Erzählung eindeutig und uneindeutig zugleich. In der Tradition des Bildungsromans verstanden, findet Sinclair durch Demians Anleitung zu einem Ausgleich der divergenten, sein bisheriges Dasein schmerzhaft disponierenden Dualismen. Dass Demian, der Seelenführer (und Daimonion), in dem Moment stirbt, da Emil seiner nicht mehr bedürftig ist, kann als Ausdruck dieses interpretatorischen Zuganges gelesen werden. Jedoch im Gegensatz zu der realistischen Konzeption der Figurenkonstitution und Handlungsführung, die noch für Hesses Frühwerk prägend ist, sind Demian und Frau Eva nicht eindeutig als Figuren der textimmanenten Wirklichkeit zu bestimmen. Wenn Demian am Ende der Erzählung als ein Traumgebilde Emil Sinclairs, als die Ausgeburt einer durchfieberten Nacht in einem Lazarettbett erscheint, kann er auch im Raum des Erzählten als nicht real verstanden werden, sondern als eine innersubjektive Projektion im Prozess der Persönlichkeits- und Seinswerdung Sinclairs. Bereits die Wahl eines Ich-Erzählers, durch dessen Perspektive sich die Handlung dem Leser vermittelt, verweist darauf, dass der Text nicht an der Darstellung des Objektiven interessiert ist, sondern als Abbild eines subjektiven Innenraums verstanden werden will. In der Nachfolge der romantischen Erzählkunst haben deshalb auch die Träume und Visionen eine normative, die Wirklichkeit des narrativen Raumes verändernde und konstituierende Kraft. Daher ist die textimmanente Existenz Demians für den Konflikt der Erzählung unerheblich.

Indem die Erzählung einerseits die Möglichkeit eröffnet, einzelne Figuren als innerpsychische Instanzen des Ich-Erzählers zu deuten, und andererseits die Charakterzeichnung der Figuren zugunsten der Typisierung in den Hintergrund stellt, entsteht eine dialogische Reflexion über Einflüsse und Auswirkungen kollektiver psychischer Muster auf das Individuum. Hier spiegelt sich die intensive Beschäftigung des Autors mit C. G. Jungs Lehre von den Symbolen und Archetypen des Unbewussten. Zentrale Chiffre hierfür ist die basilidische Gottheit in Gestalt eines menschenähnlichen Wesens mit Vogelkopf, mit der C. G. Jung sich bereits in einer frühen Schrift auseinandergesetzt hat. Mit Abraxas offeriert Demian seinem Freund Sinclair eine Gotteskonzeption, welche einerseits die polare Spannung zwischen Hell und Dunkel, die Dichotomie von Gut und Böse überwindet und aufhebt – im Sinne der Psychoanalyse das Abgründige des Ich integriert – und welche andererseits als eine Kontrafaktur des christlichen Gottesbildes zu lesen ist. Da die Erzählung die Kindheitserfahrungen in einer durch den Pietismus geprägten Welt thematisiert, ist es naheliegend, den hier aufgegriffenen Konflikt auch auf Hesses eigene Kindheit zurückzuspiegeln. Der Text hinterfragt, indem er eine dialektische Einheit von Gut und Böse postuliert, sowohl die christliche Zweiteilung des transzendental-göttlichen und des chthonisch-teuflischen Prinzips als auch ihren Einfluss auf die abendländische Geistesgeschichte. Hesse geht sogar noch einen Schritt weiter: Indem der Mensch sich infolge des Säkularisationsprozesses der Aufklärung nicht mehr im Zentrum einer von Gott verantworteten Schöpfung begreift, wird der Mikrokosmos des eigenen Inneren zum Fixpunkt, auf den referierend dem Makrokosmos Bedeutung zugeschrieben wird. Das psychologische Erzählen, zu dem Hesse mit *Demian* findet, ist auch vor dem Hintergrund der Bewusstwerdung und analytischen Durchdringung der menschlichen Psyche infolge der Aufklärung zu verstehen, es steht sowohl in der Nachfolge der autobiographisch-romanhaften Texte Karl Philipp Moritz' und Heinrich Jung-Stillings als auch in der Tradition der wissenschaftlichen Psychoanalyse Sigmund Freuds. Während noch *Unterm Rad* die Konsequenzen eines die Individualität und Schwachheit des Einzelnen negierenden Erziehungssystems bis in ihre tödliche Konsequenz aufzeigt, eröffnet *Demian* einen zeit- und kulturkritischen Diskurs über die Folgen des Individualismus der Moderne für den Menschen. Der Diskursivität der philosophischen Reflexion, die mit der frühmodernen Emanzipation des Individuums durch die Säkularisierung im 18. Jahrhundert einsetzt, im Atheismusstreit der Aufklärung geistesgeschichtlich manifest wird, um in den nihilistischen Tendenzen des späten 19. und frühen 20. Jahrhunderts zu kulminieren, stellt die Erzählung den Gedanken der Zusammenführung christlicher und antikheidnischer Konzepte entgegen und verweist damit bereits auf den eklektizistischen Synthesegedanken, der wenig später im *Siddhartha* formuliert wird.

Demian macht Sinclair auf das Wappen mit dem Bildnis eines Sperbers im »Schlußstein über der Torwölbung« (GW V,30; SW III,254) seines Elternhauses aufmerksam und deutet später dessen nach einem Traum entstandene Zeichnung des Vogels: »Der Vogel kämpft sich aus dem Ei. Das Ei ist die Welt. Wer geboren werden will, muß eine Welt zerstören. Der Vogel fliegt zu Gott. Der Gott heißt Abraxas« (GW V,91; SW III,305). Das Bild des Sperbers, das Sinclair zunächst im Bereich des Elternhauses entdeckt und später in einem Traumbild seines Inneren wiederfindet, verkörpert nicht nur den Gedanken der Zusammenführung der Gegensätze, es ist zugleich ein Hinweis auf die Teilhabe des Individuums an überindividuellen, kollektiven Vorstellungen im Prozess der Selbstwerdung. Es thematisiert die Erfahrungen des werdenden Menschen, der, nachdem er die Individuation durchlaufen hat, zu dem Bewusstsein seiner selbst kommend, sich von seiner Herkunft und Abstammung löst, um zu einer personalen Ganzheit zu gelangen, die an der Vielheit des Weltganzen teilhat. Dieser Aspekt spiegelt sich auch in dem Bildnis Beatrices, das Emil, wiederum einem Traum folgend, malt und in der Figur Frau Evas wiederfindet. Der Gegensatz von Männlichem und Weiblichem wird nicht im Kontext der Verwerfungen einer pubertär erwachenden Sexualität beschrieben, die Hesse in *Unterm Rad* in der Begegnung Hans Giebenraths und Emmas gestaltet, sondern spiegelt eine weitere Facette der Bewusstwerdung des eigenen Selbst, das genotypisch auch das jeweils andere, Entgegengesetzte in sich umfasst. Das erotische Begehren Emil Sinclairs meint nicht den Wunsch nach einer realen Liebesbegegnung, sondern versinnbildlicht, wie der androgyne Zug Demians, die Aussöhnung des Gegensätzlichen im Bereich des eigenen Selbst. Indem er sich aus der Sehnsucht, die das Bild verkörpert, löst, kann Emil, dem Mutterimago entsagend, zu einer Deutung seiner selbst gelangen. Das Bildnis Beatrices hat Züge von »Schlankheit und Knabenhaftigkeit« (GW V,79–80; SW III,295), es ähnelt Demian, es gleicht Frau Eva »mit Zügen von Mütterlichkeit, Zügen von Strenge, Zügen von tiefer Leidenschaft, schön und verlockend, schön und unnahbar, Dämon und Mutter, Schicksal und Geliebte« (GW V,130; SW III,337). Es wird schließlich, aus Emil Sinclairs traumhaft offenbartem Unbewussten kommend, als ein Bild des eigenen Inneren erkannt, wird an dem äußersten Punkt, in der existentiellen Bedrohung des Lebens durch den Tod, als immanenter Teil des Ichs akzeptiert. »Jetzt, auf meinem dunklen Posten, dachte ich mit Innigkeit an die Bilder meines bisherigen Lebens, an Frau Eva, an Demian« (GW V,160; SW III,363), erinnert sich Sinclair inmitten der Schlachten des Krieges.

Auch die theologischen Diskussionen mit dem Musiker Pistorius reflektieren eine Entwicklungsstufe im Prozess der Selbstwerdung Sinclairs. Einerseits spiegeln sie die endgültige Lösung von den christlichen Lebenskonzepten, die Emil bereits in der Abkehr vom Elternhaus hinter sich gelassen hat und die ihn auch in den von Pistorius aufgezeigten Perspektiven enttäuschen müssen. Andererseits sind sie Teil der den gesamten Text grundierenden Auseinandersetzung mit der Wirksamkeit biblischer Diskurse in der Moderne. Auch wenn der Figur Pistorius' nur eine thematisch eng umrissene Funktion innerhalb des Entwicklungsprozesses Emils zukommt, ist das Ende der Erzählung ebenfalls vor dem Hintergrund dieser Begegnung zu lesen, da der Text auch auf dieser Ebene eine Synthese anstrebt: die Zusammenführung und Aussöhnung des christlichen Gottes mit dem aufgeklärten, säkularen Weltbild der Moderne.

Indem das Auseinanderbrechen der Freundschaft Sinclairs und Pistorius' als Kampf Jakobs mit dem Engel beschrieben wird, akzentuiert die Erzählung das Krisenhafte der Selbstwerdung. In einer Epoche, die durch die Ablösung des religiösen Diskurses gekennzeichnet ist und das Individuum nicht mehr über seine Funktion für ein sinnhaftes Weltganzes definiert, in einer Zeit, in der das Sinnprimat, die Selbstdeutung, dem Einzelnen überantwortet ist, eröffnet der Text, indem er die allgemeine Symptomatik einer Generation in das Erleben eines Einzelwesens einschreibt, einen zeitlosen Diskurs über die Möglichkeiten der Individualisierung von Bedeutung. – Dies mag auch einer der Gründe für den großen Erfolg der Erzählung bei der jungen Generation nach dem Ersten Weltkrieg sein und den anhaltenden Erfolg auch bei breiteren Publikumsschichten. – Die *Geschichte von Emil Sinclairs Jugend* endet im Krieg, weil auch der Kampf als eine Chiffre im Gefüge der den Text bestimmenden Korrespondenz zwischen Allgemeinem und Besonderem zu verstehen ist. In der kollektiven Erfahrung des Krieges manifestieren sich die inneren Konflikte des Individuums. So schreibt Hesse am 28. September 1920 an Conrad Haußmann:

> Und ebenso meine ich es mit dem »Untergang Europas« – das ist natürlich keine Angelegenheit der Erdbeben oder Kanonen oder Revolutionen, sondern für jeden einzelnen der Moment des Jasagens zu einem Absterben alter und einem Aufkommen neuer Betonungen und Ideale. Die Welt wandelt sich sehr allmählich, für den einzelnen aber ist der Moment einer Konversion oder Inversion, einer Abkehr oder neuen Liebe, dramatisch und als deutliche Zäsur im Leben vorhanden. (GB I,458–459)

Der Einzelne wird in der Bedrohung zum Teil eines Größeren, einer Schicksalsgemeinschaft des Menschlichen, welche zwar die Vereinsamung und Verzweiflung betont, ihm jedoch eine individuelle Bedeutung im Kontext der Zugehörigkeit zum Weltganzen zuweist. Dass diese Teilhabe eine Teilhabe an einem Krisenhaften, Zerstörerischen ist, ist nicht als Diade in der Tradition Friedrich Nietzsches oder im Sinne Ernst Jüngers zu verstehen. Indem die Erzählung die Hinfälligkeit der tradierten Konzepte von Sinngebung demonstriert, unternimmt sie den Versuch, den Individualismus der westlichen Moderne jenseits der Konsequenz des Nihilismus fortzuschreiben und die Entfremdung und Vereinzelung des Menschen durch eine Rückführung des Individuums in das Kollektive zu unterlaufen. Wenn Emil Sinclair am Ende morgens erwacht, so ist der Morgen – auch inmitten der Schrecken des Krieges – eine Chiffre für das Kommende, das Anfängliche, das schmerzhaft ist, das Leiden jedoch als eine individuelle wie kollektive Katharsis deutet.

> Am Morgen wurde ich geweckt, ich sollte verbunden werden. Als ich endlich richtig wach war, wendete ich mich schnell nach der Nachbarmatratze hin. Es lag ein fremder Mensch darauf, den ich nie gesehen hatte.
> Das Verbinden tat weh. Alles, was mir seither geschah, tat weh. Aber wenn ich manchmal den Schlüssel finde und ganz in mich selbst hinuntersteige, da wo im dunkeln Spiegel die Schicksalsbilder schlummern, dann brauche ich mich nur über den schwarzen Spiegel zu neigen und sehe mein eigenes Bild, das nun ganz Ihm gleicht, Ihm, meinem Freund und Führer. (GW V,163; SW III,365)

Die letzte Passage der Erzählung ist zugleich als eine Kontrafaktur des Pauluswortes von dem »Spiegel in einem dunkeln Wort« zu lesen. (1. Kor. 13,12) Hesse vollzieht in ihr eine Um- und Neudeutung religiöser Symbole und Chiffren. In dem Anfänglichen des Wortes und seiner Bedeutung ist Gott nicht mehr zu finden. Während Hesse den Tod Gottes postuliert, findet er einen anderen Weg in die Moderne, denn der Tod Gottes meint nicht die Abwesenheit von Bedeutung, sondern die Erkenntnis des eigenen Selbst – im Sinne Heinrich Heines die Gottwerdung des Menschen. Indem das Pronomen »Ihm« großgeschrieben wird, verschränkt der Text die Figuren des am Morgen verschwundenen Freundes Demian und Gottes. Der moderne Mensch findet zu sich selbst, und er findet in der Introspektive die Einsamkeit, in der Einsamkeit die Welt und in der Welt Gott. Die Komplexität des Bildes umfasst damit zugleich die Dekonstruktion und die Affirmation des christlichen Weltbildes. Denn der Gott, den Emil Sinclair in sich selbst und durch sich selbst findet, ist auch der schmerzensreiche, der ohnmächtige und dem Leiden der Welt ausgelieferte Gott des Neuen Bundes: Emil Sinclair findet den Mensch gewordenen Gott. Als eine Suche nach dem Selbst ist die Erzählung auch eine Suche nach Gott, ein wütendes, verzweifeltes und hoffendes, nicht aufgebendes Ringen, ein Sinnbild des Humanen, das in der Moderne zur Revolte geworden ist. Der Kampf Jakobs mit dem Engel ist eine Chiffre hierfür: »Ich lasse dich nicht, du segnest mich denn« (1. Mose 32,27).

Die Reflexion über die Suche nach dem Selbst, die im *Demian* gestaltet ist, wurde bereits von den Lesern und Kritikern des Vorabdruckes in der *Neuen Rundschau* als eine Neu- und Weiterentwicklung des literarischen Werkes Hesses verstanden. So notiert Klabund: »Ich bewundere Hermann Hesse, daß er, ein Mann in den Vierzigern, es aus eigenster Kraft über sich gebracht hat, noch einmal von vorn anzufangen, noch einmal ein neuer, ein junger Mensch zu werden.« Und Thomas Mann schreibt 1948 im Vorwort zur amerikanischen Ausgabe, sich an die Reaktion der Zeitgenossen auf das Erscheinen des Werkes erinnernd:

> Unvergeßlich ist die elektrisierende Wirkung, welche gleich nach dem Ersten Weltkrieg der *Demian* eines mysteriösen Sinclair hervorrief, eine Dichtung, die mit unheimlicher Genauigkeit den Nerv der Zeit traf und eine ganze Jugend, die wähnte, aus ihrer Mitte sei ihr ein Künder ihres tiefsten Lebens entstanden [...], zu dankbarem Entzücken hinriß. (U 63)

Thomas Mann ist es auch, der herausstellt, dass die Bedeutung der bereits von der zeitgenössischen Kritik erkannten Ausdifferenzierung und Weiterentwicklung der literarischen Darstellung komplexer psychologischer Prozesse und innerseelischer Zusammenhänge, die Hesse im *Demian* vollzieht, in der Versöhnung des frühmodernen Individualismus mit den kollektiven Vorstellungswelten der abendländisch-christlichen Tradition besteht.

> Das Gefühl des Autors für die überpersönliche Gültigkeit seiner Schöpfung muß sehr lebhaft gewesen sein: dafür spricht die absichtliche Zweideutigkeit des Untertitels »Die Geschichte einer Jugend«, was sowohl individuell gemeint sein, wie die Geschichte einer ganzen jungen Generation bedeuten kann. (U 61)

Klein und Wagner

Klein und Wagner erzählt die Geschichte eines unbescholtenen Kleinbürgers, der zum Verbrecher wird. Der Beamte Friedrich Klein verlässt, nachdem er eine große Summe Geld unterschlagen hat, seine Familie und setzt sich unter falschem Namen und mit neuen Papieren nach Italien ab. Bereits die Bahnfahrt, mit der die Novelle einsetzt, reflektiert den inneren Widerspruch Kleins zwischen den bürgerlichen Moralvorstellungen einerseits und dem Wunsch nach individueller Freiheit und Selbstverwirklichung andererseits. Am Ziel seiner Flucht angekommen, bleibt er weiterhin von inneren Konflikten zerrissen. Während er sich nach einem freien, ungebundenen Dasein und der Entfaltung seiner sinnlichen Natur sehnt und sich durch die Unterschlagung und Flucht aus der Heimat die Möglichkeit hierzu eröffnet hat, gelingt es ihm nicht, den internalisierten sittlich-moralischen Konventionen der bürgerlichen Existenz, die sein Leben bis zu seiner Flucht bestimmt haben, zu entkommen. Aus dem Wunsch, die Gewissensskrupel und quälenden Schuldgefühle zu überwinden, flüchtet er sich in die Beziehung zu der schönen und leichtlebigen Teresina. In der jungen Tänzerin, die er während eines Abends am Seeufer kennen lernt, sieht Friedrich Klein eine Verkörperung triebhafter Leidenschaft und sinnlicher Lebensfreude, zu der er sich hingezogen und von der er sich zugleich abgestoßen fühlt. Teresina, die auf eine seltsame Weise von dem alternden, einsamen und zugleich abgründig gefährlich wirkenden Klein fasziniert ist, lässt sich zum Glücksspiel in ein nahe gelegenes Spielkasino einladen. Nach einer mit Teresina verbrachten Liebesnacht, die Klein ebenso fasziniert wie anwidert, und beherrscht von dem bereits in Träumen antizipierten Impuls, seine Geliebte umzubringen, flüchtet er verwirrt, einsam und sich selbst fremd aus ihrer Wohnung und begeht Selbstmord.

Klein und Wagner ist die erste größere Arbeit, die Hermann Hesse im Tessin verfasst hat. Die Niederschrift der Novelle erfolgte im Mai und Juli 1919 in Montagnola, und bereits im Oktober desselben Jahres erschien ein Vorabdruck im ersten Heft der von Hesse gemeinsam mit Richard Woltereck herausgegebenen Zeitschrift *Vicos voco*. Der Buchdruck erfolgte ein Jahr später in der Sammlung *Klingsors letzter Sommer*. Über den lebensgeschichtlichen Hintergrund der Entstehungsgeschichte schreibt Hesse im Tagebuch des Jahres 1920:

> Das Jahr 1919 bis zum Spätherbst war das vollste, üppigste, fleißigste und glühendste meines Lebens. Im Januar schrieb ich noch in Bern »Kinderseele« zu Ende, und im selben Monat innerhalb von drei Tagen und Nächten »Zarathustras Wiederkehr«, gleich darauf den Akt »Heimkehr«, dabei war mein äußeres Leben sehr gehetzt, voller Unglück und Not, im April erfolgte die Trennung von meiner Familie, der

> Wegzug von Bern, alles voll Sorgen und Schwierigkeiten innen und außen, aber kaum hatte ich wieder ein Zimmer und einen Schreibtisch, so fing ich »Klein und Wagner« an [...]. (GW XI,38; SW XI,638–639)

In einem Brief an Louis Moilliet aus dem Juli 1919 bezeichnet Hesse die Novelle als »das Beste, was ich bisher gemacht habe« (GB I,407). Die Geschichte Friedrich Kleins spiegelt zu einem Teil auch die eigene Problematik des Schriftstellers, der seit der 1919 erfolgten Trennung von seiner Frau Maria Bernoulli allein in der Casa Camuzzi im Tessin lebte und einerseits den inneren Widerspruch seiner künstlerischen Natur und bürgerlichen Sozialisation zu bewältigen suchte und andererseits nach den in *Demian* gestalteten individualpsychologischen Einsichten und zeitkritischen Reflexionen nach einer neuen künstlerischen Ausdrucksform suchte. An Helene Welti schreibt er nach Abschluss des Manuskriptes am 28. Juli 1919:

> Inzwischen habe ich die erkämpfte Einsamkeit und Ruhe ziemlich redlich benützt, um zu probieren, ob ich noch etwas tauge und das Weitermachen einen Sinn hat. Ich habe, in zehn Wochen, eine Novelle geschrieben, die den meisten meiner frühern Freunde Bauchweh machen wird, die aber gut und wichtig ist, zum Teil ein Bruch mit meiner Vergangenheit, zum Teil ein Neubeginn, in noch nicht betretene Gebiete hinein. (U 76)

Der Bruch mit der Vergangenheit wird sowohl durch das Sujet einer Verbrechergeschichte als auch durch die Abkehr von der neoromantischen Schreibart des Frühwerkes vollzogen. *Klein und Wagner* gestaltet den später im *Steppenwolf* weiter ausgeführten Gegensatz zwischen den Zwängen und Konventionen einer bürgerlichen Gesellschaft und der Freiheit des Einzelnen. Wie der *Steppenwolf* die neurotische Disposition des Individuums als geistesgeschichtliches Symptom der Moderne in die Figur Harry Hallers einschreibt, sind die ungelösten innerpsychologischen Konflikte Friedrich Kleins zwischen Bürgertum und Verbrechen, Anpassung und narzisstischer Kränkung ebenfalls Ausdruck einer zeitkritischen Diagnose. Während jedoch *Demian* und *Knulp* als Reaktionen auf die im Ersten Weltkrieg kulminierenden destruktiven Tendenzen der Moderne den motiv- und gattungsgeschichtlichen Traditionen der Romantik verpflichtet bleiben, ist *Klein und Wagner* sowohl in Bezug auf die Sprache als auch auf die Bildlichkeit ein Text des Expressionismus. Während die Struktur im Gegensatz zum *Steppenwolf* der Tradition der ästhetischen Normen des epischen Erzählens verpflichtet bleibt, ist der expressiv-bildhafte, verkürzende Sprachgebrauch Ausdruck eines gewandelten dichterischen Erkenntnisinteresses. Die äußeren Begebenheiten werden in der Novelle zum Ausdruck des innerseelischen Erlebens der Titelfigur. Die gattungsspezifische Möglichkeit der Novelle, einen einzigen Konflikt in konzentrierter, geschlossener Form darzustellen, betont das Exemplarische der, wie Goethe im Gespräch mit Eckermann formuliert, »sich ereigneten unerhörten Begebenheit«. Im Gegensatz jedoch zu der in der Nachfolge der Romantik in der deutschen Literatur entwickelten Novellentradition des 19. und frühen 20. Jahrhunderts hat *Klein und Wagner* keinen auf die berichtende Außensicht beschränkten Erzähler. Die personale Erzählperspektive, die sich auf die Innensicht Friedrich Kleins konzentriert und das Erleben der Titelfigur beschreibend objektiviert, antizipiert bereits die inneren Monologe Harry Hallers im *Steppenwolf*.

Vor dem Hintergrund der psychoanalytischen Betrachtungen Sigmund Freuds und Carl Gustav Jungs gelesen, mit deren Schriften sich Hesse in den Jahren des Ersten Weltkrieges befasst, ist die Novelle eine exemplarische Geschichte über die Folgen unterdrückter Sexualität und der verdrängten triebhaften Natur des Menschen. In den Träumen, Halluzinationen und visionären Bildern des Textes spiegelt sich die werkgeschichtlich mit dem *Demian* einsetzende Auseinandersetzung des Autors mit der Tiefenpsychologie. Der Konflikt des Einzelnen mit der Gesellschaft, den *Unterm Rad* als Geschichte eines Heranwachsenden thematisiert, den die Erzählungen aus dem Leben Knulps in die Figur eines Landstreichers und Außenseiters einschreiben und den der *Steppenwolf* als Konflikt des Künstlers und Intellektuellen akzentuiert, wird in der Novelle zum letztlich tödlichen Widersinn einer den Einzelnen deformierenden, repressiven, bürgerlichen Moral. Während *Unterm Rad* als Zeitroman die Geburt des Terrors aus dem Ungeist deutscher Schulen im frühen 20. Jahrhundert behandelt, erzählt die Geschichte Friedrich Kleins von der Transformation der menschlichen Seele in Brutalität durch die Zwänge einer menschenfeindlichen Gesellschaftsordnung, deren mit den ideologischen Versatzstücken eines spätzeitlich sinnentleerten Christentums durchsetzter Utilitarismus das Individuum auf seine Funktion für ein kapitalistisches System reduziert. »Alles Geld ist gestohlen, alle Habe ist ungerecht« (GW V,279; SW VIII,272), sagt Klein zu Teresina und antwortet damit auf ihren im Spielkasino formulierten Versuch, den Widerspruch von individueller Freiheit des Einzelnen und materiellem Zwang der kapitalistischen Ordnung aufzulösen, indem sie den materiellen Wert des Geldes zu einem ideellen transzendiert. »Das Geld, um das gespielt wird, braucht ja nicht bloß Geld zu sein. Es ist für jeden ein Sinnbild, jeder gewinnt oder verliert nicht Geld, sondern all die Wünsche und Träume, die es für ihn bedeutet« (GW V,271; SW VIII,266).

Kleins Verbrechen ist nicht die Flucht aus der bürgerlichen Konvention, sondern die Erkenntnis, dass die bürgerliche Ehe die Perversion einer menschlichen Beziehung ist, die aus der Furcht der autoritären gesellschaftlichen Ordnung des Kapitalismus vor der subversiven Kraft des emanzipierten Individuums erwächst. Er scheitert an dem Widerspruch seines Selbst, sich einerseits gegen die rigide Moral des bürgerlichen Denkens aufzulehnen und diese andererseits internalisiert zu haben. »Die Welt, welche einen herrlichen Tag lang durchsichtig und ganz von Gott erfüllt gewesen war, lag wieder hart und schwer, und jedes Ding hatte einen eigenen Sinn, und jeder Sinn widersprach jedem andern. Die Begeisterung dieses Tages hatte wieder weichen, hatte sterben können!« (GW V,263; SW VIII,259.)

Klein und Wagner ist als ein innerer Monolog über die Entfremdung vom Selbst, die in die Neurose führt, eine kulturkritische Reflexion über das rationalistisch-mechanistische Weltbild des frühen 20. Jahrhunderts. Damit wird die neurotische Angst Friedrich Kleins vor der weiblichen Sexualität zu einer Chiffre für die Selbstentfremdung des Individuums in der Moderne. Die Unterschlagung, derer Friedrich Klein sich schuldig macht, ist nicht der Auslöser seiner Flucht, sondern Ausdruck seiner tiefen, inneren Zerrissenheit. Das tatsächlich begangene Verbrechen, die bewusst ebenso wie in Träumen vollzogene Parallelisierung seiner selbst mit der Figur des Familienmörders Wagner ist ein Sinnbild für das Verdrängte und Ungelebte einer Generation.

> Denn Wagner war er selber – Wagner war der Mörder und Gejagte in ihm, aber Wagner war auch der Komponist, der Künstler, das Genie, der Verführer, die Neigung zu Lebenslust, Sinnenlust, Luxus – Wagner war der Sammelname für alles Unterdrückte, Untergesunkene, zu kurz Gekommene in dem ehemaligen Beamten Friedrich Klein. (GW V,267; SW VIII,262)

Auch nach seiner Flucht ist er nicht mit sich selbst ausgesöhnt, sondern voller Widersprüche und Gegensätze, die er in sein Selbst nicht zu integrieren vermag. Klein hat keinen Anteil an den Beschäftigungen der Menschen, keine Hoffnung, keine Zukunft, nur den schmalen Grad einer schmerzhaften, leidvollen Gegenwart. In manchen Augenblicken ist er dem Leichten und Oberflächlichen zugeneigt, um für einen kurzen Moment, dem Vergessen anheim gegeben, glücklich zu sein, und fühlt sich im nächsten Augenblick wieder ausgestoßen und fremd zwischen den Menschen stehend, dem jähen, unüberwindlichen Schmerz seiner unerfüllten Sehnsucht ausgeliefert. So hat er für einen Abend an dem stillen und einfachen, ländlichen Leben einer Gastwirtin teil. Als es nachts zu einer Liebesbegegnung kommt, begreift er die Frau und sich selbst als zwei Einsamkeiten, die einander begegnen und Trost spenden, und muss dennoch, sich im Gespräch mit Teresina daran erinnernd, eingestehen: »Es war so traurig« (GW V,270; SW VIII,265). Er kann Anteil haben an der heiteren Gelöstheit Teresinas, die ganz dem Augenblick des Glücksspiels hingegeben ist, und bleibt dennoch allein und für sich, gefangen in der Einsamkeit seines Selbst. »Er selbst lachte ja auch, war ja auch vergnügt, warb ja auch um Freude und Liebe aus heitern Augen – und doch saß zugleich einer in ihm, der an das alles nicht glaubte, der dem allem mit Mißtrauen und mit Hohn zusah« (GW V,276; SW VIII,270).

Kleins aus der Distanz eines Erzählers wiedergegebener innerer Monolog stellt nicht die dem aufklärerischen Kausalitätsprinzip verpflichtete Frage nach dem Warum, sondern sucht nach einer Antwort auf die Frage nach dem Wozu. Das Erkenntnisinteresse des Textes ist nicht auf das Verstehen der kausalen Zusammenhänge der Vergangenheit gerichtet, sondern auf den Sinn des Seins. Friedrich Klein kann – und das ist eine der ironischen Paradoxien der Novelle – diese Frage nur stellen, weil er selbst aus der Zeit, aus der Kontinuität des Lebens und der menschlichen Gemeinschaft genommen ist, weil er allein ist und fremd, weil er, nachdem er alle menschlichen Beziehungen, seine Familie, seine Heimat und damit auch seine Vergangenheit hinter sich gelassen hat, keine Zukunft mehr hat; er hat nur noch Gegenwart. Nur in der Hoffnungslosigkeit seiner Einsamkeit kann er die Frage nach der Zukunft, nach dem Wesen der menschlichen Hoffnung stellen. »Dies Mädchen rechnete, wie alle Menschen, und wie auch er selbst es früher getan hatte, immerzu instinktiv mit Zukunft, mit Morgen und Übermorgen, mit Fortdauer. Hätte sie sonst spielen und das Geld so ernst nehmen können? Und da, das fühlte er tief, da stand es bei ihm anders« (GW V,277; SW VIII,271). Zwischen diesen gegensätzlichen Kräften zerrieben, aufgezehrt von der eigenen, inneren Sehnsucht nach Ganzheit und Sinn, gelangt Friedrich Klein durch die Betrachtung seines eigenen Lebens zu der Frage nach der Bedeutung aller Existenz, zu der Frage, wie der Mensch die Bedeutung seines Seins in einem hermeneutischen Prozess zu erzeugen vermag.

> Hundert Jahreszahlen von lächerlichen Schlachten und Namen von lächerlichen alten Königen hatte man in den Schulen gelernt, und man las täglich Artikel über Steuern oder über den Balkan, aber vom Menschen wußte man nichts! Wenn eine Glocke nicht schellte, wenn ein Ofen rauchte, wenn ein Rad in einer Maschine stockte, so wußte man sogleich, wo zu suchen sei, und tat es mit Eifer, und fand den Schaden und wußte, wie er zu heilen war. Aber das Ding in uns, die geheime Feder, die allein dem Leben Sinn gibt, das Ding in uns, das allein lebt, das allein fähig ist, Lust und Weh zu fühlen, Glück zu begehren, Glück zu erleben – das war unbekannt, von dem wußte man nichts, gar nichts, und wenn es krank wurde, so gab es keine Heilung. War es nicht wahnsinnig? (GW V,276–277; SW VIII,270)

Damit antizipiert die Novelle bereits die Reflexionen des *Steppenwolf* über den Nihilismus der Moderne. Sowohl der Titel *Klein und Wagner* als auch die im inneren Monolog sich erschließenden Erinnerungen Friedrich Kleins nehmen Bezug auf Richard Wagners *Lohengrin*. Und in der Figur der tanzenden Teresina chiffriert der Text Friedrich Nietzsches Konzept des Dionysischen. »Wenn Sie tanzen, Teresina, und auch sonst in manchen Augenblicken, sind Sie wie ein Baum oder ein Berg oder Tier, oder ein Stern, ganz für sich, ganz allein, Sie wollen nichts anderes sein, als was Sie sind, einerlei ob gut oder böse« (GW V,48; SW VIII,246). Wie die Auflösung der Persönlichkeit in den Schlachten des Ersten Weltkrieges im *Demian* als eine kritische Reflexion des nihilistischen Konzeptes gelesen werden kann, ist auch *Klein und Wagner* aus der Auseinandersetzung mit Friedrich Nietzsche entstanden. Während der *Steppenwolf* am Ende in den Spiegelungen des Magischen Theaters den Versuch unternimmt, eine Synthese der das moderne Bewusstsein schmerzhaft bestimmenden Dualismen zu formulieren, dekuvriert das entgrenzende und befreiende des Tanzes ebenso wie das Verbrechen – als Chiffre für den Versuch, die bürgerliche Ordnung zu überwinden – die Unmöglichkeit Friedrich Kleins, zu einer harmonischen und ganzheitlichen Auffassung seiner selbst zu gelangen. Auch die Liebe vermag seine ontologische Einsamkeit und Not nicht zu überwinden. »Da war nur Lebensgier und Angst, und aus Angst, aus dummer Kinderangst vor der Kälte, vor dem Alleinsein, vor dem Tode floh man zueinander, küßte sich, umarmte sich, rieb Wange an Wange, legte Bein zu Bein, warf neue Menschen in die Welt« (GW V,283; SW VIII,275).

Als eine ebenso kühle wie sachliche, von der Sprache und der Bildlichkeit des Expressionismus geprägte Diagnose beschreibt die Novelle die existentielle Qual des Individuums, das aus dem Gefüge eines sinnhaften Weltganzen in den abgründigen Kosmos seines eigenen Innenraums gefallen ist und dessen Leben in der bürgerlichen Gesellschaft ebenso wie der Verstoß gegen die bürgerliche Norm der verzweifelte Versuch ist, in einer sinnlos gewordenen Welt eine Bedeutung zu finden. Die einander kaleidoskopartig überlagernden Bilderwelten der Erinnerung und des Traums, die der ertrinkende Friedrich Klein vor seinem Tod im Wasser schaut, antizipieren bereits die Spiegelungen des Magischen Theaters. Friedrich Klein – und dies ist ein weiteres ironisches Paradox des Textes –, der Prototyp des modernen Menschen, des verzweifelten Atheisten, findet zurück zu einem alten Bild, das nur mehr eine ironische Chiffre ist für die abgründige Einsamkeit des Seins. Er zitiert den von allen Verlassenen, den Menschensohn, Jesus im Garten Gethsemane. Wie Christus in »Todesangst« (GW V,281; SW VIII,274) und existentieller Not nach einem anderen sucht und alle schlafend findet, so findet auch Friedrich Klein als ein Schmerzensmann der Moderne sich selbst allein. Die nach der Liebesbegegnung schlafende Teresina, ihr Rückzug auf das Selbst im Schlaf, ist ein Sinnbild für die Verlassenheit des modernen Menschen. Aus dieser Not findet er nur einen Ausweg: den Tod. Friedrich Kleins Leben führt als eine Kontrafaktur der biblischen Erlösungsgeschichte die Gedanken Nietzsches bis in die letzte, radikale Konsequenz fort. In der Moderne gibt es nur die Erlösung durch die Endlichkeit, die Auflösung der Persona. Der Tod vermag die zersplitterten Teile eines einsamen Lebens wieder zusammenzufügen, nur die ungeheure Katastrophe des Verlöschens vermag in der unendlichen Sinnlosigkeit einen Sinn zu stiften. *Klein und Wagner* endet mit dem ebenso ironischen wie verzweifelten Syllogismus, dass der Sinn des Seins in einer der Transzendenz beraubten Epoche aus dem Tod erwächst.

> Ihrer aller Sehnsucht war nach Tod, war nach Ruhe, ihr Ziel war Gott, war die Wiederkehr zu Gott und

> das Bleiben in Gott. Dies Ziel schuf Angst, denn es war ein Irrtum. Es gab kein Bleiben in Gott! Es gab keine Ruhe! Es gab nur das ewige, ewige, herrliche, heilige Ausgeatmetwerden und Eingeatmetwerden, Gestaltung und Auflösung, Geburt und Tod, Auszug und Wiederkehr, ohne Pause, ohne Ende. Und darum gab es nur Eine Kunst, nur Eine Lehre, nur Ein Geheimnis: sich fallen lassen, sich nicht gegen Gottes Willen sträuben, sich an nichts klammern, nicht an Gut noch Böse. Dann war man erlöst, dann war man frei von Leid, frei von Angst, nur dann. (GW V,288–289; SW VIII,280)

Friedrich Kleins Selbstmord reflektiert die nach dem Tod Gottes notwendig gewordene Einsicht in die Gottwerdung des Menschen. In der Moderne ist der Mensch die Instanz, die der Welt und ihren Erscheinungen und damit auch sich selbst eine Bedeutung zuschreibt.

> Wie gut, daß auch diese Erkenntnis nun zu ihm kam: daß es keine Zeit gab! Das einzige, was zwischen Alter und Jugend, zwischen Babylon und Berlin, zwischen Gut und Böse, Geben und Nehmen stand, das einzige, was die Welt mit Unterschieden, Wertungen, Leid, Streit, Krieg erfüllte, war der Menschengeist, der junge ungestüme und grausame Menschengeist im Zustand der tobenden Jugend, noch fern vom Wissen, noch weit von Gott. Er erfand Gegensätze, er erfand Namen. Dinge nannte er schön, Dinge häßlich, diese gut, diese schlecht. Ein Stück Leben wurde Liebe genannt, ein andres Mord. So war dieser Geist, jung, töricht, komisch. Eine seiner Erfindungen war die Zeit. (GW V,291; SW VIII,282)

Die zeitgenössische Literaturkritik, die das Werk positiv aufgenommen hat, akzentuiert die zeitdiagnostische

Qualität der Geschichte Friedrich Kleins vor dem Hintergrund der in den Schlachten des Ersten Weltkrieges offengelegten Gespaltenheit des modernen Bewusstseins. So schreibt Klabund in der *Neuen Rundschau*:

> Die Technik arbeitet stellenweise fast wissenschaftlich exakt: im Traum des *Klein und Wagner* z. B. – mit den jüngsten psychologischen Erkenntnissen, wie sie etwa C. G. Jung in seiner »Psychologie der unbewußten Prozesse« vermittelt hat. [...] Auch die Zerspaltenheit, die doppelte oder gar dreifache Gestalt und Gestaltung des eigenen Ich gewinnt bei Hesse wie einst bei Goethe und später bei den Romantikern erneut Bedeutung und tiefsten Sinn. Selbst Gott ist gut und böse. Klein zugleich Wagner. (U 75–77)

Klingsors letzter Sommer

Die im Juli und August 1919 im Tessin entstandene Erzählung *Klingsors letzter Sommer* erschien gemeinsam mit der im selben Jahr verfassten Novelle *Klein und Wagner* und der Ende 1918 begonnenen und Anfang 1919 in Bern abgeschlossenen Erzählung *Kinderseele* 1920 im Berliner Verlag Samuel Fischers. Als Vorabdruck wurde sie im Dezemberheft des Jahres 1919 in der *Neuen Rundschau* veröffentlicht. Die Erzählung gehört zu den ersten Werken des Autors, die in Montagnola entstanden sind.

Nach dem Ende seiner Dienstzeit für die deutsche Kriegsgefangenenfürsorge und unter dem Eindruck der sein Leben wie die literarische Arbeit belastenden Konflikte mit seiner Frau Maria Bernoulli trennt Hermann Hesse sich im April 1919 von seiner Familie, verlässt das am Stadtrand von Bern gelegene Haus des Malers Albert Jacob Welti, das er seit 1912 bewohnt, und richtet sich allein in der Casa Camuzzi ein. Den biographischen Hinter-

Casa Camuzzi. Aquarell von Hermann Hesse (1930).
Hier, in »Klingsors Schlösschen«, entstand die Erzählung
Klingsors letzter Sommer

grund der Entstehungsgeschichte reflektiert der Schriftsteller in den *Erinnerungen an Klingsors Sommer* aus dem Jahr 1938. Er schreibt:

> Um diesen Sommer zu einem außerordentlichen und einmaligen Erlebnis für mich zu steigern, kamen drei Umstände zusammen: das Datum 1919, die Rückkehr aus dem Krieg ins Leben, aus dem Joch in die Freiheit, war das Wichtigste; aber es kam hinzu Atmosphäre, Klima und Sprache des Südens, und als Gnade vom Himmel kam hinzu ein Sommer, wie ich nur sehr wenige erlebt habe, von einer Kraft und Glut, einer Lokkung und Strahlung, die mich mitnahm und durchdrang wie starker Wein. (GW XI,45; SW XII,211–212)

Die Stimmung dieses »unerhörten Sommers« (GW XI,46; SW XII,212), den Hesse lebensgeschichtlich wie literarisch als einen zwischen Mut und Verzweiflung changierenden Neuanfang begreift, spiegelt sich in der Erzählung ebenso wider wie die Begegnung mit seiner zukünftigen Frau, der Sängerin Ruth Wenger, und die Auseinandersetzung mit der Malerei, die der Schriftsteller sich seit 1916 als neues künstlerisches Ausdrucksmittel erschließt. Aus der Perspektive eines auktorialen Erzählers berichtet das Werk von dem letzten Sommer des Malers Klingsor, dessen Name an Novalis' 1802 veröffentlichten fragmentarischen Roman *Heinrich von Ofterdingen* erinnert und damit auf die Tradition des Künstlerromans der deutschen Romantik verweist. Die neun Abschnitte der Erzählung, denen eine Vorbemerkung des Erzählers vorangestellt ist, zeigen in loser Folge Szenen aus den letzten Lebenswochen des Malers im Tessin: Stunden der Einsamkeit, die Arbeit an seinen Bildern, Ausflüge mit den Freunden, nächtliche Wanderungen und Liebesbegegnungen, Gespräche und innere Monologe. Motivisch erinnert die Gestalt des Malers Klingsor an

Vincent van Gogh, über den Hesse in einer 1921 erschienenen Rezension schreibt:

> Mehrmals hat es mich gelüstet, das Leben Vincent van Goghs zu schreiben, dieses ebenso phantastische wie vorbildliche Leben eines Leidenschaftlichen, des mächtigsten Idealisten und rührendsten Märtyrers in der neueren Kunst, dieses seltsamen Vagabunden und Dulders, der aus übergroßer Liebe zu den Menschen einsam wurde, der aus übergroßer Vernunft wahnsinnig wurde, dieses glühend Gottesgläubigen, der in Selbstmord und Irrenhaus endete. (GW XI,46; SW XVIII,271–272)

Während *Klingsors letzter Sommer* werk- wie gattungsgeschichtlich die Problematik der Entfaltung und Verwirklichung künstlerischer Kreativität fortschreibt, die Hesse bereits in *Gertrud* und *Roßhalde* thematisiert, hinterfragt der stilistische Expressionismus des Werkes den spätromantischen Realismus seiner frühen Erzählungen. Sprachlich gestaltet der Text die inneren Konflikte und seelischen Erlebnisse des Malers durch Personifikationen, Anadiplosen, Oxymora und bewusst vereinfachte und verkürzte Sätze und Wortfolgen sowie die Wiedergabe von Gefühlsstimmungen und synästhetischen Wahrnehmungen. Die rhythmische, Verse und Trinklieder wie Briefe episch integrierende Prosa steigert sich in manchen Passagen bis zur rauschhaften Ekstase, welche die durch die Erzählsituation disponierte Distanz des Narrators zum Geschehen unterläuft und die Grenze der auf die Innensicht Klingsors konzentrierten Haltung des Erzählers zum inneren Monolog aufhebt. Die Introspektive ermöglicht eine unmittelbare und zugleich erzählerisch reflektierte Darstellung der zwischen künstlerisch-expressiver wie ontologischer Revolte und romantisch-schwermütiger Innerlichkeit alternierenden Weltsicht der Titelfigur.

> Am Abend dieses Tages saß er am Rand einer Vorstadt im Staube und malte die farbigen Zelte und Wagen eines Karussells, am Straßenbord auf kahlem, versengtem Anger saß er hingekauert, angesogen von den starken Farben der Zelte. Tief biß er sich fest im verschossenen Lila einer Zeltborte, im freudigen Grün und Rot der schwerfälligen Wohnwagen, in den blau-weiß gestrichnen Gerüststangen. Grimmig wühlte er im Kadmium, wild im süßkühlen Kobalt, zog die verfließenden Striche Krapplack durch den gelb und grünen Himmel. Noch eine Stunde, oh, weniger, dann war Schluß, die Nacht kam, und morgen begann schon der August, der brennende Fiebermonat, der so viel Todesfurcht und Bangnis in seine glühenden Becher mischt. Die Sense war geschärft, die Tage neigten sich, der Tod lachte versteckt im bräunlichen Laub. Klinge hell und schmettre, Kadmium! Prahle laut, üppiger Krapplack! Lache grell, Zitronengelb! Her mit dir, tiefblauer Berg der Ferne! An mein Herz ihr, staubgrüne matte Bäume! Wie seid ihr müd, wie laßt ihr ergebene fromme Äste sinken! Ich trinke euch, holde Erscheinungen! Ich täusche euch Dauer und Unsterblichkeit vor, ich, der Vergänglichste, der Ungläubigste, der Traurigste, der mehr als ihr alle an der Angst vor dem Tode leidet. (GW V,326; SW VIII,311–312)

Dass *Klingsors letzter Sommer* eine Geschichte des Abschieds ist, wird nicht nur durch die Sprache und den Titel herausgestellt, auch die Vorbemerkung, die einleitend von dem Tod des Künstlers berichtet, und die rückblickende Erzählhaltung betonen den retrospektiven Charakter des Erzählten. Die für den Text konstitutive Spannung entsteht durch den Kontrast des bis ins Äußerste gesteigerten sinnlichen Erlebens und der Gewissheit des nahenden Endes. Indem die rauschhaft-entgrenzenden Bilder des Sommers, seiner Farben und Düfte, seiner heiteren Stimmungen kulminieren, dekuvrieren sie die Gleichzeitigkeit des Lebens und des Todes. Nicht nur der Maler ist sich der Präsenz der Vergänglichkeit bewusst, auch die Natur antizipiert im Werden bereits das Vergehen. In dem Bewusstsein der Unausweichlichkeit des Todes ist die Erzählung Ausdruck einer durch die Vergangenheit determinierten Perspektive des Menschen auf die eigene Lebensgeschichte und die Historiographie des Zeitalters. Indem die Endzeitlichkeit der Erzählung zugleich auf die kulturkritischen Diskurse der Jahre nach dem Ersten Weltkrieg referiert, haben die Motive der Vergänglichkeit eine über das Individuum hinausweisende, exemplarische Bedeutung. So reflektiert Klingsor über seine Epoche:

> Es ist überall das gleiche: der große Krieg, die große Wandlung in der Kunst, der große Zusammenbruch der Staaten des Westens. Bei uns im alten Europa ist alles das gestorben, was bei uns gut und unser eigen war; unsre schöne Vernunft ist Irrsinn geworden, unser Geld ist Papier, unsre Maschinen können bloß noch schießen und explodieren, unsre Kunst ist Selbstmord. (GW V,329–330; SW VIII,314)

Wie der Tag und die Nacht einander in der Dämmerung aufheben, ist *Klingsors letzter Sommer* das Abbild eines Übergangs, in dem die Endgültigkeit des Kommenden mit der im Entschwinden begriffenen Relativität des Lebens ein letztes Mal kontrastiert wird. Weil aber das Zukünftige seine normative Kraft verloren hat und das Leben einerseits von der Vergangenheit und andererseits vom Tod bestimmt wird, dominiert dem Ende zu eine schöpferische Nachdenklichkeit und Bewusstheit der Gegenwart des einsamen Individuums. »[...] dieser Tag kommt niemals wieder, und wer ihn nicht ißt und trinkt und schmeckt und riecht, dem wird er in aller Ewigkeit kein zweites Mal angeboten« (GW V,309; SW VIII,297). Sowohl die Farben als auch die Sujets der Bilder Klingsors, deren Beschreibung zwischen kunsttheoretischer und poetologischer Reflexion changieren, sind Chiffren für die Dichotomie von Leben und Tod, die der Maler zu einem Ausgleich zu führen versucht.

Indem die Erzählung das Erleben in der vorläufigen Gegenwart eines Sommers verdichtet, wird der Text zu einer tragischen und zugleich spielerischen Reflexion über die Sinnhaftigkeit des menschlichen Seins. Das *memento mori* kulminiert am Schluss der Erzählung in einem Selbstporträt des Künstlers, das einerseits als Versuch gelesen werden kann, die Todesangst zu überwinden, andererseits die Erkenntnis impliziert, dass die Welt nicht in sich sinnhaft ist, sondern lediglich eine relative, in hermeneutischen Prozessen erzeugte und nur für den Einzelnen gültige Bedeutung hat. Die Begegnung mit den Erscheinungen des eigenen Inneren, die unbedingte Präsenz und ekstatische Gegenwart des Lebens werden in dem Kunstwerk sublimiert. Damit antizipiert die Erzählung am Ende den in der Auseinandersetzung mit der Philosophie Indiens und Chinas entwickelten und im *Siddhartha* ausgeführten Gedanken der Erlösung des Selbst in der Auflösung der Abstraktion.

> Und nicht sein Gesicht allein, oder seine tausend Gesichter, malte er auf dies Bild, nicht bloß seine Augen und Lippen, die leidvolle Talschlucht des Mundes, den gespaltenen Felsen der Stirn, die wurzelhaften Hände, die zuckenden Finger, den Hohn des Verstandes, den Tod im Auge. Er malte in seiner eigenwilligen, überfüllten, gedrängten und zuckenden Pinselschrift sein Leben dazu, seine Liebe, seinen Glauben, seine Verzweiflung. [...] Er fühlte gläubig, daß in diesem grausamen Kampf um sein Bildnis nicht nur Geschick und Rechenschaft des Einzelnen sich voll-

ziehe, sondern Menschliches, sondern Allgemeines, Notwendiges. (GW V,349–351; SW VIII,331–332)

Die einseitige Darstellung der genialischen Künstlerexistenz, die auch Züge der Selbststilisierung trägt, kann im Kontext der Auseinandersetzung Hermann Hesses mit der Philosophie Friedrich Nietzsches gelesen werden. Das rauschhaft Entgrenzende Klingsors ist zum einen als eine Kontrafaktur der neurotischen Disposition Friedrich Kleins in der gleichzeitig veröffentlichten Novelle *Klein und Wagner* zu lesen; es verweist andererseits auf Hesses 1919 mit der Schrift *Zarathustras Wiederkehr* einsetzenden und in der erzählenden Prosa der zwanziger Jahre weiterentwickelten literarischen Reflexionen über den Nihilismus der Moderne. Mit der Figur des Malers Klingsor versinnbildlicht die Erzählung die in der *Geburt der Tragödie aus dem Geiste der Musik* entwickelte dionysische Weltanschauung Nietzsches.

Während die Forschung die rhythmische, bildhaft aufgeladene Sprache und den Kontrast zwischen der ekstatischen Hingabe an die Arbeit und der sinnlichen Lebenslust als romantisch stereotype Verklärung des Künstlerdaseins und Idealisierung des künstlerischen Genies kritisch betrachtet, wurde die Erzählung von der literarischen Kritik der zwanziger Jahre positiv aufgenommen. Die Rezensenten erkannten in dem Werk zum einen die Fortschreibung der romantischen Künstlernovelle als ein zeitkritisches Werk des Expressionismus, gleichzeitig die für Hermann Hesses Œuvre charakteristische literarische Auseinandersetzung mit dem psychologischen Innenraum des zwischen Bürgerlichkeit und Außenseitertum zerrissenen Individuums. So schreibt Stefan Zweig:

In dem Lebensbilde des Malers *Klingsor* sind bewußt van Gogh'sche Farben in Prosa umkomponiert, und nichts zeigt deutlicher den Weg, den Hermann Hesse

> gegangen – von Hans Thoma, dem schwarzwäldischen, idealistischen, flachlinigen Malerpoeten zu jener besessenen Magie der Farben, zu dem ewig leidenschaftlichen Disput von Dunkel und Licht. (U 81)

Und Bertolt Brecht, dessen Werk ebenfalls eine intensive Auseinandersetzung mit den literarischen und philosophischen Traditionen Ostasiens spiegelt, notiert am 22. August 1920:

> Ich lese Hermann Hesses *Klingsors letzter Sommer*. Diese Novelle ist sehr schön. Es ist etwas Edschmid drinnen, aber viel besser. Es ist einer darin, der am Schluß nur mehr roten Wein trinkt und verkommt und die Jahreszeiten anschaut und den Mond aufgehen läßt, das ist seine Beschäftigung! (U 81)

Siddhartha. Eine indische Dichtung

Hermann Hesses indische Dichtung erzählt die Geschichte des Brahmanensohns Siddhartha und seines Freundes Govinda. Im Haus seines Vaters lebend, befolgt Siddhartha die Lehren der heiligen Bücher. Aber indem er sich den traditionellen Gebeten, Waschungen und Meditationsübungen unterzieht, entsteht in ihm die Einsicht, dass das zu rituellen Handlungen gewordene Wissen seiner Vorfahren, welches weder aus eigenem Erleben erwächst noch mit der eigenen Erfahrung korrespondiert, keine Antwort gibt auf die Sehnsucht seines Inneren nach einer Einheit von Leben und Erkenntnis. Gemeinsam mit Govinda verlässt Siddhartha Vater und Mutter, um sich der asketischen Sekte der Samanas anzuschließen. Doch ebenso wenig wie die brahmanischen Versenkungsübungen eine Antwort auf seine Frage bereit hielten, findet er sie in der Auslöschung des Ich, in der Überwindung der physischen Bedürfnisse durch den Schmerz, in der Willensanstrengung der Askese. Enttäuscht von den Lehren der Samanas wenden sich die Freunde Gotama Buddha zu, der – in einem Hain lehrend – eine große Gemeinde um sich versammelt hat. Während Govinda sich der buddhistischen Gemeinschaft anschließt, erkennt Siddhartha, dass seine Fragen nicht in der Nachfolge einer religiösen oder philosophischen Lehre beantwortet werden können, sondern eines individuellen Weges, einer nur ihm gehörigen Antwort bedürfen. Siddhartha lässt den Freund Govinda und auch sein bisheriges Leben zurück und entdeckt in der Einsamkeit der Wanderungen die Schönheit der Welt. Auf seinem Weg trifft er zum ersten Mal auf den Fährmann Vasudeva, der ihn über einen Fluss setzt. In einer Stadt wird er schließlich zum Geliebten der Hetäre Kamala und verdingt sich, um ihre Wünsche nach materiellem Reichtum erfüllen zu können, bei dem reichen Kaufmann Kamaswami. Der Verfall der anfänglichen, noch vom asketischen Spiritualismus seiner bisherigen Lebensführung geprägten Distanz zu der erotisch-sensualistischen und merkantilistisch-utilitaristischen Welt, der im Glücksspiel und Alkoholexzessen kulminiert, konfrontiert Siddhartha mit dem Gefühl der Verzweiflung und der Einsicht, sich selbst fremd geworden zu sein. Er nimmt Abschied von Kamala und kehrt, in der Absicht, seinem Leben ein Ende zu setzen, zum Fluss zurück, wo es zu einer kurzen, zufälligen Begegnung mit einem buddhistischen Mönch kommt, in dem er den verlorenen Freund Govinda wiederfindet. Während Govinda seine Pilgerreise fortsetzt, bleibt Siddhartha als Gehilfe des Fährmanns Vasudeva am Fluss. Nach vielen Jahren der Einsamkeit und einer nur auf die Arbeit gerichteten Lebensführung begegnet Siddhartha noch einmal Kamala, die auf einer Wallfahrt zu Gotama Buddha in der Nähe des Flusses von einer Schlange gebissen wird. Sie stirbt in seinen Armen und hinterlässt ihm den gemeinsamen Sohn, von dessen Existenz er bisher nichts wusste. An Siddhartha wiederholt sich nun die schmerzliche Erfahrung seines eigenen Vaters: von einem Sohn verlassen zu werden, der seinem eigenen Weg folgen muss. Nachdem auch Vasudeva ihn verlässt, um in der Einsamkeit der Wälder zu sterben, bleibt Siddhartha allein als Fährmann am Fluss zurück, in dessen stetem Strömen, in dessen ewiger Wiederkehr er schließlich die gesuchte Einheit von Leben und Erfahrung findet, die Einheit des sich im Wandel Erneuernden. Am Ende begegnet er noch einmal dem Freund Govinda, der in Siddhartha einen Vollendeten, einen Buddha erkennt.

Siddhartha. Eine indische Dichtung ist in Montagnola entstanden, wo Hesse seit der 1919 erfolgten Trennung von seiner Frau Maria Bernoulli in der Casa Camuzzi lebte. Nach einigen Skizzen und Vorarbeiten im Dezember 1919 vollendete er die Niederschrift des ersten Teils zwischen Februar und Juli 1920. Erste Teilvorabdrucke erschienen am 6. und 7. August desselben Jahres in der *Neuen Zürcher Zeitung* und am 16. Mai des folgenden Jahres in den *Basler Nachrichten*. Der gesamte erste Teil der Dichtung wurde im Juli 1921 in der *Neuen Rundschau* veröffentlicht. Bis zur Niederschrift des zweiten Teils vergingen jedoch fast eineinhalb Jahre, in denen der Autor sich einerseits kleineren publizistischen und literarischen Arbeiten widmete, wie dem Verfassen einleitender Vorworte zu den Werken Novalis', Friedrich Hölderlins, Jean Pauls sowie anderer romantischer Schriftsteller, und andererseits die Malerei als künstlerisches Ausdrucksmedium für sich entdeckte. Die sich anbahnende Beziehung zu seiner späteren zweiten Frau Ruth Wenger, die Begegnung mit dem Schriftstellerpaar Hugo Ball und Emmy Ball-Hennings sowie der nach Veröffentlichung des *Demian* entstandene Kontakt zu Carl Gustav Jung, bei dem er sich ab Mai 1921 einer mehrwöchigen psychoanalytischen Behandlung unterzog, sind ebenfalls als Erfahrungen dieses von Hesse als bedrohlich unproduktive Phase seines Lebens begriffenen Jahres für den entstehungsgeschichtlichen Hintergrund des *Siddhartha* bedeutsam. Erst im März 1922 nimmt er die Arbeit am zweiten Teil wieder auf, um das fertige Manuskript im Mai an seinen Verleger Samuel Fischer nach Berlin zu schicken. Die Buchausgabe erscheint schließlich im Oktober desselben Jahres. Bereits in den Tagebucheintragungen Hermann Hesses aus dem August 1920, die seine psychologische Entwicklung spiegeln, finden sich Hinweise auf die Problematik, die zu der langen Entstehungszeit des Werkes geführt hat:

> In meiner indischen Dichtung war es glänzend gegangen, solange ich dichtete, was ich erlebt hatte: Die Stimmung des jungen Brahmanen, der die Weisheit sucht, der sich plagt und kasteit. Als ich mit Siddhartha dem Dulder und Asketen zu Ende war und Siddhartha den Sieger, den Jasager, den Bezwinger dichten wollte, da ging es nicht mehr. – Ich werde ihn dennoch weiter dichten, einmal, am Tag der Tage, und er wird doch ein Sieger werden. (MS I,10)

Wie bereits die drei Jahre zuvor veröffentlichte Erzählung *Demian* als eine aus der persönlichen Krise entstandene Dichtung interpretiert worden ist, ist auch *Siddhartha* als literarisches Ergebnis der lebensgeschichtlichen Entwicklung des Autors gedeutet worden, dies umso mehr, als das Werk die andauernde Beschäftigung Hesses mit den religiösen Traditionen und philosophischen Vorstellungswelten der süd- und südostasiatischen Kulturen spiegelt, deren Anfänge bereits in seinem Elternhaus liegen. Sowohl sein Großvater mütterlicherseits, Hermann Gundert, als auch der Vater Johannes Hesse haben als pietistische Missionare in Indien gearbeitet, wo auch die Mutter Marie Gundert-Hesse geboren wurde. Durch die elterliche Bibliothek hatte der junge Hesse nicht nur Zugang zu wissenschaftlichen Darstellungen der Religions-

und Philosophiegeschichte Asiens, sondern auch zu den dichterischen Werken der klassischen indischen und chinesischen Literatur.

Siddhartha spiegelt die Vertrautheit Hesses mit den Schriften Lao-Tses ebenso wie mit den zu Beginn des 20. Jahrhunderts erstmals vollständig von Karl Eugen Neumann ins Deutsche übertragenen Reden Gotama Buddhas oder den großen indischen *Mahâbhârata*- und *Râmâyana*-Epen sowie der jüngeren *Upanishaden*. Zudem ist *Siddhartha* im Kontext der aus der Auseinandersetzung mit den Kulturen und Religionen des Fernen Ostens erwachsenden Indienmode der deutschen Literatur zu sehen, die sich in den zwanziger Jahren des 20. Jahrhunderts auch in den Werken Klabunds oder Waldemar Bonsels spiegelt, zugleich in der Nachfolge der Indienrezeption der deutschen Romantik sowie als ein später Reflex der in den Monaten September bis Dezember 1911 gemeinsam mit dem Malerfreund Hans Sturzenegger unternommenen Reise nach Ceylon, Singapur und Sumatra. Dichterische Spuren dieser Reise finden sich bereits in früheren Schriften, so als Sujet in *Roßhalde*, in den 1913 veröffentlichten Aufzeichnungen *Aus Indien*, in kleinen, in der Folgezeit entstandenen erzählerischen und lyrischen Werken sowie in Form literarischer Anverwandlung asiatischer Religiosität und Philosophie im *Demian*.

Die Geschichte eines Brahmanensohns, die Hesse in seiner *Indischen Dichtung* erzählt, trägt Züge einer Legende, und schon die Wahl des an den Religionsstifter Buddha erinnernden Namens Siddhartha rückt den Text in die Nähe der Hagiographie. Bereits in der kleinen, 1904 veröffentlichten Franz-von-Assisi-Biographie hat Hesse sich mit der Darstellung transzendenten Heilswirkens und der menschlichen Heilsaneignung befasst. Und auch der zur gleichen Zeit entstandene Roman *Peter Camenzind* kann als eine literarische Reflexion über die Relevanz einer Begegnung von Immanenz und Transzendenz für die Daseinsbewältigung des Individuums gelesen werden. Doch während der in Gaienhofen geschriebene Roman dem Schema der romantischen und realistischen Bildungs- und Erziehungsromane verpflichtet bleibt, verbindet der fast zwanzig Jahre später entstandene *Siddhartha* Elemente des Bildungsromans und der Legende zu einer sowohl individualpsychologischen wie religiösen Entwicklungsgeschichte. Die Differenz, die aus dem Zusammenschluss unterschiedlicher Textsorten und ihrer formalen wie inhaltlichen Implikationen erwächst, generiert die dem Text eigene Spannung. Indem die Handlung die wechselnden Lebensabschnitte der Titelfigur verfolgt und auf Nebenhandlungen verzichtet, bleibt sie straff auf den Konflikt zugeschnitten. Zugleich erzeugt die stete Korrelation, die aus einer Erzählweise resultiert, welche die Lebensgeschichte Siddharthas mit der Govindas kontrastiert, eine gegenseitige Akzentuierung und Vertiefung des Themas. Auf die Zeitstruktur bezogen, wird den einzelnen Entwicklungsstufen Siddharthas ein nahezu identischer Raum im Kontext des Erzählten eingeräumt, dessen Gleichförmigkeit von der dem Entwicklungsschema immanenten Spannung abweicht. Diese Differenz zwischen den thematischen Begebenheiten und der auf dem Prinzip der Aussparung und Raffung beruhenden Gleichstimmigkeit der Zeitdarstellung korrespondiert auch mit dem Schreibstil. Sowohl Symploken und Anaphern als auch der parataktische Satzbau realisieren eine rhythmisch-formelhafte Sprache, die an liturgische Texte erinnert. Durch Reihungen, parallele Satzfügungen und Wiederholungen erreicht der Text die ihm eigene meditative Gleichförmigkeit und gleichzeitig eine gesteigerte Intensität des Ausdrucks. Die Form der Sprachverwendung, die aus dem Künstlerischen in das Religiöse verweist, oszilliert an der Grenze zum Pathos und verstärkt den Exempelcharakter der Erzählung. Der gattungsgeschichtliche Rekurs auf die zuletzt im Kontext der romantischen Dichtung zu Beginn des 19. Jahrhunderts aktualisierte Form der Legende eröffnet die Möglichkeit, die geistesgeschichtlichen Diskurse der Gegenwart aus der Perspektive eines räumlich wie zeitlich fernen Geschehens zu beleuchten.

Im Gegensatz zu den regressiven Tendenzen der in den zwanziger Jahren des 20. Jahrhunderts populären literarischen Indiensujets ist die Wahl eines legendenhaften Geschehens nicht als eine Flucht aus der Gegenwart – in der Tradition romantischer Sehnsuchtstopoi – zu verstehen, sondern als ein Versuch, die Moderne geistesgeschichtlich zu hinterfragen. Werkgeschichtlich wird die Loslösung des epischen Geschehens aus dem Kontext der Gegenwart in *Narziß und Goldmund* im Rückgriff auf das Mittelalter und im *Glasperlenspiel* in der utopischen Antizipation des 22. Jahrhunderts fortgesetzt. Mit *Siddhartha* jedoch erreicht Hermann Hesse einen Wendepunkt seines künstlerischen Schaffens, weil er sich aus dem Diskurs der literarischen Moderne löst und – das Erzählen in den zeitlosen Raum des Erinnerten wie des Zukünftigen verlagernd – einen anderen Modus der kritisch-reflexiven Auseinandersetzung mit der eigenen Epoche findet. Konstitutiv für diese Art des Erzählens ist die Spannung zwischen dem legendenhaften Exempelcharakter des Textes und der einem individuellen Entwicklungsschema folgenden Lebensgeschichte der Titelfigur. Die indische Dichtung *Siddhartha* bildet damit eine weitere Stufe in dem sich in Hesses Werken vollziehenden Prozess einer steten Entindividualisierung des Figureninventars. Wie im *Demian* verweist die paradigmatische Ausführung der Figuren im *Siddhartha* auf ihre Funktion in einem symbolhaften Geschehen, zudem ist sie als eine Reflexion über das Wirken kollektiver Diskurse auf die Entwicklung des Individuums zu verstehen. Indem jedoch die Darstellung eines individualisierten Lebensweges, die eine Abkehr von den tradierten Heilsversprechen impliziert, auf den radikalen Individualismus der Moderne deutet, eröffnet der Text zum einen die Einsicht, dass die Selbstwerdung nur vor dem Hintergrund der konflikthaften Auseinandersetzung mit der Überlieferung möglich ist, in der das Individuum sozialisiert worden ist, und wirft zum anderen die Frage auf, inwiefern der Einzelne, von kollektiven Diskursen determiniert, weit weniger individuell ist, als es die abendländische Geistesgeschichte nach der Aufklärung postuliert.

Die durch die Gattung vorgegebene exemplarische Qualität der Erzählung wird erweitert durch die für den Text konstitutive Korrespondenz der geschilderten Wirklichkeit mit der inneren Wirklichkeit der Figuren. Bereits in der frühen Erzählung *Unterm Rad* spiegelt sich der emotionale Zustand des Protagonisten im Bild der Landschaft. Im *Demian* erhellen Träume und die aus ihnen hervorgehenden Bilder die innerseelischen Zustände Emil Sinclairs. In seiner indischen Dichtung entwickelt Hesse dieses Erzählkonzept weiter, indem nicht nur die Natur und der Traum, sondern alles Geschehen zu einem Geschehen des innerseelischen Raumes wird. Diesem der romantischen Tradition ebenso wie der Psychoanalyse verpflichteten Ansatz liegt die aus der Beschäftigung mit der Philosophie Arthur Schopenhauers erwachsene Vorstellung zu Grunde, dass sowohl das Wissen von der Welt als auch das Bewusstsein des Subjekts hermeneutisch erzeugt werden.

Dieser Gedanke zeigt sich auch in der kontrapunktischen Komposition der Erzählung. Weil die eineinhalbjährige Zäsur in der Entstehungsgeschichte des Werkes mit der Gliederung des Textes in zwei Teile korrespondiert, tritt die sorgfältig symmetrische Proportionierung der Kapitelfolge in den Hintergrund. Die Gliederung des ersten Teils in vier Kapitel und des zweiten in acht wird von der numerischen Zäsur des Textes, die mit der Aufteilung in zwölf Kapitel zwischen dem sechsten und siebten angelegt ist, unterlaufen, so dass auf die Struktur bezogen eine asymmetrische Spannung entsteht. Dabei korrespondiert die arithmetische Zweiteilung in jeweils sechs Kapitel insofern mit der inneren Entwicklung des Protagonisten, als Siddhartha in den ersten sechs Kapiteln der Abschiednehmende ist und in den letzten Kapiteln derjenige, der verlassen wird. Die ersten sechs Kapitel behandeln prozesshaft durchlaufene Stationen im Lebensweg Siddharthas und die letzten sechs, beginnend mit dem für seine innere Entwicklung zentralen Abschied von Kamala, sein Leben am Fluss. Eine Phase im Leben Siddharthas, die von Abschieden und Neuanfängen geprägt ist – der Abschied vom Elternhaus, der Abschied von der asketischen Weltsicht der Samanas, der Abschied von den Lehren Buddhas, der Abschied von dem materiellen Gewinnstreben der Kindmenschen und der Abschied von der körperlichen Sinnlichkeit Kamalas –, kontrastiert mit einer Phase des ruhigen, kontemplativen Lebens als Fährmann. Während die erste Hälfte des Textes von Erlebnissen geprägt ist, die Siddhartha durchlebt und von denen er sich aus eigenem Antrieb löst, tritt das äußere Geschehen im zweiten Teil in den Hintergrund und wird durch die Erfahrung des Verlassenwerdens zu einer geistigen Kategorie der inneren Erfahrung transzendiert.

Die Korrespondenz von Kompositionsstruktur und innerer Entwicklung verweist einerseits auf den einige Jahre später in *Narziß und Goldmund* reflektierten Gegensatz von *vita activa* und *vita contemplativa*, andererseits spiegelt sie eine Erkenntnis, zu der Hesse in den frühen zwanziger Jahren durch die Auseinandersetzung mit der Psychoanalyse und der neuerlichen Beschäftigung mit der ostasiatischen Philosophie gelangt ist und die zu einem zentralen Axiom seiner Weltsicht werden sollte. Das Leben kann nur dann als sinnhaft erfahren werden, wenn Abschied und Verlust, Handeln und Geschehenlassen, Leben und Erfahrung, Bewegung und Ruhe als dialektisch aufeinander bezogen verstanden werden. Das zeigt sich auch in der Vater-Sohn-Konstellation, die sich im Text zweimal wiederholt. Zweimal verlässt ein Sohn seinen Vater, um einen eigenen Weg zu gehen. Das Kontrapunktische dieser doppelten Aufstellung legt nahe, die eine Geschichte auf die andere zu beziehen, die eine als hermeneutische Reflexion über die andere zu lesen. Indem Siddhartha selbst von seinem Sohn verlassen wird, vollzieht er die Rolle seines eigenen Vaters nach und findet in der wiederholten Spiegelung zu ihm zurück, zumal Siddharthas Sohn den gleichen Namen wie sein Vater trägt. Diese symbolische Heimkehr ist bereits in dem eigenen Weggang aus dem Elternhaus angelegt, wird jedoch erst durch den Verlust des eigenen Sohnes zu einer ganzheitlich gelebten Erfahrung.

Indem Siddhartha tradierte philosophische und religiöse Modelle durchlebt und hinter sich lässt, um am Ende selbst der Verlassene zu sein, verlassen von seinem Sohn, von Vasudeva, dem Führer und Wegbegleiter – und nichts anderes meint das Bild des Fährmannes –, gelangt er zu der Einsicht, dass Leben und Sterben, weil sie wie Licht und Schatten einander bedingen, den gleichen Wert haben. Diese Einsicht kontrastiert und hinterfragt die für die Moderne zentralen Paradigmen der Revolte und der Verzweiflung mit dem Prinzip der Entsagung. Damit setzt Hesse dem aufklärerischen Fortschrittsprinzip, das in den Prozessen der Ablösung und Emanzipation ein Weiterentwickeln sieht, die Erkenntnis entgegen, dass, indem im Gewinn bereits der Verlust, in der Möglichkeit bereits die Unmöglichkeit und in der Vergangenheit die Zukunft angelegt ist, alles dialektisch in allem enthalten ist. Vor diesem Hintergrund wird auch deutlich, warum der auktoriale Erzähler im letzten Kapitel die Innensicht auf Siddhartha verlässt und sich der Figur durch die Perspektive Govindas nähert.

> Und, so sah Govinda, dies Lächeln der Maske, dies Lächeln der Einheit über den strömenden Gestaltungen, dies Lächeln der Gleichzeitigkeit über den tau-

> send Geburten und Toden, dies Lächeln Siddharthas war genau dasselbe, war genau das gleiche, stille, feine, undurchdringliche, vielleicht gütige, vielleicht spöttische, weise tausendfältige Lächeln Gotamas, des Buddha, wie er es selbst hundertmal mit Ehrfurcht gesehen hatte. So, das wußte Govinda, lächelten die Vollendeten. (GW V,470; SW III,471)

Indem die im Inneren der Figur vollzogene Synthese von Leben und Erfahrung im betrachtenden Blick des Freundes gespiegelt wird, vermittelt der Text am Ende die Einsicht, dass der Einzelne, wenn er zur Auflösung der sein Dasein bestimmenden Gegensätze gelangt, zum Hermeneuten seiner selbst wird, dass dieses Wissen jedoch, aus dem Solipsismus entstanden, in seinem Wesen hermetisch ist. Hesse gestaltet im letzten Kapitel des *Siddhartha* zum einen C. G. Jungs psychologischen Gedanken, dass die Koinzidenz von Erfahrung und Erkenntnis ein nicht reproduzierbarer, im Bewusstsein des Einzelnen sich vollziehender Vorgang ist, und zum anderen die paradoxe philosophische Einsicht, dass die Antwort auf den Individualismus der Moderne der Individualismus ist.

Werkgeschichtlich kann *Siddhartha* im Kontext der Freundschaftsthematik gelesen werden, die als ein zentrales Motiv, beginnend mit dem frühen Prosawerk *Peter Camenzind* bis zum 1943 veröffentlichen Altersroman *Das Glasperlenspiel*, das literarische Œuvre Hermann Hesses prägt. Während die vier Kapitel des ersten Teils der *Indischen Dichtung* die Lebensgeschichte Siddharthas mit der Govindas verschränken, fokussieren die acht Kapitel des zweiten Teils nur noch Siddharthas Entwicklung. Inhaltlich korrespondiert diese Kompositionsstruktur mit dem Konflikt zwischen der Sicherheit eines religiösen Dogmas und der beängstigenden Freiheit eines individuellen Weges, der in dem unterschiedlichen Verlauf der Lebenswege Govindas und Siddharthas abgebildet wird. Im

Gegensatz zur Gestaltung des Freundschaftsmotivs in *Unterm Rad* oder *Demian*, wo die eine Figur zum Führer und Leitbild der anderen wird, verweisen Siddhartha und Govinda, indem sie dialektisch aufeinander bezogen sind, bereits auf die Ausführung der Freundschaftsthematik in *Narziß und Goldmund*, die das Problem unvereinbar erscheinender Seinsweisen ebenfalls aus dem psychischen Innenraum des Individuums löst und auf die Figurenkonstellation überträgt. Andererseits zitiert die Verknüpfung der Lebensgeschichten Govindas und Siddharthas die Parallelführung der Figuren Parzival und Gawan in Wolframs von Eschenbach Versroman *Parzival.* Vor dem Hintergrund der Gralssuche gelesen, erscheint *Siddhartha* jedoch als die Kontrafaktur einer Legende, da die Suche nicht mehr zu einem allumfassenden Erlösungsversprechen führt, sondern zu einem nurmehr auf den Einzelnen bezogenen Heil.

Siddhartha kann vor dem Hintergrund dieser Wechsel- und Referenzbeziehungen als eine komplexe Affirmation und Verwerfung christlicher, buddhistischer und taoistischer Heilsvorstellungen gelesen werden. Aber auch wenn die Erzählung eine gedankliche Synthese asiatischer und europäischer Religionslehren vollzieht, ist ihr Erkenntnisinteresse auf die Erfahrung des inneren Raumes und die hermeneutische Bestimmung des Selbst in der Welt gerichtet. So schreibt Hesse in einem Brief aus dem Februar 1920 an Helene Welti:

> Das Ich, das der Suchende meint, und mit dem sich die ganze europäische Gedankenwelt, mit Ausnahme der europäischen Wissenschaft, seit drei Jahrtausenden beschäftigt, dieses »Ich« ist nicht der einzelne Mensch, wie er sich fühlt und vorkommt, sondern es ist der innerste, wesentliche Kern jeder Seele, den der Inder »Atman« nennt und der göttlich und ewig ist. Wer dieses Ich findet, sei es auf dem Weg Buddhas

oder der Veden oder des Lao Tse oder Christi, der ist in seinem Innersten verbunden mit dem All, mit Gott, und handelt aus einem Einverständnis mit ihm heraus. (GB I,445)

Und an Rudolf Schmid notiert er am 18. Januar 1925: »Siddhartha ist ein sehr europäisches Buch, trotz seines Milieus, und die ›Siddhartha‹-Lehre geht so stark vom Individuum aus und nimmt es so ernst, wie keine einzige asiatische Lehre es tut« (GB II,96). Auch im Kontext dieses Werkes betont der Autor, dass die Frage nach dem Selbst vom Einzelnen gestellt und beantwortet werden muss, weil sie einer je individuellen Antwort bedarf. »Ich suchte das zu ergründen, was allen Konfessionen und allen menschlichen Formen der Frömmigkeit gemeinsam ist, was über allen nationalen Verschiedenheiten steht, was von jeder Rasse und von jedem Einzelnen geglaubt und verehrt werden kann« (GW XI,50; SW XII,213). Mit *Siddhartha* findet Hesse zu einer Lösung der seine eigene Existenz schmerzhaft bestimmenden Dualismen von Abschied und Neubeginn, Resignation und Revolte, Suchen und Finden und zugleich eine Antwort auf die aus dem aufklärerischen Rationalismus erwachsene existentielle Verunsicherung des modernen Menschen. In diesem Sinne oszilliert der Text zwischen individueller Problematik und kollektiver Zeitsymptomatik, zwischen Entwicklungsgeschichte und Zeitroman. Der mystisch-eklektizistische Synthesegedanke, den das Ende der Erzählung symbolhaft in der Figur des erleuchteten Siddhartha verdichtet, ist eine Antwort auf die aus dem Atheismus der Moderne erwachsene Frage nach dem ontologischen Ort des vereinsamten Individuums. Als ein der humanistischen Ethik verpflichteter Versuch bewahrt diese Antwort die individuelle Identität des Menschen ebenso wie die kulturelle. Dass es die besondere Qualität des Textes ist, auf die Frage nach der Identität und Bedeutung des Subjektes und seiner Objektbeziehung, die im frühen 20. Jahrhundert in der Psychologie analytisch und in der Philosophie phänomenologisch reflektiert wurde, eine dichterische Antwort gefunden zu haben, hat bereits die zeitgenössische Kritik erkannt. So schreibt Otto Doderer in einer am 12. März 1923 in der *Frankfurter Zeitung* veröffentlichten Rezension:

> *Siddhartha*, die indische Dichtung Hermann Hesses, ist ein ungemein weises Buch. Es ist zu weise, um nur als Dichtung da zu sein, denn die denkerischen Ursprünge sind darin stärker als die dichterischen Kräfte. Dennoch kann nur ein Dichter ein Denken so sagen, wie es in diesem Buch geschieht, nur ein Dichter kann Gedanken so ins Sinnbild beziehen und Gestalt werden lassen und das Ganze aus dem Herzschlag des Stoffes heraus so zu einer wirkenden Schöpfung verschmelzen. (U 91)

Dass Hesse im *Siddhartha* das Gleichgewicht hält zwischen philosophischer Reflexion und literarischem Erzählen, hat maßgeblich zum Erfolg des Werkes beigetragen. Der durch die Gattung der Legende disponierte Zug der Erzählung ins Abstrakte und Überzeitliche machte nicht nur der nach Orientierung und Neubeginn strebenden Nachkriegsgeneration der zwanziger Jahre ein Identifikationsangebot. Die antikapitalistisch-zivilisationskritische, auf die Selbsterkenntnis des Einzelnen zielende Tendenz der Erzählung eröffnete auch der von der amerikanischen Vietnampolitik enttäuschten Jugend der sechziger Jahre die Möglichkeit, über die literarische Reflexion zu einem neuen Selbstverständnis zu gelangen. Wie die weltweite Rezeption des *Siddhartha* zeigt, die Verbreitung in mittlerweile zweistelliger Millionenauflage, die Übersetzungen in alle großen Kultursprachen und weit darüber hinaus, ist die Faszination dieses zwischen zeitloser Legende, religiös-philosophischer Reflexion und Individuationsgeschichte vielschichtig oszillierenden Textes bis heute ungebrochen. Siegfried Unseld, der nach Peter Suhrkamps Tod Hesses Werk verlegerisch betreut hat, schreibt hierzu:

> Das Buch *Siddhartha* ist ein Buch des Aufbruchs, ein Buch der Rebellion, ein Buch, das Religion revolutioniert, ein Buch des Protests gegen Lehre und Dogma. Ein Buch des Sich-Suchens und Sich-Findens. Ein Buch der Liebe. Ein Buch des Sich-Annehmens. Ein Buch des Annehmens des anderen. Dies wäre Friede. (MS II, 380)

Auch deshalb gehört Hermann Hesses *Siddhartha. Eine indische Dichtung* zu den meistgelesenen Werken der Literatur des 20. Jahrhunderts.

Der Steppenwolf

Die Zeit nach dem Abschluss des *Siddhartha* im Jahr 1922 und der Veröffentlichung des *Steppenwolfs* 1927 ist für Hermann Hesse eine Phase äußerer Beunruhigung und innerer Bedrängnis. Am 14. Juni 1923 erfolgt die Scheidung von seiner ersten Frau Maria Bernoulli, am 11. Januar des folgenden Jahres die Eheschließung mit Ruth Wenger. Die Ehe wird jedoch bereits am 2. Mai 1927, noch vor Erscheinen des *Steppenwolfs*, wieder geschieden. Hesse ist mit der Nervenkrankheit seiner ersten Frau und mit der Lungentuberkulose seiner zweiten Frau konfrontiert; er selbst leidet unter einer bereits chronisch gewordenen Entzündung der Augen, Ischias, Gicht und Schlaflosigkeit. Die Winter verbringt er in den Jahren 1923/24 und 1924/25 in Basel, in den Folgejahren in Zürich, die Sommer in der Casa Camuzzi in Montagnola, nur unterbrochen von Kuraufenthalten in Baden und einer Deutschlandreise, die ihren lite-

Hermann Hesse
Foto, um 1927

rarischen Niederschlag in der 1927 veröffentlichten *Nürnberger Reise* findet. Da er finanziell auf die Tantiemen seiner in Deutschland verlegten Werke angewiesen ist, trifft ihn die Inflation der Jahre vor der Weltwirtschaftskrise besonders stark und zwingt ihn zu einem großen Arbeitspensum. Hesse verfasst Rezensionen, kurze Feuilletons für deutsche und Schweizer Zeitungen und Zeitschriften und schreibt Vor- und Nachworte zu zahlreichen Anthologien und Leseausgaben der klassischen deutschen und asiatischen Literatur. Allein in den fünf Jahren zwischen 1922 und 1927 erscheinen zwanzig von ihm herausgegebene Titel, darunter Dokumentationen über das Leben romantischer deutscher Dichter, eine Sammlung der Dichtungen Salomon Gessners, verschiedene Prosawerke Jean Pauls, japanische und orientalische Erzählungen, altfranzösische Sagen, Märchen, Legenden und Sagen des Mittelalters. Mehr jedoch als durch die privaten Konflikte und finanziellen Schwierigkeiten sind die mittleren 20er Jahre für den fast fünfzigjährigen Hesse durch eine individuelle Entwicklungskrise geprägt, die ihren literarischen Ausdruck in einer langen und prozesshaften Suche nach einer neuen künstlerischen Ausdrucksform findet. So schreibt er in einem Brief an den Freund Carl Seelig:

> Und nun, schon fast ein alter Mann, nachdem mir alles, was das Leben mir an äußern Gütern und Erfolgen gab, wieder zusammengebrochen ist, nach der Trennung von Liebe, Ehe, Familie, dem Verlust des äußern Wohlbehagens, der Vereinsamung durch Gesinnung während dem Krieg – nach alledem bin ich, krank und halb irrsinnig vor Leid, zu mir selbst zurückgekommen und muß nun in mir selbst aufräumen und muß vor allem das alles, was ich früher weggelogen oder doch verschwiegen hatte, anschauen und anerkennen, alles Chaotische, Wilde, Triebhafte, »Böse« in mir. (GB I,423–424)

Und am 10. November 1926, kurz vor dem Beginn seiner Deutschlandreise, notiert er an Stefan Zweig:

> Es ist ja nicht bloß das Problem des Mannes, der zu altern beginnt und die schwierigen Jahre um 50 kosten muß, sondern mehr noch das Problem des Autors, dem sein Beruf zweifelhaft und fast unmöglich geworden ist, weil ihm Boden und Sinn verloren gingen. Seit dem Kriege hat das bei mir stetig zugenommen, und sieben Jahre Alleinleben in meinem Tessiner Dorf haben es nicht erleichtert. (GB II,155)

Der Prosafassung des *Steppenwolfs* gehen Skizzen und Vorstudien des Themas voran, die bis in das Jahr 1922 zurückreichen und die zum Teil 1928 in dem von Samuel Fischer in Berlin betreuten Band *Krisis* veröffentlicht werden. Das stetig sich verdichtende Gefühl der Einsamkeit und Isolation des alternden Künstlers, das zu einem zentralen Thema des *Steppenwolfs* werden sollte, spiegelt sich bereits in den im Frühjahr 1922, noch während der Arbeit am *Siddhartha* entstandenen autobiographischen Aufzeichnungen *Aus dem Tagebuch eines Entgleisten.* Zwei Fragmente zum *Steppenwolf* entstehen zwischen November 1924 und März 1925 in Basel, ebenso wie das *Märchen vom Steppenwolf*, das in endgültiger Form als *Tractat vom Steppenwolf* zum kompositorischen Mittelpunkt des Werkes werden sollte. Im darauffolgenden Winter 1925/26 entstehen die *Krisis*-Gedichte, die, nachdem Samuel Fischer sie weder als eigenständige Publikation noch als Teil des Romans veröffentlichen wollte, zunächst im November 1926 in Auswahl in der *Neuen Rundschau* unter dem Titel *Der Steppenwolf. Ein Stück Tagebuch in Versen* erscheinen und schließlich ebenfalls in den als limitierten Privatdruck publizierten Band *Krisis* aufgenommen werden. Weitere Passagen entstehen zwischen Februar und September 1926. Mit der durchgehenden Niederschrift des

Steppenwolfs beginnt der Schriftsteller am 15. Dezember 1926 in seiner Züricher Wohnung am Schanzengraben und schließt sie bereits in den Weihnachtstagen ab. Bereits am 11. Januar 1927 beendet er die Reinschrift des Typoskriptes. Und noch im selben Monat erscheint im *Berliner Tageblatt* ein Vorabdruck der »Abendstunde in einer Kneipe«, im April veröffentlicht die *Literarische Welt* das »Gespräch über den Krieg und Zeitungen«, im Mai bringt die *Neue Rundschau* das *Tractat vom Steppenwolf* und die *Neue Schweizer Rundschau* das »Gespräch mit Mozart«. Die Buchausgabe erscheint schließlich zum 50. Geburtstag Hesses zeitgleich mit der ersten, von Hugo Ball verfassten Biographie des Schriftstellers bei Samuel Fischer in Berlin.

Der Steppenwolf erzählt die Geschichte eines vereinsamten, fünfzigjährigen Mannes. Harry Haller führt ein innerlich wie äußerlich isoliertes und zurückgezogenes Leben inmitten einer kleinbürgerlichen Welt, deren moralische Ordnung und biedere Alltäglichkeit er einerseits sehnsüchtig bewundert und andererseits als oberflächlich, verlogen und bigott ablehnt. Die innere Zerrissenheit und Schizophrenie, die aus seinem ambivalenten Verhältnis zum Bürgertum erwächst, bringt er selbst in das Bild des Steppenwolfs. Schon vor Jahren von seiner Frau verlassen und ohne soziale Bindungen, flüchtet er sich in die Beschäftigung mit der Dichtung und der Musik. In der Auseinandersetzung mit den bewunderten und als unsterblich betrachteten Dichtern und Denkern zeigt sich ein weiterer Konflikt, den die Chiffre des Steppenwolfs beschreibt: der als unvereinbar empfundene Widerspruch zwischen dem geistig-moralischen Potential und dem körperlich-animalischen Trieb des Menschen. Während Harry Haller sich an den Tagen lesend und schreibend in seiner Wohnung aufhält, verbringt er die Abende und Nächte trinkend in billigen Lokalen. Auf einem seiner einsamen nächtlichen Wege durch die Stadt stößt er auf die Ankündigung einer Abendunterhaltung in einem rätselhaften Magischen Theater.

Wenig später begegnet er einem Kirmesverkäufer, der ihm ein Jahrmarktsheftchen überlässt, in dem er einen *Tractat vom Steppenwolf* überschriebenen Text findet, der seine ungelösten inneren Konflikte zwischen bürgerlicher und wölfischer Natur einerseits sowie intellektuell-geistiger Beschäftigung und körperlicher Triebhaftigkeit andererseits aus einer sachlich-objektiven Sicht beschreibt. Wenige Tage später, nach dem Zerwürfnis mit einem Professor, von dessen bürgerlicher Lebensführung er sich provoziert fühlt, trifft er, verwirrt und verwahrlost, in einer Vorstadtkneipe die schöne Kurtisane Hermine, die sich seiner annimmt. Nach anfänglichen inneren Widerständen lässt er sich von ihr in die Halbwelt der Stadt mit ihren leichten Mädchen und Jazz- und Tanzlokalen einführen. Trotz des Kontaktes zu Hermine und ihren Freunden, dem mexikanischen Saxophonisten Pablo und der schönen, leichtlebigen Maria, zu der sich auch eine erotische Beziehung entwickelt, vermag Harry Haller den inneren Zweispalt zwischen Intellektualismus und Sensualismus, Körper und Geist, bürgerlicher Anpassung und Revolte nicht zu überwinden. Nachdem er unter Pablos Anleitung verschiedene bewusstseinserweiternde Stoffe eingenommen hat, führen ihn Hermine und Pablo nach einem Maskenball in die Räume des Magischen Theaters. Die nun folgenden, den Text beschließenden, assoziativ verknüpften Bilderfolgen führen ihm die Vielgestaltigkeit seiner Persönlichkeit vor Augen, die er mit dem sein bisheriges Dasein definierenden Gegensatzpaar Mensch–Wolf neurotisch unterdrückt hat. Die halluzinierten Bilder entfalten Lösungsmöglichkeiten seines inneren Konfliktes, die bereits im Traktat angelegt sind: sein Leben als leidvoll-tragisches Erleben zu akzeptieren und in der Nachfolge der von ihm bewunderten großen Künstler wie Goethe und Mozart zu einem inneren Ausgleich durch den Humor zu finden und dadurch zugleich mit der bürgerlichen Existenz und Weltsicht versöhnt zu werden.

Während die vorangegangenen Werke Hesses das Individuum schmerzhaft prägende Dualismen in einander kontrapunktisch ergänzenden Figurenpaaren, wie Giebenrath und Heilner, Kuhn und Muoth oder Sinclair und Demian, abbilden, verdichtet der *Steppenwolf* das Bewusstsein des Gespaltenseins in der Figur Harry Hallers und akzentuiert damit den individuellen wie den kollektiv-zeitsymptomatischen Charakter dieses Konfliktes. Dass Hesse im Prozess der Entstehungsgeschichte mit unterschiedlichen Gattungen experimentiert, bevor er schließlich zur Form des »Prosa-Steppenwolfes« findet, wie er das Werk selbst in einem Brief an seine Schwester Adele bezeichnet (GB II,162), und dass er dem fertigen Werk keine Gattungsbezeichnung zuordnet, zeigt den von der zeitgenössischen Kritik wie der Forschung betonten experimentellen Charakter des Textes. So vergleicht Thomas Mann im Vorwort zur amerikanischen Ausgabe des *Demian* die formale Konzeption des Werkes mit den Arbeiten James Joyce' und André Gides: »Ist es nötig zu sagen, daß der *Steppenwolf* ein Romanwerk ist, das an experimenteller Gewagtheit dem ›Ulysses‹, den ›Faux monnayeurs‹ nicht nachsteht?« (U 117.) Zugleich dekuvriert die Kollage epischer und reflexiver Textsorten den Ansatz des Werkes, eine psychologisch-philosophische Betrachtung literarisch zu gestalten.

Der *Steppenwolf* ist in drei Abschnitte gegliedert: Das *Vorwort des Herausgebers* hat, in der Tradition der Herausgeberfiktionen der Romantik, die Funktion, indem es – eine textimmanente Distanz zwischen dem einleitenden Bericht und den nachfolgenden Aufzeichnungen erzeugend – die Leserhaltung dialektisch relativiert, die Realität des Erzählten zu bezeugen. Deshalb haben auch die Aufzeichnungen Harry Hallers einen ambivalenten Charakter zwischen fiktionalem Geschehen und autobiographischem Bericht. Den kompositorischen Mittelpunkt des Werkes bildet jedoch das *Tractat vom Steppenwolf*. Gattungsgeschichtlich betrachtet, ist das Traktat eine nichtfiktionale Abhandlung über eine philosophische, religiöse, ethisch-moralische oder wissenschaftliche Fragestellung. Die lehrhafte Intention dieser seit dem 18. Jahrhundert in der deutschen Literatur nur noch selten gebrauchten Textsorte wird im *Steppenwolf* einerseits, indem das Traktat die unbewussten inneren Vorgänge des Protagonisten objektivierend darstellt, wieder aufgegriffen und andererseits sowohl durch die Form als Jahrmarktsheftchen wie durch die inhaltliche Fortschreibung und die Verknüpfung mit dem Thema der fiktionalen Aufzeichnungen ironisch verworfen. Diese bereits durch die Zusammenstellung unterschiedlicher Textsorten erzeugte ambivalente Mehrdeutigkeit des Textes korrespondiert mit der relativierenden, polyperspektivischen Erzählhaltung, die in jedem der drei Abschnitte des Werkes wechselt. Während im *Vorwort* der anonym bleibende Herausgeber in der ersten Person berichtet, wie er zu den nachfolgend veröffentlichten Aufzeichnungen gelangt ist, in denen Harry Haller als erzählendes Ich fungiert, tritt der auktoriale Erzähler des *Tractates* zwar als erzählendes Medium in das Bewusstsein des Lesers, gewinnt jedoch keine personalen Charaktereigenschaften.

Die allwissende Erzählhaltung des *Tractates* verweist zudem auf die Tradition des Bildungs- und Erziehungsromans, auf die das Werk in verschiedener Hinsicht anspielt. Zum einen ist der *Steppenwolf* dem Einzelheldschema des Entwicklungsromans verpflichtet, zum anderen wird die Ausbildung und Entwicklung der Persönlichkeit Harry Hallers, analog zu der Funktion der Turmgesellschaft in Goethes paradigmatischem Bildungsroman *Wilhelm Meister*, durch das Magische Theater gelenkt. Diese Wechsel- und Referenzbeziehungen zu der fiktionalen Gattung des Romans kontrastieren mit dem für die Textsorte des Traktates charakteristischen vermittelnd-expositorischen Anspruch. Im Gegensatz zu seinen frühen Romanen löst sich das Werk damit aus der epischen Tradition der Klassik und Romantik und erreicht durch die Kontamination fiktiver und fingiert nichtfiktiver Textsorten eine neue literarische Ausdrucksform. Dass Hesse seine großen Prosawerke insgesamt weniger als Romane, sondern als Reflexionen über die Beziehung des Individuums zur Welt verstanden hat, spiegelt sich in einer 1928 entstandenen Betrachtung, die *Eine Arbeitsnacht* überschrieben ist.

> Beinahe alle Prosadichtungen, die ich geschrieben habe, sind Seelenbiographien, in allen handelt es sich nicht um Geschichten, Verwicklungen und Spannungen, sondern sie sind im Grunde Monologe, in denen eine einzige Person, eben jene mythische Figur, in ihren Beziehungen zur Welt und zum eigenen Ich betrachtet wird. Man nennt diese Dichtungen »Romane«. In Wirklichkeit sind sie keineswegs Romane, so wenig wie ihre großen, mir seit der Jünglingswelt heiligen Vorbilder, etwa der »Heinrich von Ofterdingen« des Novalis oder der »Hyperion« Hölderlins, Romane sind. (GW XI,81; SW XII,123–124)

Dieser narratologische Befund zeigt sich auch im formalen Aufbau des Werkes, der zwei Strukturprinzipien verpflichtet ist. Zum einen sind die Reflexionen des Lichts auf den feuchten Straßen der Stadt zu Beginn der Aufzeichnungen Harry Hallers, wie die Spiegelungen im Magischen Theater, nicht nur ein thematisch wiederkehrendes Motiv des Werkes, in der Anlage folgt auch das formale Gefüge des Textes dem Prinzip der Spiegelung. So werden die in der subjektiven Innensicht ausgebreiteten Konflikte der Aufzeichnungen Harry Hallers sowohl in dem *Vorwort des Herausgebers* als auch in dem *Tractat vom Steppenwolf* aufgegriffen und durch eine durch den erzählerischen Perspektivenwechsel erzeugte Distanz relativierend gespiegelt. Die Problematik Hallers erscheint strukturell in einer wiederholten Spiegelung, die ihrerseits in den Bildern des Spiegelkabinetts am Ende des Werkes zurückgeworfen und diversifiziert wird.

Wie die vorangegangenen Werke Hermann Hesses ist auch der *Steppenwolf* als eine literarische Verarbeitung der psychischen Entwicklungskonflikte des Autors gedeutet worden. Dass der Text als Seelenbiographie und individuelle Selbstanalyse in der Tradition der Bekenntnisliteratur des Pietismus gelesen werden kann, wird nicht nur durch die subjektive, die Intimität eines Tagebuchs fingierende Erzählhaltung nahe gelegt; auch verschiedene Briefe aus der Entstehungszeit sowie Selbstdeutungen Hesses stützen diesen interpretatorischen Zugang. So notiert er am 16. Dezember 1926 an Otto Hartmann:

> Jetzt sitze ich wieder vor meiner Arbeit, einer sehr unerfreulichen Arbeit, denn seit bald drei Jahren fand ich aus meiner menschlichen und geistigen Vereinsamung und Erkrankung keinen andern Ausweg, als indem ich diesen Zustand selber zum Gegenstand meiner Darstellung machte, was hoffentlich mit der Zeit wieder ein Ende nimmt und freundlicheren Bildern Raum gibt. (MSt 102)

Während jedoch Texte wie die Tagebuchaufzeichnungen Ulrich Bräkers oder die Lebensbeschreibung Heinrich Jung-Stillings die Entwicklungsgeschichte des Autors bekenntnishaft reflektieren, werden im *Steppenwolf* – und darin ist er Karl Philipp Moritz' Roman *Anton Reiser* vergleichbar – autobiographische Konflikte in die fiktiven Figuren und Handlungsverläufe eines literarischen Textes eingeschrieben. »Die Bücher der Dichter«, schreibt Hesse über den *Steppenwolf*, »bedürfen weder der Erklärung noch der Verteidigung, sie sind überaus geduldig und können warten, und wenn sie etwas wert sind, dann leben sie meistens länger als alle die, die über sie streiten« (AB

376). In diesem Brief aus dem März 1951 deutet Hesse sich selbst als Autor, dessen Werk zwar einen lebensgeschichtlichen Anlass hat, der jedoch durch die literarische Gestaltung persönliche Konflikte und Krisen in ein autonomes Kunstwerk verwandelt. Das eine wird zum Abbild des anderen, aber indem Mikro- und Makrokosmos in eins fallen, wird die Metapher des Spiegels zu einer Chiffre für die Kunst, welche im Spiegelbild zwar ein Abbild der Wirklichkeit bewahrt, jedoch durch den Medienwechsel zugleich eine Differenz erzeugt.

Zum anderen zeigt sich der text- und gattungsgenetische Befund auch in dem von Hesse selbst akzentuierten, musikalischen Kompositionsformen verpflichteten Aufbau des Werkes. So schreibt er in einem Brief am 13. November 1930: »Rein künstlerisch ist der ›Steppenwolf‹ mindestens so gut wie ›Goldmund‹, er ist um das Intermezzo des Traktats herum so streng und straff gebaut wie eine Sonate und greift sein Thema reinlich an« (AB 36–37). Dem Schema der Sonatenform folgend, werden in dem *Vorwort des Herausgebers* die Themen aufgestellt, in den *Aufzeichnungen Harry Hallers* und dem *Tractat vom Steppenwolf* gegeneinander gestellt, ineinander verwoben und in der Schlussszene im Magischen Theater moduliert zum spannungslösenden Höhepunkt zurückgeführt. Das Traktat erscheint aus dieser Perspektive als eine Reprise, als eine freie Wiederholung der Exposition, was narratologisch durch den Wechsel vom Ich- zum auktorialen Erzähler verdeutlicht wird. Vorwort und Traktat sind jedoch nicht nur durch das Thema miteinander verbunden. Indem sie den Konflikt des Protagonisten, seine innerseelische Zerrissenheit zwischen Kultur und Trieb, Menschlichem und Animalischem, Sublimation und Affekt in der Außensicht darstellen, kontrastieren sie mit den Betrachtungen Harry Hallers, die in der Ich-Form, als Innerer Monolog, den psychischen Innenraum erschließen. Wenn der Autor in einem Brief an Georg Reinhart vom 18. August 1925 den *Steppenwolf* als ein

»phantastisches Buch« (MSt 49) bezeichnet, klingt bereits an, dass er die für den Roman wie die Prosagattungen insgesamt konstitutive Korrespondenz von realer Lebenswirklichkeit und innertextlicher Realität verwirft, um zu einem erzählerischen Verfahren zu gelangen, welches das textimmanente Geschehen als ein Geschehen im psychologischen Innenraum des Individuums gestaltet. Daher führt die Schlussszene im Magischen Theater, das Harry Haller nach dem Maskenball betritt, nicht nur den Handlungsbogen zu einem Ende, sondern bildet zugleich eine hermeneutische Reflexion über das Erzählganze. Sie ist ein Hinweis darauf, dass sich der gesamte Text im seelischen Innenraum Harry Hallers abspielt.

> Sie sehnen sich danach, diese Zeit, diese Welt, diese Wirklichkeit zu verlassen und in eine andre, Ihnen gemäßere Wirklichkeit einzugehen, in eine Welt ohne Zeit. Tun Sie das, lieber Freund, ich lade Sie dazu ein. Sie wissen ja, wo diese andere Welt verborgen liegt, daß es die Welt Ihrer eigenen Seele ist, die Sie suchen. Nur in Ihrem eigenen Inneren lebt jene andre Wirklichkeit, nach der Sie sich sehnen. Ich kann Ihnen nichts geben, was nicht in Ihnen selbst schon existiert, ich kann Ihnen keinen andern Bildersaal öffnen als den Ihrer Seele. Ich kann Ihnen nichts geben, nur die Gelegenheit, den Anstoß, den Schlüssel. Ich helfe Ihnen, Ihre eigene Welt sichtbar machen, das ist alles. (GW VII,366–367; SW IV,165)

Die Bedeutung des *Steppenwolfs* für die Entwicklung des Romans im 20. Jahrhundert liegt darin, dass er ein erzählerisches Verfahren entwickelt hat, das, einerseits traditionelle epische Techniken aufgreifend und sich andererseits aus der Nachfolge des psychologischen Erzählens des 18. und 19. Jahrhundert lösend, den literarischen Text zu einer Spiel- und Projektionsfläche für die Vorstellungen,

Bilder und Erscheinungen des Unbewussten macht. Während Gustave Flauberts Roman *Madame Bovary*, Rainer Maria Rilkes *Aufzeichnungen des Malte Laurids Brigge* oder Stefan Zweigs Novelle *Verwirrung der Gefühle* die innerseelischen Motive und Reaktionen im Spannungsfeld von subjektivem Empfinden und äußerer, lebensweltlicher Begebenheit darstellen und analysieren, tritt im *Steppenwolf* das äußere Geschehen zurück und weicht der Darstellung der Person und ihres psychologischen Innenraums. Und während dieser Ansatz bei James Joyce oder Virginia Woolf zu einer Ausdifferenzierung des personalen Erzählens führt und letztlich zum Inneren Monolog und *stream of consciousness*, erreicht Hermann Hesse mit dem *Steppenwolf* durch die Kombination traditioneller Formelemente und Vorstellungswelten mit Unbewusstem und Traumhaftem eine paradoxe Objektivation, die, indem sie das Logisch-Rationale überwindet, die psychischen Mechanismen, die den Menschen beherrschen, durch scheinbare Realitätsbezüge im Sinne der Überwirklichkeit des Surrealismus sichtbar macht. Das Magische Theater ist nicht nur als ein intertextueller Verweis auf den Bildungsroman in der Tradition des *Wilhelm Meister* zu verstehen, die Chiffre des Bühnenraums eröffnet die Möglichkeit, das vielschichtig-komplexe innerseelische Geschehen im Raum eines Textes zu objektivieren.

Vor diesem Hintergrund erschließt sich auch die Funktion und Bedeutung Hermines, Marias und Pablos, die zwar als Figuren einer textimmanenten Realität erscheinen und als solche – die Turmgesellschaft aus Goethes *Wilhelm Meister* zitierend – die Entwicklung Harry Hallers lenken, jedoch nichts anderes darstellen als Manifestationen des Unbewussten, die als Figurationen des dualistischen Anima/Animus-Konzeptes Carl Gustav Jungs Repräsentationen seiner ungelebten inneren Möglichkeiten sind. Im spannungslösenden Höhe- und Schlusspunkt des Textes wird der psychische Konflikt des Ich-Erzählers aufgelöst. Die sein bisheriges Leben schmerzhaft disponierende Dichotomie von Mensch und Steppenwolf wird in den Spiegelungen des Theaters aufgehoben und weicht der Einsicht in die Vielschichtigkeit und Vielgestaltigkeit der eigenen Persönlichkeit.

> Ohne Zweifel haben Sie ja längst erraten, daß die Überwindung der Zeit, die Erlösung von der Wirklichkeit, und was immer für Namen Sie Ihrer Sehnsucht geben mögen, nichts andres bedeuten als den Wunsch, Ihrer sogenannten Persönlichkeit ledig zu werden. Sie ist das Gefängnis, in dem Sie sitzen. (GW VII,368; SW IV,166)

Individualpsychologisch gelesen, vermitteln die Schlussszenen im Magischen Theater die Erkenntnis, dass der Identitätskonflikt des Individuums nicht bipolar determiniert ist und nur gelöst werden kann, indem der Einzelne, wie Harry Haller, die »hunderttausend Figuren des Lebensspiels« (GW VII,413; SW IV,203) als ihm zugehörig begreift und annimmt, jede Facette des Selbst in das Sein und Werden der Persona integriert. Wenn das Magische Theater als eine Chiffre für das Unbewusste im Sinne C. G. Jungs gelesen werden kann, bedeutet dies auch, dass nicht nur das Vergangene, aus dem Bewusstsein Abgesunkene und Verdrängte, manifest wird; die Spiegelungen und theatralischen Erscheinungen – die *Hochjagd auf Automobile*, die *Anleitung zum Aufbau der Persönlichkeit*, das *Wunder der Steppenwolfdressur*, *Alle Mädchen sind dein* und *Wie man durch Liebe tötet* – sind zugleich das Reservoir zukünftiger psychischer Situationen, die bereits in der Erinnerung enthalten sind. Die Chiffre des Theaters meint damit auch die Katharsis des Helden, die aus dem Leiden erwachsende Möglichkeit zu Läuterung und Wandlung.

Als psychologischer Roman ist der *Steppenwolf* zugleich ein Zeitroman. Diesen Aspekt betont Hesse nach Erscheinen des Werkes in einem Brief an Erhard Bruder aus dem Oktober 1928: »Und so ist die Verzweiflung Harrys keineswegs nur die an sich selbst, sondern die an der Zeit« (GB II,198). Obwohl dem Einzelheldschema verpflichtet, ist Harry Haller keine Persönlichkeit in der Tradition des psychologischen Romans des 19. Jahrhunderts. Der individuelle Konflikt dieser Figur hat, indem er den Widerspruch zwischen dem idealistischen Individualismus und dem mechanistischen Weltbild der Moderne spiegelt, eine paradigmatische, auf die Zeit rekurrierende Bedeutung und reflektiert zugleich das Entstehen individueller wie kollektiver Neurosen durch das die Ausbildung und Entwicklung der einzelnen Persönlichkeit unterdrückende, die repressiven Mechanismen und Strukturen des Staates wie der Gesellschaft prägende autoritäre Erziehungssystem im späten 19. und frühen 20. Jahrhundert. Bereits zu Beginn des Werkes, im *Vorwort des Herausgebers*, wird der Leser mit dieser für das Verständnis der Persönlichkeit zentralen Diagnose konfrontiert.

> Obgleich ich über das Leben des Steppenwolfes sehr wenig weiß, habe ich doch allen Grund zu vermuten, daß er von liebevollen, aber strengen und sehr frommen Eltern und Lehrern in jenem Sinne erzogen wurde, der das »Brechen des Willens« zur Grundlage der Erziehung macht. Dieses Vernichten der Persönlichkeit und Brechen des Willens nun war bei diesem Schüler nicht gelungen, dazu war er viel zu stark und hart, viel zu stolz und geistig. Statt seine Persönlichkeit zu vernichten, war es nur gelungen, ihn sich selbst hassen zu lehren. (GW VII,191; SW IV,14)

Werkgeschichtlich betrachtet, ist der *Steppenwolf*, sowohl auf das entwicklungspsychologische Thema wie die paradigmatisch ausgeführten Figuren bezogen, eine Weiterentwicklung und Fortschreibung der früheren Romane. Während jedoch Hans Giebenrath in *Unterm Rad* an dem streng religiösen und moralisch repressiven Erziehungssystem seiner Zeit zerbricht, legen die autoritären Normen, innerhalb derer Harry Haller sozialisiert worden ist, den Grundstein für die Ausbildung seiner schizophrenen Persönlichkeit. *Unterm Rad* ist die Geschichte eines Einzelnen, der an seiner Zeit scheitert, der *Steppenwolf* hingegen ist der Versuch, aus einer kulturkritischen Diagnose Möglichkeiten zu entwickeln, dieses Scheitern zu überwinden. Literaturgeschichtlich stehen sowohl Harry Haller als auch Hans Giebenrath damit im Kontext eines individualpsychologischen und zugleich zeitsymptomatischen Konfliktes, den im frühen 20. Jahrhundert bereits Thomas Mann im *Tonio Kröger*, Robert Musil in den *Verwirrungen des Zöglings Törless* oder Rainer Maria Rilke in den *Aufzeichnungen des Malte Laurids Brigge* literarisch bearbeitet haben. Die kritische Auseinandersetzung mit den negativen Implikationen der bürgerlichen Moralvorstellungen für den Einzelnen spiegelt sich jedoch nicht erst in dem in der Literatur des frühen 20. Jahrhunderts wiederholt aufgegriffenen Konflikt zwischen Außenseitertum und Bürgertum, sondern bereits in den kulturkritischen Reflexionen Friedrich Nietzsches und anderer Philosophen des späten 19. Jahrhunderts. Indem das *Vorwort des Herausgebers* mehrfach, im Kontext der einführenden Betrachtungen über die Person und den Charakter Harry Hallers, auf Nietzsche Bezug nimmt, wird bereits zu Beginn deutlich, dass das Werk auch als ein Diskurs über dessen in der zweiten Hälfte des 19. Jahrhunderts formulierten zeitkritischen Reflexionen gelesen werden kann. So gibt der anonym bleibende Neffe der Vermieterin Harry Hallers am Ende seines Vorwortes eine Bemerkung Harry Hallers wieder: »Eine Natur wie Nietzsche hat das heutige Elend um mehr als eine Generation voraus erleiden müssen, – was er einsam und unverstanden auszukosten hatte, das erleiden heute Tausende« (GW VII,204; SW IV,24).

Als ein Innerer Monolog ist *Der Steppenwolf* eine Reflexion über die das abendländische Bewusstsein spaltende Dichotomie des Dionysischen und Apollinischen, die Nietzsche in der Tradition der frühen Romantik in seiner 1872 veröffentlichten Schrift *Die Geburt der Tragödie aus dem Geiste der Musik* ausgearbeitet hat. Bereits während ihres ersten Gespräches im Tanzlokal formuliert Hermine diesen Gegensatz: »Ideal und tragisch lieben, o Freund, das kannst du gewiß vortrefflich, ich zweifle nicht daran, alle Achtung davor! Du wirst nun lernen, auch ein wenig gewöhnlich und menschlich zu lieben« (GW VII,316; SW IV,123). Schon in seiner 1870 entstandenen Betrachtung über die *Dionysische Weltanschauung* führt Nietzsche die griechische Kunst auf den auf die Gottheiten Apollo und Dionysos rekurrierenden Stilgegensatz zurück. Indem er zwischen einem auf Form, Ordnung und Begrenzung gerichteten und einem rauschhaft entgrenzenden, die Individualität aufhebenden Prinzip unterscheidet, akzentuiert er den auf die Antike bezogen ahistorisch applizierten, aber für die Moderne symptomatischen Widerspruch von Schönheit und Bedeutung. Zum einen exemplifiziert Hermann Hesse diesen Dualismus an den inneren Konflikten Harry Hallers, indem er dem sublimierten Idealismus des Menschen die ungezähmte Wildheit und zügellose Triebhaftigkeit des Steppenwolfes entgegenstellt. Zum anderen verweist das Ende des *Steppenwolfs* im »Figurenspiel« (GW VII,413; SW IV,203), vor dem Hintergrund der *Geburt der Tragödie* gelesen, auf die ambivalente Natur des Dionysos. Diese Doppelnatur ist bereits in der Parallelführung des Figurenpaars Hermine und Harry angelegt. So bemerkt Hermine, nachdem Harry zum ersten Mal mit Maria getanzt hat:

»Ich verzweifle nicht, Harry. Aber am Leben leiden – o ja, darin bin ich erfahren. Du wunderst dich, daß ich nicht glücklich bin, weil ich doch tanzen kann und mich an der Oberfläche des Lebens so gut auskenne. Und ich, Freund, wundere mich, daß du vom Leben so enttäuscht bist, da du doch gerade in den schönsten und tiefsten Dingen heimisch bist, im Geist, in der Kunst, im Denken! Darum haben wir einander angezogen, darum sind wir Geschwister. Ich werde dich lehren, zu tanzen und zu spielen und zu lächeln, und doch nicht zufrieden zu sein. Und werde von dir lernen, zu denken und zu wissen, und doch nicht zufrieden zu sein. Weißt du, daß wir beide Kinder des Teufels sind?« (GW VII,314–315; SW IV,122)

Hesse folgt dem Gedanken Nietzsches, für den das Primat der theoretischen Erkenntnis – welches das sokratische Denken prägt und über die Aufklärung zum mechanistischen Weltbild der Moderne führt – zugleich die tragische Einsicht in die eingeschränkte Möglichkeit, die Welt rational zu verstehen, bedingt. Doch während Nietzsche diesen Widerspruch in der spätromantischen Musik Richard Wagners aufgehoben sieht, formuliert der *Steppenwolf* die These, dass der moderne Mensch nur in einer klassisch-überzeitlichen Kunst – paradigmatisch durch Mozart und Goethe repräsentiert – Trost finden kann. In dem Gespräch mit Mozart im Magischen Theater reflektiert der Text die Synthese des tragischen und des komischen, des sokratischen und des mythischen, des menschlichen und des göttlichen Prinzips, die Nietzsche anstrebt. Dass der Text dem erkenntnistheoretischen Problembewusstsein dieses Ansatzes folgt, zeigt sich, als Mozart über das durch das Medium des Radios entstellte und verzerrte *Concerto grosso* in F-Dur von Georg Friedrich Händel zu Harry Haller bemerkt: »Wenn Sie dem Radio zuhören, so hören und sehen Sie den Urkampf zwischen

Idee und Erscheinung, zwischen Ewigkeit und Zeit, zwischen Göttlichem und Menschlichem« (GW VII,407; SW IV,199). Durch den symbolischen Mord Harrys an Hermine im Magischen Theater wird Nietzsches Synthesegedanke keineswegs unterlaufen. Indem der Akt des Tötens zu einer Spiegelung wird, zu einer Phantasmagorie des psychischen Innenraums, gelangt Harry Haller zu der Einsicht, dass er die Abgründe seines Inneren »nochmals und noch oft zu durchwandern« (GW VII,413; SW IV,203) hat, bevor er die Heiterkeit der Unsterblichen erreicht. So sagt Pablo nach dem Mord Harry Hallers: »Du hast dich da arg vergessen, du hast den Humor meines kleinen Theaters durchbrochen und eine Schweinerei angerichtet, du hast mit Messern gestochen und unsre hübsche Bilderwelt mit Wirklichkeitsflecken besudelt« (GW VII,412; SW IV,203). Die Kunst überwindet die Wirklichkeit durch die Leichtigkeit der Imagination. Bevor Harry Haller das Magische Theater betritt, lässt Pablo ihn in einen Wandspiegel blicken, der die scheinbar fest umrissene Persönlichkeit fragmentiert und in ihre Entwicklungsstufen auflöst. Indem der Text die Individuation, die Konturierung des Ich zu einer sich ihrer selbst bewussten Persönlichkeit symbolisch zurücknimmt, variiert er den Gedanken Nietzsches, der im 10. Paragraphen der *Geburt der Tragödie* die Kunst als eine Hoffnung bezeichnet, die durch die Individuation entstandene Absonderung und Vereinsamung zu überwinden und zu der »Einheit alles Vorhandenen« zu finden. Damit werden die Erscheinungen des Magischen Theaters nicht nur zu Spiegelungen und Projektionen des psychischen Innenraumes Harry Hallers, sondern zu einer Allegorie der Kunst.

Andererseits betrachtet Hesse im *Steppenwolf* diesen Konflikt auch im Hinblick auf religionsphilosophische Implikationen. In der zeitgenössischen Rezeption wie der Forschung ist diese für das Verständnis des Textes wichtige Perspektive wenig beachtet worden, obwohl Hesse selbst mehrfach auf den Aspekt hingewiesen hat. So notiert er im Januar 1933 an Horst Schwarze: »Nehmen Sie aus dem ›Steppenwolf‹ das mit, was nicht nur Zeitkritik und Zeitproblematik ist: den Glauben an den *Sinn*: an die Unsterblichen« (GB II,366). Und in einem Brief vom 4. Mai 1931 schreibt er:

> Man muß an Stelle der Zeitgötzen einen Glauben setzen können. Das habe ich stets getan, im »Steppenwolf« sind es Mozart und die Unsterblichen und das magische Theater, im »Demian« und im »Siddhartha« sind dieselben Werte mit andern Namen genannt.
> Mit dem Glauben an das, was Siddhartha die Liebe nennt, und mit Harrys Glauben an die Unsterblichen kann man leben, dessen bin ich sicher. Man kann mit ihm nicht nur das Leben ertragen, sondern auch die Zeit überwinden. (AB 53)

Harry Haller ist, wie die Figuren in den vorangegangenen Romanen Hesses, ein Suchender. Wenngleich der *Steppenwolf* primär die Selbstwerdung des Individuums thematisiert sowie die sie disponierenden kulturellen, sozialen und zeitgeschichtlichen Einflüsse, kann er zugleich als eine Betrachtung über das Potential des Religiösen in einem atheistischen Zeitalter gedeutet werden. Während der Text einerseits der Entfremdung des modernen Menschen nachspürt, während er die Anonymität und Vereinsamung des Einzelnen in der Stadt thematisiert und damit auch im literaturgeschichtlichen Kontext der Großstadtromane Rainer Maria Rilkes oder Alfred Döblins zu lesen ist, ist er zugleich eine Reflexion über die Möglichkeit des Glaubens und die Sinnhaftigkeit der menschlichen Existenz in einer nach dem Tod Gottes sinn- und haltlos gewordenen Welt. In diesem Sinne ist der *Steppenwolf* auch eine Ausführung und Weiterentwicklung der bereits im *Siddhartha* gestellten Fragen. Wenn die Spiegelungen des

Magischen Theaters die Individuation aufzuheben vermögen, so meint die visionäre Lebensreise Harry Hallers, das Erleben vergangener, ungelebter und zukünftiger Lebensabschnitte, ihre erneute, sich verdichtende Gegenwart, auch den Sieg über die Zeit. »Zum Frommsein braucht man Zeit«, sagt Hermine in ihrem ersten Gespräch zu Harry Haller, »man braucht sogar noch mehr: Unabhängigkeit von der Zeit!« (GW VII,287; SW IV,99.) Damit spiegeln die Phantasmagorien des Magischen Theaters nicht nur die von dem buddhistischen Gedanken des Nirwana inspirierte Vorstellung einer Überwindung des Selbst, sondern auch die zeitlose Kontinuität des Geistigen, die transzendente Dimension der Kunst. Die Leichtigkeit der Unsterblichen, die schwebende Heiterkeit, der Harry Haller in der Traumgestalt Goethes ebenso begegnet wie in dem Spiegelbild Mozarts, ist eine Chiffre für die endlich besiegte Zeit. Endlich besiegte Zeit – das ist am Ende des *Steppenwolfs* Hermann Hesses Definition von Kunst.

Die Apotheose der Kunst ist jedoch nicht vor dem Hintergrund des bildungsbürgerlichen Idealismus des 19. Jahrhunderts zu verstehen, sondern im Kontext des an der Grenze zwischen Einsamkeit und Verlassenheit oszillierenden Bewusstseins der Moderne.

> Der Ruhm existiert nur so für die Bildung, er ist eine Angelegenheit der Schullehrer. Der Ruhm ist es nicht, o nein! Aber das, was ich Ewigkeit nenne. Die Frommen nennen es Reich Gottes. Ich denke mir: wir Menschen alle, wir Anspruchsvolleren, wir mit der Sehnsucht, der Dimension zuviel, können gar nicht leben, wenn es nicht außer der Luft dieser Welt auch noch eine andre Luft zu atmen gäbe, wenn nicht außer der Zeit auch noch die Ewigkeit bestünde, und sie ist das Reich des Echten. Dazu gehört die Musik von Mozart und die Gedichte deiner großen Dichter,

es gehören die Heiligen dazu, die Wunder getan, die den Märtyrertod erlitten und den Menschen ein großes Beispiel gegeben haben. Aber es gehört zur Ewigkeit ebenso das Bild jeder echten Tat, die Kraft jedes echten Gefühls, auch wenn niemand davon weiß und es sieht und aufschreibt und für die Nachwelt aufbewahrt. Es gibt in der Ewigkeit keine Nachwelt, nur Mitwelt. (GW VII,343; SW IV,145–146)

Auch im *Steppenwolf* zeigt sich die für Hesses Denken charakteristische Synthese abendländischer und morgenländischer Traditionen. In dem Bild des leidenden Menschen findet er den leidenden Gott, sowohl im Sinne des die Schmerzen der Individuation an sich erfahrenden Gottes Dionysos, in seiner lachenden und weinenden Doppelnatur, als auch im Sinne des Mensch gewordenen, leidenden christlichen Gottes. Im Nachwort zu der 1941 veröffentlichten Schweizer Ausgabe des Werkes betont Hesse, »daß das Buch zwar von Leiden und Nöten berichtet, aber keineswegs das Buch eines Verzweifelten ist, sondern das eines Gläubigen« (GW XI,53; SW IV,207). Das Leben bezieht seinen Wert und seinen Sinn aus der Möglichkeit, das leidhafte Bewusstsein des Selbst und der Welt in der und durch die Kunst zu transzendieren. Damit weist Hesse auch in diesem Werk einen anderen Weg aus der schmerzhaften, in dem rationalistischen Atheismus der Aufklärung wurzelnden modernen Erkenntnis der Einsamkeit. Indem das Schlussbild des *Steppenwolfs* die Balance hält zwischen literarischem Erzählen und philosophischer Betrachtung, zwischen der dichterischen Verwandlung individualpsychologischer Konflikte und Zeitsymptomatik, zwischen religiöser und erkenntnistheoretischer Reflexion, zwischen Vision und Illusion, akzentuiert der Text die eschatologische Bedeutung der Kunst, deren freundliche Täuschung das zersplitterte Bewusstsein der Moderne erneut zu einem bedeutungsvollen Ganzen zusammenzufügen vermag.

Im Gegensatz zu den früheren Werken fand der *Steppenwolf* bei der zeitgenössischen Kritik eine ambivalente Aufnahme. Während ein großer Teil des Lesepublikums kritisch-ablehnend reagierte, wurde das Werk von den Intellektuellen und Literaten der Zeit positiv aufgenommen. So schreibt der konservative *Literarische Ratgeber für die Katholiken in Deutschland* 1927: »Sein Buch bleibt eine giftige, gefährliche Wirrnis, giftig in seiner ungezügelten Sinnlichkeit, gefährlich in seiner radikalen und ätzenden Verneinung aller Lebenswerte, eine Wirrnis abstruser, schillernder und paradoxer Ideen« (U 115). Kurt Pinthus hingegen notiert in einer im Berliner *8 Uhr-Abendblatt* am 2. Juli 1927 erschienenen Rezension:

> Ich lese den *Steppenwolf*, dies unbarmherzigste und seelenzerwühlendste aller Bekenntnisbücher, düsterer und wilder als Rousseaus »Confessions«, die grausamste Geburtstagsfeier, die je ein Dichter sich selbst zelebrierte: aus Selbstbesinnung Selbstvernichtung schaffend: ein Dokument vom Untergang des alten Menschen, der alten Zeit, die weder eine Zeit ist noch Zeit hat, sondern zwischen zwei Zeiten mit großem Gepolter versinkt. Einsam, feindlich und ungerecht steht Hesse gegen unsre Zeit; aber nicht haßvoll anklagend, sondern leidend als zerrissener Sonderling, die Fetzen seines Wesens in ihrem lärmenden Sturm flattern lassend. Ein echt deutsches Buch, großartig und tiefsinnig, seelenkundig und aufrichtig; analytischer Entwicklungsroman mit romantischer Technik, romantischen Wirrnissen wie die meisten großen deutschen Romane und wie die meisten Bücher Hermann Hesses. (U 115)

Damit zeigen sich in der Wirkungsgeschichte des *Steppenwolfs* in den späten zwanziger Jahren die im Werk selbst thematisierten Verwerfungen des geistesgeschichtlichen Paradigmenwechsels der Moderne. Während die konservative Presse auf Hesses Abkehr von seinen neoromantischen Anfängen ablehnend reagiert, zeigt sich in den positiven Urteilen der jungen Intellektuellen der Zeit, dass es dem fünfzigjährigen Schriftsteller mit dem *Steppenwolf*, wie bereits mit dem 1919 veröffentlichten *Demian*, gelungen ist, die für die Epoche symptomatischen Konflikte literarisch zu reflektieren. So urteilt der expressionistische Schriftsteller Alfred Wolfenstein in der *Weltbühne*:

> Weniger der einzelne Lebende als diese Welt leidet an jener Schizophrenie. Und da es bei der Spaltung des heutigen Ich nicht um das Doppelgängerspiel der Romantik geht, auch nicht um die weltschmerzliche Zerrissenheit des Byron-Menschen, da es vielmehr die Vorstufe zu einer wohl grandiosern Zusammenführung der Menschen ist als die Erde je gesehen hat: so wird auch die Dichtung, diese wesentlichste, menschlichste Äußerungsart, das starke Motiv in einer unmittelbarern Wirklichkeitsform als je behandeln, wie es im »Steppenwolf« schon geschehen ist. (MSt 275)

Trotz der zum Teil kritischen Aufnahme des *Steppenwolfs* durch die Literaturkritik folgten der ersten Auflage in Höhe von 15000 Exemplaren bis 1928 drei Neuauflagen mit insgesamt 20000 Exemplaren. Die Jahre der nationalsozialistischen Herrschaft zwischen 1933 und 1945 bilden eine Zäsur in der Wirkungsgeschichte des *Steppenwolfs* wie auch der übrigen Werke und Schriften Hesses in Deutschland.

Eine intensive Rezeption des *Steppenwolfs* beginnt erst wieder in den späten fünfziger Jahren. Maßgeblich hierfür waren weniger der Hermann Hesse 1946 zuerkannte Literaturnobelpreis oder der Friedenspreis des Deutschen Buchhandels, den der Autor 1955 erhielt, sondern das wachsende Interesse, das die Gegenkultur der jungen amerikanischen Generation in den späten fünfziger und frühen sechziger Jahren dem Werk entgegenbrachte. Der Außenseiter Harry Haller wurde zu einer Symbolfigur für eine antibürgerliche Protesthaltung und eröffnete – als Vertreter eines radikalen Individualismus – der von der zunehmenden Ideologisierung und Militarisierung im Kontext des Kalten Krieges wie des Vietnamkrieges von der amerikanischen Politik enttäuschten Generation Möglichkeiten der Identifikation. Vor diesem Hintergrund wurde das Werk weniger als eine kritische Reflexion über die geistesgeschichtlichen Umbrüche der Moderne gelesen, vielmehr als die individualpsychologische Entwicklungsgeschichte eines Menschen, der mit den bürgerlichen Konventionen bricht und einen individuellen Weg zur Ausbildung der eigenen Persönlichkeit sucht. Für die Hippie- und Flower-Power-Bewegung wurde der *Steppenwolf* als Werk der Selbsterfahrung, des Pazifismus und Nonkonformismus, des politischen Protestes und der gesellschaftlichen Revolte zu einem Kultbuch, was sich nicht zuletzt in den Schriften des an der Harvard University lehrenden amerikanischen Psychologen Timothy Leary zeigt, der die Erscheinungen Harry Hallers im Magischen Theater als ein psychedelisches trans-ego-Erlebnis deutet und die Lektüre des Werkes vor LSD-Trips empfiehlt. Über den Erfolg des Werkes bei der jungen Generation der sechziger und siebziger Jahre schreibt Heinrich Schirmbeck 1972 in der *Frankfurter Rundschau*:

> […] das allein aber würde Hesse für die jungen Anhänger der neuen Sensibilität, die trotz ihrer Berufung auf die großen philosophischen und religiösen Lehrer der Gewaltlosigkeit nur scheinbar dem Verhalten der politisch-radikaleren Gruppen widersprechen, nicht so interessant machen, wenn er nicht in dem 1927 erschienenen *Steppenwolf* ein existentielles

> Brevier des Anarchismus geliefert hätte, eine Dichtung, die damals als faszinierende Studie über die Schizophrenie eines verklemmten Kleinbürgers gelesen wurde, inzwischen aber im Lichte einer zum Kampf gegen die technologischen und Klassenzwänge entschlossenen Neuen Linken ihre latente Sprengkraft erwiesen hätte. (U 119)

Als das Interesse an dem Werk ab Mitte der siebziger Jahre mit dem Ende des Vietnamkrieges und der damit verbundenen Prostete abnahm, gehörte der *Steppenwolf* zu den meistgelesenen Werken der deutschen Literatur in der angloamerikanischen Welt und hatte über die Beachtung durch die amerikanischen Leser auch in Deutschland wieder ein großes und interessiertes Publikum gefunden.

Narziß und Goldmund

Narziß und Goldmund sind die Namen zweier ungleicher Freunde, die einander im Kloster Mariabronn begegnen. Während Narziß, der sich als Novize auf das Klosterleben vorbereitet, ein frühreifer, intellektualistischer Gelehrter ist, der trotz seiner Jugend bereits in der Klosterschule unterrichtet, ist der nur um wenige Jahre jüngere Goldmund, den sein Vater als Sühne für das ausschweifende und unmoralische Leben der Mutter zum Mönch bestimmt hat, ein ebenso sinnlich-lebensfroher wie verträumter Knabe. Die beiden gegensätzlichen, einander komplementären Charaktere fühlen sich zueinander hingezogen und entwickeln eine von dem gütigen und klugen Abt Daniel wie von den Schülern und Lehrern der Klosterschule kritisch beobachtete Freundschaft. In gemeinsamen Gesprächen führt der psychologisch geübte Narziß Goldmund zu der Einsicht, dass das angestrebte mönchische Leben dem sinnlich-künstlerischen Temperament des Freundes nicht gemäß ist. Als Goldmund in der Heide für den heilkundigen Pater Anselm Johanniskraut für die Klosterapotheke pflückt, kommt es zu einer erotisch erfüllenden Begegnung mit der Zigeunerin Lise. Goldmund beschließt, das Kloster heimlich zu verlassen und durch die Welt zu wandern. In den ersten Jahren der Wanderschaft erlebt er die Freiheit und die Ungebundenheit des Landfahrerlebens, die Schönheit der Natur und das Beglückende der geschlechtlichen Liebe ebenso wie die Schrecken der Einsamkeit, des Hungers und der Kälte. Einige Winterwochen verbringt er auf dem Anwesen eines Ritters, dessen lateinische Manuskripte er redigiert. Er verliebt sich in dessen älteste Tochter Lydia und verspürt zugleich ein erotisches Begehren nach ihrer jüngeren Schwester Julie. Nachdem der Vater die beginnende Liebesbeziehung entdeckt, muss Goldmund das Gut verlassen. Auf seiner weiteren Wanderung begegnet er dem Landstreicher Viktor. Als dieser in der Nacht versucht, ihn umzubringen und auszurauben, tötet Goldmund den Gefährten in Notwehr. In einer Klosterkirche legt Goldmund die Beichte ab. Berührt von der formvollendeten Schönheit einer Marienstatue, vor der er betet, entsteht in ihm der Wunsch, die Erlebnisse und Erfahrungen seiner Wanderung künstlerisch zu verarbeiten. In der nahegelegenen Bischofsstadt wird er von Meister Niklaus, dem Schöpfer des Marienbildnisses, als Schüler aufgenommen. Während der Zeit, die er in der Werkstatt des Bildhauers verbringt, vollendet er eine Statue des Apostels Johannes, in die er die Züge seines Freundes Narziß legt. Als Meister Niklaus, beeindruckt von dem künstlerischen Wert der Arbeit, ihn der Zunft als Meister vorschlagen will und ihm seine Tochter zur Frau anbietet, lehnt Goldmund ab und begibt sich erneut auf Wanderschaft. Er trifft auf den Rompilger Robert, der sich ihm anschließt. Gemeinsam müssen sie erleben, wie die Pest Dörfer und Städte verwüstet und ganze Landstriche veröden lässt. Zusammen mit dem Mädchen Lene, das Goldmunds Geliebte wird, verbringen sie den Sommer in einer Hütte im Wald. Hier tötet Goldmund erneut einen Landstreicher, der versucht, Lene zu vergewaltigen. Als das Mädchen ebenfalls an der Pest erkrankt, flieht Robert, und Goldmund pflegt die Sterbende. Nach ihrem Tod kehrt er, erschüttert von der Grausamkeit der Pest und der Allgegenwart der Vergänglichkeit, in die Stadt zurück, wo er die Werkstatt des Bildhauers geschlossen findet – auch Meister Niklaus ist tot. In den Tagen, die er in der Stadt verbringt, kommt es zu einer erotischen Beziehung mit der schönen Agnes, der Geliebten des Statthalters Heinrich, die Goldmund als den Höhepunkt seiner Liebesbeziehungen begreift. Als sie entdeckt wird, wird er gefangen gesetzt und zum Tode verurteilt. Narziß, der zwischenzeitlich zum Abt des Klosters Mariabronn aufgestiegen ist und im Auftrag seines Ordens politische Verhandlungen mit dem Grafen Heinrich führt, erwirkt Goldmunds Freilassung und nimmt den von der Gefangenschaft gezeichneten Freund mit sich ins Kloster. Wieder in Mariabronn, richtet Goldmund eine Bildhauerwerkstatt ein und fertigt eine Kanzel für das Refektorium des Klosters, in deren Bildern und Szenen er die Erfahrungen und Begegnungen seiner Wanderschaft künstlerisch verwandelt. Nachdem er für eine nahe gelegene Wallfahrtskirche eine Marienplastik, in deren Zügen er seine Erinnerungen an die Ritterstocher Lydia hineinlegt, vollendet hat, bricht er noch einmal zu einer Wanderung auf, stürzt jedoch vom Pferd und kehrt alt und gebrochen nach Mariabronn zurück. Die Gespräche vor Goldmunds Tod kontrastieren ein letztes Mal die sinnlich-künstlerische und die kontemplativ-vergeistigte Lebensführung der beiden ungleichen Freunde.

Die Erzählung *Narziß und Goldmund* wurde 1930 in dem Berliner Verlag Samuel Fischers veröffentlicht, der Hermann Hesses Werk seit dem Erscheinen des *Peter Camenzind* im Jahr 1904 betreut hat. Schon im April

1927, nur wenige Monate nach dem Abschluss des *Steppenwolf*-Manuskriptes, beginnt Hesse in Montagnola mit der Arbeit an dem neuen Prosawerk. Ein Brief aus dem April 1932 an Helene Welti belegt, dass der Autor sich bereits während der Niederschrift des *Steppenwolfs* mit dem Thema des neuen Werkes beschäftigt hat. Er schreibt: »So war es besonders beim Goldmund, dessen Problem (d. h. der Kern seines Stoffes) mich schon volle 1½ Jahre, noch während der Arbeit am ›Steppenwolf‹, im Innern beschäftigte, ehe die erste, mißglückte und später vernichtete Niederschrift anfing« (GB II,332). Die zweite Fassung entstand von Sommer 1928 bis Ende Januar 1929 in Baden, Zürich und St. Moritz. Der Hauptteil des Manuskriptes wurde jedoch in Montagnola geschrieben, wo auch die Reinschrift erfolgte, die Hesse am 9./10. April an seinen Berliner Verleger schickte. Die Journalfassung erschien in Fortsetzungen vom Oktober 1929 bis April 1930 mit dem Untertitel *Geschichte einer Freundschaft* in der *Neuen Rundschau*. Der Buchdruck folgte im Juli 1930.

Begleitet wird die Arbeit an *Narziß und Goldmund* von verschiedenen selbstreflexiven Texten, in denen Hesse zum einen die Bedeutung der Erzählung im Kontext seines bisherigen Werkes thematisiert und zum anderen über den im Werk gestalteten Konflikt nachdenkt. So schreibt er in einem *Arbeitsnacht* überschriebenen Aufsatz aus dem Dezember 1928, kurz vor Abschluss des Manuskriptes:

> War dies abendliche Schreiben, dies langsame Gestalten einer Figur, die mir vor bald zwei Jahren einst als Vision erschienen war – war diese verzweifelte, beglückende, aufreibende Arbeit wirklich sinnvoll und notwendig? War es notwendig, daß dem Camenzind, dem Knulp, dem Veraguth, dem Klingsor und dem Steppenwolf nun nochmals eine Figur folgte, eine

> neue Inkarnation, eine etwas anders gemischte und anders differenzierte Verkörperung meines eigenen Wesens im Wort? (GW XI,82; SW XII,125)

Die Selbstdeutung seines Werkes als ein Monolog über die entwicklungspsychologischen Krisen des Individuums, die von der zeitgenössischen Literaturkritik wie der wissenschaftlichen Forschung aufgegriffen wurde, spiegelt sich auch in den 1953 entstandenen autobiographischen *Engadiner Erlebnissen*. Indem Hesse *Narziß und Goldmund* nach der erneuten Lektüre als Seelenbiographie interpretiert, akzentuiert er einerseits die Bedeutung der Erzählung in der Tradition der pietistischen Bekenntnisliteratur, andererseits ist die retrospektive Einschätzung ein Versuch, den Text werkgeschichtlich zu kontextualisieren. Nachdem Peter Suhrkamp ein Exemplar der Neuauflage der Erzählung nach Sils Maria geschickt hatte, notiert Hesse:

> Es fiel mir vor allem wieder einmal auf, wie die meisten meiner größeren Erzählungen nicht, wie ich bei ihrer Entstehung glaubte, neue Probleme und neue Menschenbilder aufstellten, wie das die wirklichen Meister tun, sondern nur die paar mir gemäßen Probleme und Typen variierend wiederholten, wenn auch von einer neuen Stufe des Lebens und der Erfahrung aus. (GW X,343–344; SW XII,613)

Die Geschichte von Narziß und Goldmund changiert auf eine eigentümliche Weise zwischen der einseitigen Idealisierung einer archaisch-naturnahen, antiintellektuellen Existenz in der Nachfolge der individualistisch-antibürgerlichen Landstreicherromane des frühen 20. Jahrhunderts und der Tradition des Entwicklungs- und Künstlerromans, der die innerseelische und lebensweltliche Entwicklung eines Künstlers psychologisch darstellt. Als

Künstlerroman kontrastiert die Erzählung in den Figuren Narziß' und Goldmunds die Gegensätzlichkeit der asketisch-spiritualistischen und der sinnlich-schöpferischen Weltsicht und thematisiert in den Figuren Goldmunds und Meister Niklaus' die polare Spannung zwischen der künstlerisch-kreativen Erlebniswelt des Subjekts und dem lebenspraktischen Anspruch einer bürgerlichen Gesellschaft. Die für die Gattung des Künstlerromans charakteristische Erfahrung der Alterität spiegelt sich in dem Landfahrerleben Goldmunds, der sowohl im Kloster wie in der Werkstatt des Bildhauers ein Fremder bleibt. Doch während in den Künstlerromanen der deutschen Romantik – formal wie inhaltlich ist Hesses Erzählung Ludwig Tiecks *Franz Sternbalds Wanderungen* ebenso verpflichtet wie Joseph von Eichendorffs *Ahnung und Gegenwart* – die aus der Erfahrung des Fremdseins erwachsende tragische Zerrissenheit des Individuums als Bedingung und Voraussetzung künstlerischer Kreativität thematisiert wird, sind die Wanderungen Goldmunds eine Chiffre für den Weg zu sich selbst. Während der romantische Künstlerroman implizit auf eine poetologische Programmatik verweist, richtet sich das Erkenntnisinteresse der Erzählung Hesses auf das Problem der ontologischen Bedeutung der Kunst und auf eschatologische Fragestellungen. Und im Gegensatz zum Künstlerroman der deutschen Klassik, der nach einer Aussöhnung von künstlerischer Natur und lebensweltlichen Ansprüchen strebt, sowie der in den Werken der Romantik programmatisch gestalteten Unabhängigkeit des Künstlers von der bürgerlichen Norm rekurriert *Narziß und Goldmund* auf die Genieästhetik des Sturm und Drang und postuliert die soziale Freiheit und moralische Ungebundenheit des kreativ-schöpferischen Menschen.

Das psychologische Moment des Künstlerromans wird sowohl durch den Rekurs auf die Gattung des historischen Romans als auch durch das in der Tradition der Romantik auf das Mittelalter verweisende Sujet grundiert.

Mehr als Formen und Motive jedoch sind die Sprache und der Inhalt der Erzählung von den Zeitgenossen wie der wissenschaftlichen Kritik als ein später Reflex der neuromantischen Anfänge Hesses diskutiert worden. Damit kehrt der Schriftsteller nach dem formalen Experiment des *Steppenwolfs* in dem nachfolgenden Werk zu einer Form des epischen Erzählens zurück, die seit der Romantik zu einem für die deutsche Literatur des 19. Jahrhunderts spezifischen Merkmal geworden ist. Sowohl die Korrespondenz innerseelischer Zustände mit Landschaftsbildern und Naturbeschreibungen als auch die semantischen und syntaktischen Strukturen, die an den Schreibstil des frühen 19. Jahrhunderts erinnern, erscheinen im Kontext der Literatur der zwanziger Jahre des 20. Jahrhunderts als ein historisches Zitat. Verglichen mit dem *Steppenwolf*, den einige Jahre zuvor veröffentlichten Werken Franz Kafkas, den zur gleichen Zeit entstandenen Romanen Alfred Döblins oder den Texten der jungen expressionistischen und dadaistischen Schriftsteller und Dichter der Nachkriegsgeneration, wirkt die romantische Schreibart der Erzählung Hesses anachronistisch und epigonal. Dass Hesse selbst in der *Arbeitsnacht* diesen Aspekt thematisiert, zeigt jedoch, dass *Narziß und Goldmund* nicht als ein verspätetes Werk der Neuromantik oder des wilhelminischen Biedermeier zu lesen ist, sondern als ein wichtiger programmatischer Beitrag zum poetologischen Selbstverständnis des Autors.

Mit *Narziß und Goldmund* verfasst Hesse ein Werk, das auf die Ursprünglichkeit der Literatur als anthropologischem Reflexionsraum verweist. Weil die vorangegangenen Werke – von *Peter Camenzind* bis zum *Steppenwolf* – von der zeitgenössischen Kritik als literarische Gestaltungen lebens- und entwicklungsgeschichtlicher Konflikte des Autors gedeutet worden sind, versetzt Hesse in *Narziß und Goldmund* die autobiographische Nachdenklichkeit in eine fiktiv-zeitlose Vergangenheit. Indem der Text durch das historische Sujet den eigenen literaturgeschichtlichen Ort hinterfragt und die inhaltliche wie formale Bedingtheit von der Tradition akzentuiert, kann er zum absoluten Ausdruck der Summe des Erfahrenen und Gelebten des Autor-Ichs werden, die in die Imagination zurückerzählt wird. Das literarische Kunstwerk spiegelt auf diese Weise den Beginn aller Kunst als Möglichkeit wider, die individuellen und kollektiven Erfahrungen von Wirklichkeit abstrahierend zu reflektieren und in den Bereich der Fiktion zu übertragen. Vor diesem Hintergrund erschließt sich die von Hesse selbst präferierte biographische Deutung seiner literarischen Werke nicht nur als Attitüde der Selbststilisierung und als Vexierspiel zwischen Dichtung und Wahrheit, sondern als eine bewusste und zugleich bescheiden-demütige Unterordnung des Autors als Schöpfer fiktionaler Welten unter das Prinzip anthropologischer Konstanz in der Verarbeitung und Aneignung von Welt und individuellem Sein.

Dass die neoromantischen Elemente des Werkes von der bildungsbürgerlichen Literaturkritik der zwanziger Jahre positiv aufgenommen wurden, ist charakteristisch für die vielschichtigen, zwischen dem Aufbruch einer jungen und dem Revanchismus einer älteren Generation changierenden literarischen Tendenzen der Weimarer Republik. Dass Hermann Hesse jedoch im Ton einer romantischen Künstlergeschichte zugleich einen erotischen Roman schreibt, wirkte auf das bildungsbürgerliche Lesepublikum der Zeit verstörend und ist von der literarischen Kritik wie der wissenschaftlichen Forschung bis in die fünfziger Jahre kritisch betrachtet worden. Das ablehnende Urteil in Bezug auf die im Vergleich zu Werken der französischen Literatur zurückhaltend gestaltete Erotik zeigt jedoch, dass die Erzählung das vielleicht einzige Werk der deutschen Literatur des 19. und frühen 20. Jahrhunderts ist, das den erotischen Künstlerroman Wilhelm Heinses fortschreibt, dessen Wirkungsgeschichte ebenfalls von einer grundlegenden, von den normativen moralischen Paradigmen der klassischen Ästhetik geprägten Skepsis gegenüber dem Erotisch-Sinnlichen in der Literatur disponiert worden ist.

Indem *Narziß und Goldmund* als Erzählung an die Gattungskonventionen des Romans anknüpft und dessen tradierte Schreibweisen zitiert, lenkt der Text die Lesererwartung auf die gattungsspezifischen Möglichkeiten der Gestaltung des Erzählstoffes. Was Hesse mit dieser epischen Struktur sichtbar macht, ist der Zusammenhang der Dinge, der auf keine Weltanschauung, kein Weltbild und keinen Glauben rekurriert, sondern eine offene und diskursive Denkweise und Weltsicht künstlerisch gestaltet, die aus dem Nachdenken über die Kontinuität und Diskontinuität des eigenen Lebens und Werkes erwächst. Das Prinzip der Intertextualität weist über das Zitat der formalen Struktur hinaus und trägt sowohl psychologische als auch poetologische Bedeutung. Durch die intertextuelle Bezogenheit auf unterschiedliche Gattungsdiskurse und literaturgeschichtliche Traditionen reflektiert der Text eines der – im Kontext des philosophischen Paradigmenwechsels der Moderne – zentralen Probleme der abendländischen Geistesgeschichte. Indem das für Hesse werkgeschichtlich charakteristische Element der Freundschaftsgeschichte, verglichen mit der psychologisch präzisen Schilderung des komplementären Verhältnisses von Emil Sinclair und Demian und der analytischen, von Sigmund Freud wie Carl Gustav Jung herausgestellten Betrachtungsweise des *Steppenwolfes*, nur paradigmatisch ausgeführt wird, spiegelt sich in den Titelfiguren der Dualismus von Spiritualismus und Sensualismus, der Gegensatz von *vita contemplativa* und *vita activa*. In dem Mönch Narziß und dem Vagabunden Goldmund – aber auch in den Orten der Handlung – der geistlichen Gemeinschaft des Klosters einerseits und der sinnlich gefahrvollen Welt des Landfahrerlebens andererseits – thematisiert die Erzählung die von Wilhelm Heinse wie

Friedrich Nietzsche diskutierte Dichotomie des Apollinischen und Dionysischen. Während jedoch der *Steppenwolf* als Versuch gelesen werden kann, die Dialektik eines formal begrenzten, geordneten, auf den Gott Apoll rekurrierenden und eines rauschhaft-entgrenzenden, schöpferischen, auf Dionysos verweisenden Prinzips zu einer Synthese zu führen, führt *Narziß und Goldmund* beide Paradigmen parallel und belässt sie im Nebeneinander. Während der *Steppenwolf* die in die Neurose führende Schizophrenie der Moderne in der Figur Harry Hallers verdichtet, gestaltet *Narziß und Goldmund* die Dichotomie des Rational-Analytischen und des Emotional-Intuitiven in der Polarität des väterlichen und mütterlichen, des männlichen und des weiblichen Prinzips in zwei aufeinander bezogenen Figuren. Gegen Ende der Erzählung, während Goldmund an der Treppe zum Lesepult des klösterlichen Refektoriums arbeitet, kommt es zu einem Gespräch mit Narziß, das eben jenen für die komplementäre Beziehung der Freunde konstitutiven Widerspruch reflektiert.

> »Du solltest mich nicht beneiden, Goldmund. Es gibt keinen Frieden, so, wie du es meinst. Es gibt den Frieden, gewiß, aber nicht einen, der dauernd in uns wohnt und uns nicht mehr verläßt. Es gibt nur einen Frieden, der immer und immer wieder mit unablässigem Kämpfen erstritten wird und von Tag zu Tag neu erstritten werden muß. Du siehst mich nicht streiten, du kennst weder meine Kämpfe beim Studium, noch kennst du meine Kämpfe in der Betzelle. Es ist gut, daß du sie nicht kennst. Du siehst nur, daß ich weniger als du Launen unterworfen bin, das hältst du für Frieden. Es ist aber Kampf, es ist Kampf und Opfer wie jedes rechte Leben, wie das deine auch.«
> »Wir wollen darüber nicht streiten. Auch du siehst meine Kämpfe nicht alle. Und ich weiß nicht, ob du

verstehen kannst, wie mir ums Herz ist, wenn ich daran denke, daß nun bald dieses Werk hier fertig sein wird.« (GW VIII,299; SW IV,513–514)

Als literarischer Text wie als philosophische Reflexion über die von Friedrich Nietzsche herausgestellte Spaltung des Bewusstseins in der Moderne kann Hesses Erzählung als eine von der wissenschaftlichen Psychoanalyse sowie der indischen und chinesischen Erkenntnistheorie gleichermaßen beeinflusste Aporie gelesen werden. Die Einsicht in die Unmöglichkeit, zu einer Lösung der das Individuum schmerzhaft disponierenden Widersprüche zu gelangen, hat zum einen eine für das Alter charakteristische, resignative Tendenz, zum anderen spiegelt sie die bereits mit der Figur Harry Hallers im *Steppenwolf* erreichte Erkenntnis, dass die Polarität von Natur und Geist dem nachaufklärerischen Denken immanent ist.

Diese Antinomie wird narratologisch durch den Wechsel des Blickpunktes, den der personale Erzähler am Ende vollzieht, erzeugt. Dieser bleibt zwar medial und tritt nicht in das Bewusstsein des Lesers; während jedoch die Perspektive in den ersten 18 Kapiteln auf Goldmund konzentriert ist, lenkt der Erzähler die Aufmerksamkeit in den letzten beiden Kapiteln auf Narziß. Die Erlebnisse der letzten Wanderung erschließen sich dem Freund Narziß wie dem Leser nur bruchstückhaft durch die Erzählung Goldmunds. »Die ganze Geschichte seiner letzten Reise kam nie zutage. Einzelnes erzählte er, manches ließ sich erraten« (GW VIII,313; SW IV,525). Der Perspektivenwechsel erzeugt eine Distanz zu den zuvor akzentuierten Modi einer sinnlich-künstlerischen Aneignung der Welt, und sie betont die kontemplativ-vergeistigte Weltsicht.

Der davongerittene Freund ließ ihm Zeit zu seinen Gedanken. […] Je länger Goldmund ausblieb, desto mehr sah Narziß, was er an ihm gehabt hatte. Er hatte einige gelehrte Patres im Hause, einen Kenner des Plato, einen vorzüglichen Grammatiker, einen oder zwei subtile Theologen. Er hatte unter den Mönchen einige treue, redliche Seelen, denen es Ernst war. Aber er hatte keinen seinesgleichen, keinen, an dem er sich ernstlich messen konnte. Dies Unersetzliche hatte nur Goldmund ihm gegeben. Es nun wieder entbehren zu müssen, fiel im schwer. Mit Sehnsucht dachte er an den Entfernten. (GW VIII,307–308; SW IV,521)

Indem die Erzählung inhaltlich wie narratologisch die eine wie die andere Position relativierend kontrastiert, verweist sie zum einen auf die implizit bereits in den Titelfiguren angelegte dialektisch-polare Grundkonstellation, welche die beiden Freunde als unvermeidliche Komplemente betrachtet. Zum anderen entsteht der reflexive Charakter des Textes durch die Verwendung des epischen Präteritums, das in der Retrospektive eine fiktionale Gegenwart des Erzählgeschehens erzeugt. Indem der Erzähler bilanzierend die Summe aus dem Geschehen zieht, relativierend und vorurteilsfrei, nicht mehr auf das Leben hoffend, nicht mehr um das Zukünftige bangend, sondern in der Gegenwart seiend und wissend, spiegelt die Erzählhaltung die den Text leitmotivisch prägende Dialektik von Leben und Tod. Dass sich die Bedeutung der Freundschaftsgeschichte von ihrem Ende erschließt, korrespondiert mit der Einsicht, dass auch das Leben seine Bedeutung, seinen Sinn aus dem Ende bezieht.

Die Dichotomie von Leben und Tod manifestiert sich ebenfalls in den die Erzählung kontrapunktisch strukturierenden Bildern der geschlechtlichen Lust und des Schmerzes. Das Gesicht einer gebärenden Bäuerin konfrontiert Goldmund bereits am Beginn seiner Wanderungen mit dieser Analogie. »Wunderbar, ohne daß er begriff warum, überraschte ihn diese Einsicht, daß Lust und Schmerz einander ähnlich sein konnten wie Geschwister« (GW VIII,134; SW IV,377). Nach den eindringlichen Bildern des Pesttodes betrachtet Goldmund eine klösterliche Totentanzdarstellung und reflektiert erneut über die ebenso geheimnisvolle wie erschreckende Korrespondenz: »Mochte der Tod für andere ein Krieger, ein Richter oder Henker, ein strenger Vater sein – für ihn war der Tod auch eine Mutter und Geliebte, sein Ruf ein Liebeslocken, seine Berührung ein Liebesschauer« (GW VIII,227; SW IV,454). Der in eins fließende Ausdruck des Schmerzes und der Wollust, des Abschieds und der Gegenwart, den Goldmund in den Gesichtern der liebenden, gebärenden und sterbenden Frauen beobachtet, verdichtet sich schließlich in den verlöschenden Zügen der pestkranken Geliebten Lene.

> Sie starb ohne zu klagen, es war nur ein kurzes Zukken, dann stand der Atem still, und es lief ein Hauch über die Haut, bei dem Anblick wogte ihm das Herz, und es fielen ihm die sterbenden Fische ein, die er oft auf dem Fischmarkt gesehen und bedauert hatte: gerade so waren sie erloschen, mit einem Zuck und mit einem leisen wehen Schauder, der über ihre Haut lief und den Glanz und das Leben mitnahm. (GW VIII,223; SW IV,450)

Indem Goldmund am Ende der Erzählung den Ausdruck der Sterbenden in einer Zeichnung festhält, eröffnet der Text eine hermeneutische Reflexion über das Geschehene und transzendiert zugleich die gelebte Erfahrung in den Bereich der Abstraktion, verdichtet »die schmerzliche Bilderwelt der Erinnerungen« (GW VIII,252; SW IV,475) zu einem Werk der Kunst.

> Er zeichnete viele Male das Gesicht Lenes, wie es nach dem Tod jenes Landstreichers voll Befriedigung, Liebe und Mordlust gelächelt hatte, und das Gesicht Le-

> nes, wie es in ihrer letzten Nacht geworden war, begriffen schon im Hinüberschmelzen ins Formlose, in der Rückkehr zur Erde. (GW VIII,242; SW IV,466)

Narziß und Goldmund ist wie *Demian* die Geschichte einer Freundschaft, wie *Roßhalde* ein Künstlerroman und wie *Unterm Rad* eine Klostergeschichte, viel mehr aber ist die Erzählung ein Monolog über die existentielle Verunsicherung des Menschen in der Moderne. Während die vorangegangenen Werke Hesses in der Tradition des Bildungs- und Entwicklungsromans gelesen werden können, reflektiert die Geschichte der ungleichen Freunde, indem sie über die dialektische Bezogenheit des Lebens auf den Tod, des Werdens auf das Vergehen nachdenkt, die ontologische Bedeutung der Kunst für die Daseinsbewältigung des Menschen. Während die früheren Werke die individualpsychologischen Auswirkungen einer letztlich zwar komplementären, zunächst aber schmerzhaft dialektisch erfahrenen Gegensätzlichkeit der Erscheinungen beleuchten, liegt das Erkenntnisinteresse der Erzählung weniger im Bereich der Psychologie als im Bereich der Poetologie. Goldmund werden die philosophischen Fragen, die seinen psychischen Konflikten zugrunde liegen, in der Werkstatt des Bildhauers Niklaus bewusst: »Das war es, was Traum und höchstes Kunstwerk Gemeinsames hatten: das Geheimnis« (GW VIII,188; SW IV,422).

Als ein Buch über den Tod und die Vergänglichkeit ist *Narziß und Goldmund* eine poetologische Reflexion über die Transzendenz. »Wir Denker suchen uns Gott zu nähern, indem wir die Welt von ihm abziehen«, sagt Narziß am Ende zu Goldmund und fährt fort: »Du näherst dich ihm, indem du seine Schöpfung liebst und nochmals erschaffst« (GW VIII,298; SW IV,513). Sowohl Narziß, der in der Tradition der Scholastik und der Aufklärung nach dem Sinn des Seins sucht, als auch Goldmund, dessen Lebenswanderung der Versuch ist, durch die physische Erfahrung der Lust und des Schmerzes die Bedeutung des Menschen zu ergründen und in ein Werk der Kunst zu transformieren, sind als ein literarischer Reflex auf die ontologische Verzweiflung, welche die Moderne seit Friedrich Nietzsches Postulat vom Tod Gottes disponiert, zu lesen. Dass der Text als Versuch gedeutet werden kann, eine Antwort auf den Atheismus zu finden, zeigt sich in dem letzten Gespräch, das Narziß und Goldmund führen. Goldmund sagt über das Sterben:

> Aber ich bin wirklich neugierig darauf. Nicht auf das Jenseits, Narziß, darüber mache ich mir wenig Gedanken, und wenn ich es offen sagen darf, ich glaube nicht mehr daran. Es gibt kein Jenseits. Der verdorrte Baum ist tot für immer, der erfrorene Vogel kommt nie wieder zum Leben und ebensowenig der Mensch, wenn er gestorben ist. Man mag noch eine Weile an ihn denken, wenn er fort ist, aber das dauert ja nicht lange. (GW VIII,316; SW IV,528)

Die Antwort, welche die Freunde auf je ihre Weise finden, ist bereits in den kunsttheoretischen Überlegungen des *Steppenwolfs* angelegt. »Vielleicht«, denkt Goldmund, »ist die Wurzel aller Kunst und vielleicht auch alles Geistes die Furcht vor dem Tode« (GW VIII,160; SW IV,399). *Narziß und Goldmund* schreibt den in den Spiegelungen des Magischen Theaters gestalteten Gedanken fort, dass die Überwindung der Vergänglichkeit in den Werken der Kunst möglich ist.

> Es war die Überwindung der Vergänglichkeit. Ich sah, daß aus dem Narrenspiel und Totentanz des Menschenlebens etwas übrigblieb und überdauerte: die Kunstwerke. Auch sie vergehen ja wohl irgendeinmal, sie verbrennen oder verderben oder werden wieder zerschlagen. Aber immerhin überdauern sie

> manches Menschenleben und bilden jenseits des Augenblicks ein stilles Reich der Bilder und Heiligtümer. Daran mitzuarbeiten scheint mir gut und tröstlich, denn es ist beinahe ein Verewigen des Vergänglichen. (GW VIII,276; SW IV,494–495)

Auch deshalb ist die Erzählung von einer in der ersten Hälfte des 20. Jahrhunderts historisch gewordenen spätromantischen Sprache geprägt. Sie nimmt das Geschehen, das Erzählen, das Schreiben aus der Zeit. Der narratologische Anachronismus korrespondiert mit der Erkenntnis Goldmunds, dass die Kunst nicht nur einen Sieg über die Zeit bedeutet, sondern Unabhängigkeit von der Zeit. Damit hinterfragt der Text implizit auch das für die Moderne zentrale Paradigma der emanzipatorischen Funktion der Kunst. *Narziß und Goldmund* dekonstruiert sowohl das Ästhetik wie Kunsttheorie seit dem Sturm und Drang prägende Konzept des Originalgenies als auch das in der abendländischen Philosophie seit der Aufklärung diskutierte Fortschrittsprinzip. Im Rekurs auf tradierte Motiv- und Gattungsdiskurse kehrt Hesse zu den ästhetischen Anschauungen des Abendlandes vor dem Paradigmenwechsel der Neuzeit zurück. Die von den Vorstellungen des mittelalterlichen Zunftwesens geprägte Werkstatt des Meisters Niklaus ist eine Chiffre für ein Kunstideal, das nicht den Künstler und den kreativen Prozess akzentuiert, sondern das Kunstwerk, das den Wert der künstlerischen Arbeit nicht an ihrer inhaltlich wie formal emanzipatorischen Differenz zu dem Vorangegangenen misst, sondern an der »kunstvollen« Variation und Ausdifferenzierung eines tradierten Themas. Die Rückkehr Hesses zu den romantischen Anfängen seines Erzählens ist nicht die formale Resignation eines alternden Schriftstellers, sondern beinhaltet das Bekenntnis zur Zeitlosigkeit der Kunst.

Auch auf dieser Ebene führt *Narziß und Goldmund* zwei einander ausschließende Auffassungen parallel und belässt sie in der Paradoxie des Nebeneinander. Das Paradigmatische der Figurenkonzeption, das die Bedeutung des Individuums für die Qualität des Kunstwerkes hinterfragt, kontrastiert mit dem von Sigmund Freud in der Psychoanalyse entwickelten Gedanken des Kreativen als Prozess der Sublimation.

> Als Jüngling, als ich noch dein Schüler war, hatte ich den Wunsch, ein so geistiger Mensch zu werden wie du. Du hast mir gezeigt, daß ich nicht dazu berufen war. Dann warf ich mich auf die andere Seite des Lebens, auf die Sinne, und die Frauen haben es mir leicht gemacht, dort meine Lust zu finden, sie sind so willig und gierig. Doch möchte ich ja nicht verächtlich von ihnen sprechen und auch nicht von der Sinnenlust, ich bin sehr oft glücklich gewesen. Und ich habe auch das Glück gehabt zu erleben, daß die Sinnlichkeit beseelt werden kann. Daraus entsteht die Kunst. Jetzt aber sind beide Flammen erloschen. Ich habe das tierische Glück der Wollust nicht mehr – und ich hätte es auch nicht, wenn die Frauen mir noch heute nachliefen. Und Kunstwerke zu schaffen, ist auch nicht mehr mein Wunsch, ich habe genug Figuren gemacht, es kommt auf die Zahl nicht an. Darum ist es für mich Zeit zu sterben. (GW VIII,315–316; SW IV,527–528)

Im Sinne eines Zeitromans schreibt *Narziß und Goldmund* die poetologischen wie philosophischen Positionen des *Steppenwolfes* fort und ist als eine kritische Bestimmung der geistesgeschichtlichen Disposition der eigenen Gegenwart zu lesen. Die Antwort, die Hesse auf Nietzsche zu geben versucht, indem er den Einzelnen zeigt, der durch das Kunstwerk einen Dialog zwischen dem Unbewussten und dem Bewusstsein erreicht, der als Künstler daran arbeitet, etwas von der »inneren Welt zu retten und nach außen zu stellen« (GW VIII,252; SW IV,475), ist eine Synthese psychoanalytischer und religionsphilosophischer Elemente. Das Paradox einer Darstellung überindividueller Prinzipien in individuell entwickelten literarischen Figuren, das bereits im *Demian* angelegt ist, ist die Kontrafaktur des Mythos eines siegreichen Helden, der in der epischen Tradition das Bewusstsein versinnbildlicht. Während Alfred Döblin oder Elias Canetti den Tod des individuellen Helden, den Untergang des Bewusstseins in der Auflösung des Individuums in der Anonymität der Großstadt, im kollektiven Phänomen der Masse thematisieren und damit die für die Moderne konstitutive Erfahrung der Spaltung gestalten, akzentuiert *Narziß und Goldmund* durch das Zurücktreten des Menschen im Bild die Gleichwertigkeit des Bewussten und Unbewussten. Die Erzählung variiert diesen Gedanken nicht nur in den gegensätzlichen, aufeinander bezogenen Titelfiguren, sondern auch in Goldmunds symbolischer Suche nach der Mutter. Indem sich ihm am Ende die Mutter im psychischen Innenraum des Selbst erschließt, nimmt der Text die moderne Spaltung des Bewussten und des Unbewussten symbolisch zurück.

> Es ist seit manchen Jahren mein liebster und geheimnisvollster Traum gewesen, eine Figur der Mutter zu machen, sie war mir das heiligste von allen Bildern, immer trug ich es in mir herum, eine Gestalt voll Liebe und voll Geheimnis. Vor kurzem noch wäre es mir ganz unerträglich gewesen zu denken, daß ich sterben könnte, ohne ihre Figur gemacht zu haben; mein Leben wäre mir unnütz erschienen. Und nun sieh, wie wunderlich es mit mir gegangen ist: statt daß meine Hände sie formen und gestalten, ist sie es, die mich formt und gestaltet. Sie hat ihre Hände um mein Herz und löst es los und macht mich leer, sie hat mich zum Sterben verführt, und mit mir stirbt auch mein Traum, die schöne Figur, das Bild der großen Eva-Mutter. (GW VIII,319; SW IV,530–531)

Hermann Hesses Antwort auf Friedrich Nietzsche ist die Kunst, die als ein Spiegel der gegensätzlichen Natur des Menschen die chthonische Polarität nicht aufhebt, sondern Natur und Geist als Komplemente begreift.

Bereits die zeitgenössische Kritik hat in *Narziß und Goldmund* eine Reflexion über die Zeitlosigkeit der Kunst erkannt. So bezeichnet Max Herrmann-Neiße in der *Literarischen Welt* das Werk als eine »im besten Sinne des Wortes – Poesie, unzeitgemäße Poesie« (U 137). Und nach der Veröffentlichung des Journaldruckes schreibt Thomas Mann im Vorwort zum Katalog *Utländska Böcker 1929*:

> Hesses neuer Roman *Narziß und Goldmund*, der in der »Neuen Rundschau« zu erscheinen begonnen hat, setzt mit großer sprachlicher Schönheit ein und scheint in einer mittelalterlichen Zeitlosigkeit zu schweben, die dem poetischen Bedürfnis dieses der rohen Aktualität widersprechenden Geistes entspricht, ohne darum seine schmerzliche Fühlung mit den Problemen der Gegenwart zu verleugnen. (U 139)

Den bereits von Paul Rilla 1930 in den *Breslauer Neuesten Nachrichten* herausgestellten Einfluss Hesses »unter den Schreiern einer lärmenden Zeitgemäßheit« (U 135) betrachtet Thomas Mann in der 1948 veröffentlichten Einleitung zur amerikanischen Ausgabe des *Demian*. Thomas Mann diskutiert in der Retrospektive zum einen die vielschichtigen Traditionen, denen das Werk verpflichtet ist, und reflektiert zum anderen über die Bedeutung der Erzählung im philosophischen Diskurs der Moderne.

> Das Verhältnis dieses schwäbischen Lyrikers und Idyllikers zur Sphäre der Wiener erotologischen »Tiefenpsychologie«, wie es sich etwa in *Narziß und Goldmund*, einer in ihrer Reinheit und Interessant-

heit durchaus einzigartigen Romandichtung, kundgibt, ist ein geistiges Paradoxon der anziehendsten Art. (U 139)

Die Morgenlandfahrt

1932, zwei Jahre nach *Narziß und Goldmund*, erscheint *Die Morgenlandfahrt* ebenfalls im Berliner Verlag Samuel Fischers. Bereits einige Monate nach dem Abschluss des Goldmund-Manuskriptes beginnt Hermann Hesse in der zweiten Hälfte des Jahres 1929 in Montagnola mit der Arbeit an der Erzählung, die er jedoch erst im April 1931 in Zürich abschließen kann. Im Juli und September des selben Jahres erfolgt der Vorabdruck des Werkes in der von Martin Bodmer und Herbert Steiner herausgegebenen Zweimonatsschrift *Corona*.

Die Morgenlandfahrt erzählt aus der Perspektive des Musikers H. H. in der ersten Person die Geschichte der überzeitlichen, imaginären Gemeinschaft der Morgenlandfahrer, deren ethisch-moralische Paradigmen dem Gedankengut des Humanismus verpflichtet sind. Das Konzept eines Bundes, das motivisch – an eine ins Mythische verlagerte Kreuzfahrergemeinschaft erinnernd – sowohl auf die Turmgesellschaft aus Goethes Roman *Wilhelm Meister* als auch auf Achim von Arnims *Kronenwächter* und E. T. A. Hoffmanns *Serapionsbrüder* rekurriert, steht in der Nachfolge des Phantastisch-Wunderbaren der Romantik. So gehören der Gemeinschaft der Morgenlandfahrer nicht nur fiktive Figuren an, wie Tristram Shandy aus Lawrence Sternes gleichnamigem Roman, Adalbert Stifters Witiko, Miguel Cervantes' Don Quijote und Figuren aus Hesses eigenen Werken, wie Hermann Lauscher, Klingsor, Pablo oder Goldmund, sondern auch Gestalten der Musik- und Literaturgeschichte sowie reale Menschen der Gegenwart, u. a. die romantischen Schriftsteller Novalis, Clemens

Brentano und E. T. A. Hoffmann, der Komponist Hugo Wolf, der Maler Paul Klee und Hesses spätere Frau Ninon Ausländer. Das Ziel der Morgenlandfahrt ist kein geographischer Ort, sondern eine zeitlose, geistige Reise in die Tiefe des kollektiven Erinnerungsraumes, dessen idealistisch-abstrakte Konzeption deutliche Züge der platonischen Ideenlehre trägt.

In den ersten beiden Kapiteln der Erzählung unternimmt der Musiker H. H. den Versuch, die Erlebnisse der vor Jahren begonnenen und unter seltsamen Umständen beendeten Morgenlandfahrt aufzuschreiben. Er muss jedoch feststellen, dass die Ereignisse ihm auf eine ebenso sonderbare wie befremdende Weise nur fragmentarisch erinnerlich sind. Er berichtet von dem Beginn der Reise, die, anders als der Titel der Erzählung vermuten lässt, nicht ins Morgenland führt, sondern bereits mit dem Verschwinden des Dieners Leo in Oberitalien ein Ende findet. Höhepunkt der Reisebeschreibung sind die Begegnungen und Gespräche im schweizerischen Schloß Bremgarten. Als H. H. zu der Einsicht gelangt, dass sein Versuch, eine Chronologie und einen Zusammenhang der Ereignisse erzählerisch festzuhalten, nicht gelingt, sucht er den befreundeten Journalisten Lukas auf, der ihn durch ein Adressregister auf die Spur des verschwundenen Dieners Leo führt. Der Erzähler beobachtet einige Tage abwartend die Wohnung Leos. Als es in einem Park zu einem Gespräch zwischen den beiden kommt, gibt dieser jedoch vor, H. H. nicht wiederzuerkennen. In der darauffolgenden Nacht schreibt der verzweifelte Musiker einen Brief an Leo. Am nächsten Morgen erwachend, findet H. H. Leo mit einem Auftrag des Bundes der Morgenlandfahrer in seiner Wohnung vor. Leo begleitet ihn zum Tagungshaus und Archiv der Gemeinschaft, die der Ich-Erzähler über lange Zeit aufgelöst und verschollen glaubte. Vor der Versammlung der Bundesbrüder klagt H. H. sich selbst an, die Gemeinschaft verlassen zu haben. Zu seiner Überraschung wird er nicht verurteilt, sondern der Schweigepflicht bezüglich des Geheimnisses der Morgenlandfahrer entbunden. Zudem wird ihm, zur weiteren Arbeit an dem Bericht über die Reise der Gemeinschaft, das Archiv des Bundes zur Verfügung gestellt. Nachdem H. H. erkennt, dass die Morgenlandfahrt nicht an dem Verschwinden Leos gescheitert ist, sondern an seiner eigenen Untreue gegenüber den Idealen und Prinzipien der Brüderschaft, wird er erneut in den Bund aufgenommen. Die Erzählung schließt mit dem hermetischen Symbol einer Figur, die er im Bundesarchiv in der Akte findet, die seine eigene Mitgliedschaft dokumentiert. In ihrem doppelten Charakter erkennt H. H. das Bildnis seiner selbst und dasjenige Leos, die, sich überlagernd, unmerklich ineinander übergehen.

Indem die Erzählung das Realitätsprinzip aufhebt und sowohl die Kontinuität von Raum und Zeit hinterfragt als auch die Grenze zwischen realem und imaginärem Geschehen auflöst, folgen die unwahrscheinlichen Ereignisse, weil sie ursächlich miteinander verknüpft werden, einer textimmanenten, phantastischen Kausalität, die für die Gattung des Märchens charakteristisch ist. Bereits kurz nach der Veröffentlichung der Erzählung bezeichnet Hermann Hesse selbst in einem für einen Prospekt des Fischer Verlages entstandenen Aufsatz das Werk als ein »Märchen« (GW XI,89; SW XII,224). Zugleich schreibt die Erzählung in der Überwindung des Rational-Logischen die surrealistische Bildlichkeit des Magischen Theaters fort. Während jedoch die phantastische Überwirklichkeit des *Steppenwolfs* die unbewussten Mechanismen des psychischen Innenraums des Individuums beleuchtet, kann der vielschichtig-komplexe Symbolismus und metaphorische Mystizismus der *Morgenlandfahrt* zugleich als ein Diskurs über das Potential epischen Erzählens gelesen werden. Wie bereits die indische Legende *Siddhartha* und der historische Roman *Narziß und Goldmund* – indem sie das epische Geschehen aus dem Kontext der Gegenwart nehmen – die Möglichkeit eröffnen, die geistesgeschichtlichen Diskurse der Moderne aus der Perspektive eines räumlich wie zeitlich fernen Geschehens zu beleuchten, ist die Überzeitlichkeit der *Morgenlandfahrt* der Versuch – das Erzählen in den zeitlosen Raum des Vergangenen wie des Gegenwärtigen, des Realen wie des Fiktionalen verlagernd – zu einem anderen Modus der kritisch-reflexiven Auseinandersetzung mit der eigenen Epoche zu gelangen.

Werkgeschichtlich kann die Erzählung einerseits als eine Fortschreibung der in *Peter Camenzind* wie *Siddhartha* gestalteten Reflexion über die Begegnung des Einzelnen mit einer über das individuelle Leben hinausweisenden Transzendenz und deren entwicklungspsychologischen Implikationen für die menschliche Heilsaneignung gelesen werden. Andererseits verweist die *Morgenlandfahrt* bereits auf das Ideal einer der humanistischen Tradition verpflichteten Gemeinschaft, die Hesse im Orden der Glasperlenspieler Kastaliens in seinem letzten, 1943 veröffentlichten Roman gestaltet. Vor diesem Hintergrund hat die Forschung die *Morgenlandfahrt* als Präludium zum *Glasperlenspiel* und als den Übergang zum Spätwerk des Dichters gedeutet. Während die vor dem Ersten Weltkrieg veröffentlichten Romane und Erzählungen die innerseelische Problematik des Künstlers und des Heranwachsenden im Konflikt mit einer autoritären, den Einzelnen psychisch deformierenden gesellschaftlichen Ordnung thematisieren, sind die in den zwanziger Jahren entstandenen Werke Reflexionen über die Möglichkeit, zu einem Ausgleich zwischen dem Freiheitsdrang des Individuums und den normativen Ansprüchen einer gesellschaftlichen Gemeinschaft zu gelangen. Dass der Schriftsteller selbst die Auseinandersetzung mit der Frage nach der Bedeutung des Menschen als Individuum einerseits und Teil einer gesellschaftlichen Ordnung andererseits als ein zentrales Problem seines literarischen Spätwerkes verstanden hat, zeigt sich in einem Brief aus dem Mai 1936. Hesse schreibt bezugnehmend auf seine Arbeit am *Glasperlenspiel* an Peter Suhrkamp, der seit der Emigration Gottfried Bermann Fischers den Berliner S. Fischer Verlag leitet: »Neuerdings glaube ich wieder an die Weiterarbeit an meiner Dichtung. Wenn sie wird, was ich plante, so wird sie meine letzte größere Dichtung sein, und wird die letzte Phase meiner innern Existenz, die mit der ›Morgenlandfahrt‹ begann, vollends zum Ausdruck bringen« (GB III,37).

Indem jeder der Morgenlandfahrer ein eigenes Ziel verfolgt und zugleich Teil einer Gemeinschaft ist, schreibt die Erzählung den bereits im *Demian* entwickelten Gedanken einer Teilhabe des Individuums an einer Schicksalsgemeinschaft fort, welche die Individualität des Menschen bewahrt und dem Einzelnen zugleich eine Bedeutung im Kontext der Zugehörigkeit zu dem Weltganzen zuweist. »[...] jeder einzelne von uns, während er gemeinsamen Idealen und Zielen zu folgen und unter einer gemeinsamen Fahne zu kämpfen schien, trug als innerste Kraft und letzten Trost seinen eigenen, törichten Kindertraum im Herzen mit sich« (GW VIII,326; SW IV,538). Vor dem Hintergrund des radikalen Individualismus des 20. Jahrhunderts, welcher das anthropozentrische Weltbild des christlichen Deismus durch den Subjektivismus der nihilistischen Philosophie Friedrich Nietzsches ersetzt, spiegelt die *Morgenlandfahrt* den Versuch Hesses, die Vereinsamung des Individuums in der Moderne mit der Partizipation an einer kulturübergreifenden geistigen Gemeinschaft zu beantworten. Das Konzept dieser Gemeinschaft trägt – ein für Hesses Denken charakteristisches Paradox – zugleich Züge einer säkularisierten *communio sanctorum*.

Während die das Individuum schmerzhaft disponierenden Widersprüche in den Figuren Emil Sinclairs, Friedrich Kleins und Harry Hallers als Diagnose der inneren Zerrissenheit des Einzelnen Sinnbilder sind für die in die Neurose führende Dissoziation der Moderne, untersucht die *Morgenlandfahrt* weniger die Konflikte des psychischen Innenraumes, die aus der Suche nach einer Sinnhaftigkeit menschlichen Seins in einer sinnlos gewordenen Welt erwachsen, sondern reflektiert die Möglichkeit, eine Bedeutung durch das literarische Erzählen hermeneutisch zu erzeugen. Der dritte und mittlere Abschnitt der in fünf Kapitel gegliederten Erzählung dekuvriert den Bericht von den Anfängen der Morgenlandfahrt in den ersten beiden Abschnitten als gescheiterten Versuch des Erzählens. Der Ich-Erzähler denkt über die Möglichkeit bzw. die Unmöglichkeit einer homogenen, epischen Darstellung der Zusammenhänge der vor Jahren begonnenen und unter ungeklärten Umständen beendeten Morgenlandfahrt nach. Indem das sowohl durch den Titel wie den Beginn der Erzählung zunächst zentral erscheinende Motiv der Reise in den Hintergrund tritt, bildet das retrospektiv Erzählte lediglich den äußeren Rahmen für die narratologische Reflexion im zentralen dritten Kapitel. Damit hinterfragt der Text den für Hesses Werk wichtigen Aspekt des Erzählzusammenhangs und macht den literarischen Text zu einem Diskurs über die Möglichkeiten des Erzählens selbst.

> Auch wenn ich meine unerzählbare Geschichte zehnmal, hundertmal von vorn beginnen muß und immer an denselben Abgrund gerate, ich werde eben hundertmal neu beginnen; ich werde, wenn ich schon die Bilder nicht wieder in ein sinnvolles Ganze bringe, jedes einzelne Bilderbruchstück so treu wie möglich festhalten. Und ich werde, soweit dies heute noch irgend möglich ist, dabei des ersten Grundsatzes unsrer großen Zeit eingedenk sein: niemals zu rechnen, niemals mich durch Vernunftgründe verblüffen zu lassen, stets den Glauben stärker zu wissen als die sogenannte Wirklichkeit. (GW VIII,350–351; SW IV,558)

Sowohl die Verschränkung unterschiedlicher, textimmanenter zeitlicher Ebenen des Erzählens als auch die Aufhebung der distinktiven Relation von Literatur und Welt in der Literarisierung des Faktischen spiegelt den Prozess einer graduellen, formalen wie inhaltlichen Abstraktion, dessen künstlerischer Ausdruck sowohl die Handlungsarmut als auch die Begrenzung des Geschehnisraumes ist. Als Werk der Erinnerung, des Gedächtnisses und des Andenkens ist die *Morgenlandfahrt* selbstreferentiell. Die erzählerische Rede ist als ein Monolog ein hermetisches, auf den Erzähler selbst gerichtetes Soliloquium. So bemerkt H. H. im Gespräch mit seinem Freund, dem Journalisten Lukas:

> Die Wirklichkeit, welche ich samt meinen Kameraden einst erlebt habe, ist nicht mehr vorhanden, und obwohl die Erinnerungen daran das Wertvollste und Lebendigste sind, was ich besitze, scheinen sie doch so fern, sind so sehr aus einem anderen Stoff, als wären sie auf anderen Sternen in anderen Jahrtausenden geschehen, oder als wären sie Fieberträume gewesen. (GW VIII,353; SW IV,560)

Indem der Text das Geschehen aufhebt, es als erlebte Gegenwart hinterfragt und als Gedächtnisinhalt erzählend zu bewahren sucht, kontrastiert die in der Erinnerung aufgesammelte Vergangenheit mit dem Bewusstsein der Endlichkeit. In den *Maximen und Reflexionen* bezeichnet Goethe den Prozess des Alterns als ein »stufenweises Zurücktreten aus der Erscheinung« und definiert so die letzte Lebensphase als eine Zeitstrecke, in der die Dominanz des Retrospektiven durch die stetige und bewusste Begegnung mit dem Tod akzentuiert wird. Damit reflektiert er die Dialektik von Selbstentfremdung und Verselbstung als Grunderlebnis des Erzählens sowie die Umformung persönlicher Erfahrung ins Allgemeine, den Vorgang der

Umbildung des Menschlichen in seinen verschiedenen Erscheinungsformen ins Überzeitliche und Geschichtliche. Paradoxerweise ist die Abstraktion und Zeitferne der *Morgenlandfahrt* eine bewusste Konfrontation mit der Zeit durch Überhöhung dieser Zeit in eine allumfassend gültige Wertsphäre. Während das Stoffliche sich verflüchtigt und sich in dem Geschehnisraum des Textes mit dem Imaginären überlagert, verliert die Distinktion zwischen dem Realen und dem Fiktiven in der Autonomie einer zeit- und raumlosen literarischen Reflexion ihre Bedeutung. In der Zurückgezogenheit und Abgeschiedenheit, Welt- und Lebensferne spiegelt sich eine Distanz, der das Leben selbst nicht mehr wichtig ist, sondern dessen Erzählbarkeit, deren letzte Bedingung der Tod ist, die Zeit ohne Zukunft.

Wenn der Erzähler am Ende in den Akten des Bundes der Morgenlandfahrer eine »seltsame Doppelfigur« (GW VIII,389; SW IV,590) findet, in der seine eigene Gestalt und die Leos verschmelzen, ist dies zum einen als eine Variation des messianischen Erlösungsversprechens des Johannes-Evangeliums zu lesen (»Er muss wachsen, ich aber muss abnehmen«, Joh. 3,30) und zum anderen als eine Chiffre für Auflösung der Individualität. Zudem ist sie ein Sinnbild für die bereits durch die Wiederaufnahme in den Bund vollzogene Rückkehr des Erzählers in den Bereich seiner eigenen Erinnerung, deren Verlust in die Agonie einer sinnlosen Gegenwart geführt hat. Der Ich-Erzähler thematisiert diesen Konflikt bereits am Beginn seiner Aufzeichnungen:

> Denn nicht nur besitze ich heute aus der Zeit der Reise keinerlei Erinnerungsstücke mehr, keine Andenken, keine Dokumente, keine Tagebücher – nein, es ist mir in den seither verflossenen schweren Jahren des Mißgeschicks, der Krankheit und tiefen Heimsuchung auch ein großer Teil der Erinnerungen

> verlorengegangen; infolge von Schicksalsschlägen und immer neuen Entmutigungen ist sowohl mein Gedächtnis selbst wie auch mein Vertrauen in dies früher so treue Gedächtnis beschämend schwach geworden. (GW VIII,323; SW IV,535)

Die Illusion und Wirklichkeit aufhebende, Fiktion und Reflexion im Fragmentarischen verschränkende Erzählweise der *Morgenlandfahrt* ist das Protokoll einer Reise in den psychischen Innenraum eines Einzelnen, der – indem er seine Erinnerung verloren hat und diese durch das Schreiben wiederzuerlangen sucht – am Ende zu sich selbst zurückfindet. Sowohl die Morgenlandfahrt selbst als auch der retrospektive Versuch, über die Reise zu berichten, können als ein Sinnbild für den Weg des Menschen in den Bereich des Unbewussten gelesen werden. Während der Ich-Erzähler in den ersten beiden Kapiteln von der Suche berichtet, die das Ziel hat, »die schöne Prinzessin Fatme zu sehen und womöglich ihre Liebe zu gewinnen« (GW VIII,327; SW IV,538), und die, wie die Morgenlandfahrt selbst, im oberitalienischen »Morbio inferiore« scheitert, erzählen die folgenden zwei Abschnitte von der Suche nach dem verloren geglaubten Diener Leo, der erst im letzten Teil der Erzählung als der »Oberste der Obern« (GW VIII,383; SW IV,585) des Bundes der Morgenlandfahrer erkannt wird. Das doppelte Motiv der Suche, das seit dem *Demian* ein konstitutives Strukturelement der erzählerischen Prosa Hermann Hesses ist, wird in der *Morgenlandfahrt* erneut zu einem Sinnbild für den Weg des Menschen durch die Abgründe des eigenen Selbst. Indem das textimmanente Geschehen und der psychische Innenraum des Erzählers einander überlagern, chiffriert das Verschwinden Leos den Verlust der eigenen Identität. Die Verzweiflung und die Hoffnungslosigkeit des Musikers sind jedoch notwendig für die Entwicklung seiner Persona. Erst nachdem er sie prozesshaft durchlaufen hat, findet er den verloren geglaubten Diener in der Figur des Ordensoberen wieder. Die Figur, die H. H. schließlich in Händen hält, ist ein Sinnbild für den Weg ins Innere und die endliche Rückkehr in den Bereich des eigenen Selbst. Zugleich thematisiert die Erzählung in dem Gedächtnisverlust des Individuums die Erfahrung des kollektiven Verlustes der Tradition durch den auf den Fortschritt gerichteten Utilitarismus der Moderne.

Zudem kann die *Morgenlandfahrt* als eine implizite Reflexion über die Aufgabe des Dichters gedeutet werden, durch eine ästhetizistische Realitätsferne im fiktiven Erzählen die Diskurse der Gegenwart kritisch zu begleiten. Während des Gespräches in Bremgarten sagt Leo über seine Funktion für den Bund der Morgenlandfahrer: »Es ist das Gesetz vom Dienen. Was lange leben will, muß dienen. Was aber herrschen will, das lebt nicht lange« (GW VIII,342; SW IV,551). Die Figur Leos, die als ein literarischer Reflex der Auseinandersetzung des Schriftstellers mit dem Leben des Franz von Assisi und dem christlichen Konzept der dienenden Entsagung gelesen werden kann, das sich in Hesses 1904 veröffentlichter Biographie des heiligen Franz ebenso spiegelt wie in dem Roman *Peter Camenzind*, ist ein wichtiger Beitrag zum dichterischen Selbstverständnis des späten Hesse. Die doppelte Funktion als Oberster und Diener antizipiert zum einen bereits die Gestalt des Magister Ludi Josef Knecht im *Glasperlenspiel* und verweist zum anderen auf Goethes in *Wilhelm Meisters Wanderjahren* gestaltetes Konzept der Entsagung. Die der Figur Leos eingeschriebene Polarität spiegelt zudem den dialektischen Prozess, den der Schriftsteller, indem er die individuellen wie kollektiven Erfahrungen von Wirklichkeit abstrahierend reflektiert, im literarischen Werk vollzieht.

Als eine Antwort auf den Paradigmenwechsel der Moderne, auf die Übertragung des Metaphysischen in das Intellektuelle und auf die Tendenz der Moderne zum

Tendenzlos-Nützlichen und Technisch-Ökonomischen akzentuiert das Phantastisch-Wunderbare, das Surreal-Hermetische der *Morgenlandfahrt* in der Tradition des Humanismus die Literatur als einen anthropologischen Reflexionsraum, als eine geistige Reise in die zeitlose Welt einer harmonisch-idealen Kultur und als einen der wichtigsten Wege, den Menschen und die Welt zu verstehen.

Der zeitkritische Impuls des Werkes, das als Märchen, wie Hesse in einem Brief an Carlo Isenberg aus dem November 1931 betont, keine »›Flucht‹ aus dem Heute« ist, sondern »Kampf bis zum Tod« (GB II,299), wird auch von den zeitgenössischen Rezensenten betont. So schreibt Max Herrmann-Neiße im Juni 1932 in der *Literarischen Welt*:

> Hesses neue Prosadichtung ist ein Bekenntnismärchen, ein bedeutungsvolles Phantasiespiel vom tröstlichen Geheimnis der unvergänglichen Gemeinschaft des Geistes. Die Geschichte einer einzigartigen Fabelreise verwebt reizvoll Privates und Allgemeingültiges, Wunschbilder und Wirklichkeiten. Wenn es in unserer Zeit einen Wesensverwandten hat, so in Franz Kafkas allerdings düsterem, menschlich-magischem Werk. Auch in der Erzählung Hesses handelt es sich um ein imaginäres Reich, wo Unaussprechliches, Ahnungsvolles doch sehr wirksam besteht, um einen Bund, der seit Jahr und Tag keine sichtbare Existenz mehr zu haben scheint und trotzdem als höchste Instanz vom Gewissen der Seinen immer anerkannt wird, um eine Entdeckungsreise, die auf die banalen Hilfsmittel moderner Dutzendtouren verzichtet und ins Un- und Überwirkliche vorstößt. Es handelt sich um Abenteuer der Seele, des schöpferischen Gedankens, der Künstlertat. (U 147)

Während die *Morgenlandfahrt* von der literarischen wie wissenschaftlichen Kritik positiv aufgenommen wurde, blieb die Resonanz eines breiteren Lesepublikums auf die allegorisch-symbolhafte Darstellungsform der Erzählung hinter der Wirkung der vorangegangenen Werke Hesses zurück.

Das Glasperlenspiel

Über zehn Jahre, von 1931 bis 1942, arbeitet Hermann Hesse in Montagnola an seinem letzten großen Prosawerk, dem *Glasperlenspiel*, dem *Versuch einer Lebensbeschreibung des Magister Ludi Josef Knecht samt Knechts hinterlassenen Schriften*, wie der vollständige Titel des Romans lautet. Über die Entstehungsgeschichte des Werkes schreibt der Schriftsteller als Reaktion auf einen Brief, der ihn nach einer Lesung aus dem *Glasperlenspiel* erreicht, im Januar 1955 aus Montagnola an Rudolf Pannwitz:

> In den Jahren, die zwischen der ersten Konzeption und dem wirklichen Beginn der Arbeit am Buche lagen und in denen ich noch zwei andere Aufgaben zu erfüllen hatte, hat die Dichtung, die später den Namen »Glasperlenspiel« bekam, mir in wechselnden Gestalten vorgeschwebt, bald in feierlichen, bald in mehr spielerischen. Es waren für mich Jahre leidlichen Wohlergehens nach einer ernsten Lebenskrise, und es waren auch Jahre der Erholung und wiederkehrenden Lebensfreude für das vom ersten Weltkrieg erschöpfte Deutschland und Europa. Zwar war ich in politischer Hinsicht wach und mißtrauisch geworden und glaubte nicht an die deutsche Republik und die deutsche Friedfertigkeit, aber die allgemeine Atmosphäre von Zuversicht, ja Behagen tat mir doch wohl. Ich lebte in der Schweiz, kam sehr selten nach Deutschland und

habe die Hitlersche Bewegung lange Zeit nicht ernst genommen. Als sie nun aber, namentlich vom Bekanntwerden des sogenannten Boxheimer Dokumentes an, mir in ihrer Gefährlichkeit und Dynamik sichtbar wurde, und als sie gar offenkundig zur Macht gelangte, war es freilich mit meinem Behagen zu Ende. Es kam mit den Reden Hitlers und seiner Minister, mit ihren Zeitungen und Broschüren etwas wie Giftgas aufgestiegen, eine Welle von Gemeinheit, Verlogenheit, hemmungsloser Streberei, eine Luft, die nicht zu atmen war. Es bedurfte der erst um Jahre später bekannt werdenden massiven Greuel nicht, es genügte dies Giftgas, diese Entheiligung der Sprache und Entthronung der Wahrheit, um mich wieder wie während der Kriegsjahre vor den Abgrund zu stellen. Die Luft war wieder giftig, das Leben war wieder in Frage gestellt. Dies war nun der Augenblick, in dem ich alle rettenden Kräfte in mir aufrufen und alles, was ich an Glauben besaß, nachprüfen und festigen mußte. Es war etwas heraufgekommen, weit schlimmer als einst der eitle Kaiser mit seinen halbgötterhaften Generälen, und würde vermutlich zu Schlimmerem führen als zu jener Art von Krieg, die wir kennen gelernt hatten. Inmitten dieser Drohungen und Gefahren für die physische und geistige Existenz eines Dichters deutscher Sprache griff ich zum Rettungsmittel aller Künstler, zur Produktion, und nahm den schon alten Plan wieder auf, der sich aber sofort unter dem Druck des Augenblicks stark verwandelte. Es galt für mich zweierlei: einen geistigen Raum aufzubauen, in dem ich atmen und leben könnte aller Vergiftung der Welt zum Trotz, eine Zuflucht und Burg, und zweitens den Widerstand des Geistes gegen die barbarischen Mächte zum Ausdruck zu bringen und womöglich meine Freunde drüben in Deutschland im Widerstand und Ausharren zu stärken. (AB 437–438)

Bereits in dem 1924 verfassten *Kurzgefaßten Lebenslauf* spiegelt sich der Wunsch Hesses, die sein Leben wie sein literarisches Werk schmerzhaft disponierende Dichotomie von Sensualismus und Spiritualismus künstlerisch aufzulösen. Das in der autobiographischen Reflexion entworfene Konzept einer Oper hält die Balance zwischen der ironisch-distanzierten Betrachtung seiner selbst, die für die Schreibart des *Lebenslaufes* charakteristisch ist, und einer tiefen Verzweiflung, welche ihren Ausdruck in den Dualismen der in den zwanziger Jahren entstandenen literarischen Werke findet.

> Ich wollte in meiner Oper das tun, was mir in meinen Dichtungen nie ganz hatte glücken wollen: dem Menschenleben einen hohen und entzückenden Sinn setzen. Die Unschuld und Unerschöpflichkeit der Natur wollte ich preisen und ihren Gang bis dahin darstellen, wo sie durch das unausbleibliche Leiden gezwungen wird, sich dem Geiste zuzuwenden, dem fernen Gegenpol, und das Schwingen des Lebens zwischen den beiden Polen der Natur und des Geistes sollte sich heiter, spielend und vollendet darstellen wie die Spannung eines Regenbogens. (GW VI,408; SW XII,58)

Drei Jahre später, 1927, noch während der Arbeit an *Narziß und Goldmund*, beschäftigt sich Hesse bereits mit dem für sein literarisches Spätwerk zentralen Gedanken der Kontinuität alles Geistigen, der einen ersten dichterischen Ausdruck in einer überzeitlich-idealistischen Gemeinschaft in der 1932 veröffentlichten Erzählung *Die Morgenlandfahrt* findet. Dass das *Glasperlenspiel* den Morgenlandfahrern gewidmet ist, ist ein Hinweis auf die entstehungsgeschichtlich wie konzeptionell enge Verknüpfung der beiden Werke.

Die ersten Aufzeichnungen zum *Glasperlenspiel* datieren aus den frühen dreißiger Jahren. Zunächst entstehen das dem Roman vorangestellte lateinische Motto, das Gedicht »Doch heimlich dürsten wir« und der *Versuch einer allgemeinverständlichen Einführung* in das Glasperlenspiel und seine Geschichte, die der Schriftsteller bereits im Januar 1933 an Gottfried Bermann Fischer nach Berlin schickt. Während der für Hermann Hesse ungewöhnlich langen Entstehungsgeschichte des Werkes arbeitet der Schriftsteller zwischen April 1931 und April 1942 zwar mit halb- oder ganzjährigen Unterbrechungen, in denen Vorstudien und Skizzen entstehen, aber dennoch kontinuierlich an dem Manuskript des Romans. Über die Arbeit an dem neuen Werk schreibt er in einem Brief im Oktober/November 1934: »Es geht sehr langsam diesmal, mit halbjährigen und ganzjährigen Pausen. Studien habe ich manche getrieben, um meinen Plan zu nähren, der mich seit dem Fertigwerden der ›Morgenlandfahrt‹ beschäftigt und plagt« (AB 129–130). Und im Frühsommer 1935 notiert er an den Schriftsteller und Illustrator Alfred Kubin, der die buchkünstlerische Ausstattung der 1932 bei Fischer veröffentlichten *Morgenlandfahrt* besorgt hatte:

> Das »Glasperlenspiel« und der Sagenkreis rings darum ist die Welt, in der ich geistig lebe, schon seit drei Jahren und länger, es hat sich im Anschluß an die Sage von der Morgenlandfahrt allmählich dieser Vorstellungskreis in mir gebildet, und ich lebe oft in ihm, als sei er eine echte Sage oder gar Religion, und nicht meine eigene Erfindung. Aber wenn ich auch drin lebe, so geschieht es doch äußerst selten, daß ich ein paar Worte daran schreibe, die Lust am Spinnen und vor mich hin Träumen ist nicht kleiner geworden, wohl aber der Trieb zum Produzieren. (GB II,469–470)

Die unregelmäßige Folge einzelner Kapitel und Abschnitte, die in den dreißiger Jahren als Vorabdrucke in literarischen Zeitschriften veröffentlicht werden, erlauben einen präzisen Einblick in die Entstehungsgeschichte des Gesamtwerkes. So erscheint die Einleitung, nach nochmaliger Überarbeitung, in ihrer vierten und endgültigen Fassung im Dezember 1934 in der *Neuen Rundschau*. Als Vorabdrucke werden in den Folgejahren ebenfalls in der Literaturzeitschrift des S. Fischer Verlages *Der Regenmacher* (Mai 1934), *Der Beichtvater* (Juli 1936), die Gedichte »Ein Traum Josef Knechts« (Oktober 1936), »Entgegenkommen«, »Beim Lesen eines alten Philosophen« (Februar 1937) und »Der letzte Glasperlenspieler« (November 1937), *Studienjahre* (Oktober 1939), *Die Mission* (Juli 1940), *Magister Ludi* (Dezember 1940) und *Die Legende* (Juli und August 1942) veröffentlicht. Weitere Teile des Werkes erscheinen zwischen 1935 und 1939 in der von Martin Bodmer und Herbert Steiner herausgegebenen Zweimonatsschrift *Corona*, so *Die Gedichte des jungen Josef Knecht* im Juli 1935, *Die Berufung* im Juni 1938, *Waldzell* im August 1938 sowie *Zwei Orden* im Januar 1939.

Nachdem Hesse die Arbeit am *Glasperlenspiel* im April des Jahres 1942 abschließen kann, schickt er das Manuskript an Peter Suhrkamp nach Berlin, der nach Gottfried Bermann Fischers Emigration – zunächst nach Wien und nach dem »Anschluss« der österreichischen Republik an das Deutsche Reich im Jahr 1938 nach Stockholm – den in Deutschland verbliebenen Teil des S. Fischer Verlages leitet. In den Sommermonaten des Jahres 1942 bemüht sich Suhrkamp vergeblich um die notwendige Genehmigung zur Veröffentlichung des Romans und die Zuteilung von Papier für den Druck des Werkes. Der kriegsbedingte Papiermangel ist jedoch nur die offizielle Begründung für die Ablehnung des Manuskriptes: Hesses literarisches Werk ist im nationalsozialistischen Deutschland unerwünscht. Als es im November desselben Jahres in Baden bei Zürich zu einer Begegnung zwischen Hesse und seinem Verleger kommt, gibt Suhrkamp dem Autor das abgelehnte Manuskript zurück. Das Werk kann schließlich, im Einvernehmen mit Peter Suhrkamp, mit einjähriger Verzögerung im Zürcher Verlag Fretz und Wasmuth in zwei Bänden veröffentlicht werden. In Deutschland erscheint das *Glasperlenspiel* erst nach der Befreiung, ein Jahr nach dem Kriegsende, in Peter Suhrkamps neugegründetem Berliner Verlag.

Die dreißiger Jahre sind für Hermann Hesse nach den Konflikten und Krisen, die sein Leben wie sein schriftstellerisches Werk in dem Jahrzehnt nach dem Ersten Weltkrieg geprägt haben, ein innerlich wie äußerlich befriedeter Lebensabschnitt. Im Sommer 1931 zieht er aus der Casa Camuzzi, in der er seit 1919 vier Räume bewohnt hat, in das neue, oberhalb von Montagnola gelegene Haus, das der Freund und Mäzen Hans C. Bodmer dem Dichter auf Lebenszeit zur Verfügung stellt. Die neugewonnene relative finanzielle Unabhängigkeit, die regelmäßige Tätigkeit im Garten des Hauses und die selbstlose Unterstützung durch seine dritte Frau, Ninon Dolbin, geb. Ausländer, die Hesse im November 1931 heiratet, ermöglichen dem Schriftsteller die ungestörte und konzentrierte Arbeit an seinem literarischen Werk. Zugleich spiegelt sich in den zwischen 1933 und dem Abschluss des *Glasperlenspiel*-Manuskriptes im Jahr 1942 verfassten Briefen die wachsende Besorgnis und endliche Verzweiflung über den politischen Totalitarismus und die moralische Skrupellosigkeit der nationalsozialistischen Gewaltherrschaft in Deutschland, die den pazifistischen und humanistischen *homo politicus* Hesse beschäftigt und mit deren Implikationen sich auch der Schriftsteller Hesse auseinanderzusetzen hat, der sich sowohl den Angriffen emigrierter Literaten und Intellektueller als auch konservativ-nationalistischer Kräfte in Deutschland ausgesetzt sieht (s. S. 57).

Dass Hesse seinen während der dreißiger Jahre in der politischen wie ökonomischen Sicherheit der Schweiz entstandenen Altersroman als ein unmittelbar auf die Verhältnisse der eigenen Epoche bezugnehmendes Werk begreift, das mit dichterischen Mitteln eine Antwort zu geben versucht auf die geistes- wie zeitgeschichtlichen Umbrüche und Verwerfungen der Gegenwart, zeigt sich bereits in den zu Beginn seiner Arbeit verfassten Briefen und Aufzeichnungen. Wie die vorangegangenen Werke als Reflexe persönlicher Krisen und Ängste in den Lebensgeschichten individuell entwickelter, literarischer Figuren auf den Paradigmenwechsel der Moderne reagieren und im Individuellen das Kollektive widerspiegeln, ist auch das *Glasperlenspiel* ein zwar formal der Tradition der Romantik verpflichtetes und sprachlich wie konzeptionell im Kontext der Literatur der Zeit anachronistisch wirkendes Werk, zugleich jedoch ein ebenso engagierter wie bedeutsamer Versuch, in der Autonomie des literarischen Kunstwerkes eine Antwort zu finden auf die Probleme der Zeit. So schreibt Hesse am 28. Januar 1933 an Gottfried Bermann Fischer:

> [...] ich ging diesmal nicht in die Vergangenheit oder ins märchenhaft Zeitlose, sondern baute die Fiktion einer datierten Zukunft. Die weltliche Kultur jener Zeit wird die gleiche sein wie heute, dagegen wird eine geistige Kultur da sein, in der zu leben und deren Diener zu sein sicht lohnt – dies ist das Wunschbild, das ich mir da malen möchte. (GB II,367)

Während *Narziß und Goldmund* in einem imaginären Mittelalter spielt und die nachfolgend entstandene Erzählung *Die Morgenlandfahrt* das Historische und Räumliche auflöst, ist das *Glasperlenspiel* ein doppelt sich brechender utopischer Roman. Aus der Retrospektive des Jahres 2400 berichtet ein namenlos bleibender Erzähler von dem Leben des Josef Knecht, der um das Jahr 2200 in der Ordensprovinz Kastalien das Amt des Magister Ludi, des Glasperlenspielmeisters, bekleidete. Der Un-Ort der zeitlich weit entfernten Gemeinschaft der Glasperlenspieler ist einerseits – im Sinne der imaginären Dichter- und Gelehrtenrepubliken in der Tradition des 18. Jahrhunderts – der Entwurf einer idealen Gesellschaftsform und rekurriert zugleich als ein Gegenbild zur Wirklichkeit auf die eigene Gegenwart. Hesses Roman ist weder als Ausdruck eines regressiven Eskapismus noch als Verwirklichung fordernde Zukunftsvision zu lesen, vielmehr ist sein humanistischer Idealismus als utopische Antithese eine kritisch-reflexive Kontrafaktur der fragwürdigen Entwicklungen der europäischen Zivilisation in den dreißiger Jahren des 20. Jahrhunderts.

Gattungsgeschichtlich steht das Werk damit im Kontext der in der deutschen Literatur der 40er Jahre veröffentlichten Zukunftsromane Franz Werfels, Ernst Jüngers, Hermann Kasacks oder Walter Jens'. Werkgeschichtlich schreibt das *Glasperlenspiel* die Reihe der individualpsychologischen Entwicklungsromane Hesses fort. Die Geschichte Josef Knechts ist wie die Hans Giebenraths, Emil Sinclairs, Siddharthas, Harry Hallers und Goldmunds die Lebensgeschichte eines Einzelnen, dessen subjektive Erfahrungen zugleich Ausdruck kollektiver, zeitsymptomatischer Erscheinungen sind. Weitaus stärker als die vorangegangenen Werke jedoch ist das *Glasperlenspiel* gattungsgeschichtlich dem Schema des Bildungs- und Erziehungsromans in der Tradition des deutschen Idealismus verpflichtet. So verweist das Konzept des kastalischen Ordens auf Goethes Entwurf einer pädagogischen Provinz in dem 1821 und 1828 in zwei Fassungen veröffentlichten Altersroman *Wilhelm Meisters Wanderjahre oder Die Entsagenden*, den das Werk bereits zu Anfang als ein Vorbild der Ordensprovinz der Glasperlenspieler zitiert. Auch der Name Josef Knechts korrespondiert antithetisch mit dem Wilhelm Meisters. In der Begegnung des Menschen mit dem Ich und der Welt entwickelt Hermann Hesses Spätwerk das klassische Ideal einer Aussöhnung menschlicher Individualität mit den von der Gesellschaft eingeforderten lebensweltlichen Ansprüchen. Während *Unterm Rad* oder *Narziß und Goldmund* die Problematik der Lebensgeschichten Einzelner aufzeigen, für die der Widerspruch zwischen individuellem Werden und gesellschaftlichem Sein zu einer schmerzhaften und leidvollen Erfahrung wird, thematisiert die Geschichte Josef Knechts den Einfluss kulturell überlieferter Konzepte und Vorstellungen auf die harmonische, innerseelische Reifung und Ausbildung einer verantwortlichen und ausgeglichenen Gesamtpersönlichkeit. Auch die Erzählhaltung wird von für die Gattung des Bildungsromans spezifischen Bedingungen determiniert. Während in Hesses in den zwanziger Jahren entstandenen Werken ein erlebendes Ich oder ein auf die Perspektive einer Figur sich konzentrierender, medialer, nicht in das Bewusstsein des Lesers tretender Erzähler dominieren, schreibt die auktoriale Erzählsituation des *Glasperlenspiels* die retrospektiv-resümierende Erzählhaltung des frühen Romans *Unterm Rad* fort.

Zudem ist Hesses Altersroman auch aus einer anderen Perspektive in der Tradition Goethes zu verstehen. Indem Goethe in seinen letzten Lebensjahrzehnten eine Fortsetzung des als Prototyp der Gattung normbildend gewordenen *Wilhelm Meisters* schreibt und in den *Wanderjahren* die in den *Lehrjahren* gestaltete Form des Bildungs- und Entwicklungsromans hinterfragt, dekonstruiert er die formale und inhaltliche Kontinuität des Erzählens und generiert eine Form, in der sich die Summe der individuellen Lebens- und Seinserfahrungen des Autors abspiegelt. Im Roman, der kein Roman mehr ist – Goethe selbst spricht von der Aggregatstruktur des Werkes als einer Zusammenstellung von Einzelteilen, die ein Ganzes ausmachen –, wird die autobiographische Nachdenklichkeit zur Literatur abstrahiert. Das *Glasperlenspiel* zitiert einerseits die Aggregatstruktur des Goetheschen Romans, andererseits den erzählerischen Polyperspektivismus des *Steppenwol-*

fes. Indem sich das Werk formal in drei Teile gliedert, den *Versuch einer allgemeinverständlichen Einführung*, in die *Lebensbeschreibung des Magister Ludi* und in *Josef Knechts hinterlassene Schriften*, entsteht eine strukturelle Spannung zwischen drei unterschiedlichen Textsorten. Während die Einleitung als eine sachlich-historische Abhandlung einen Einblick in die Geschichte und das Wesen des Glasperlenspiels gibt, berichtet der mittlere Teil im Stil einer chronikalischen Erzählung von der Lebensgeschichte Knechts. Bei den hinterlassenen Schriften schließlich handelt es sich um textimmanent als fiktional dargebotene lyrische und prosaische Texte, die, indem sie die Einsichten in die Persönlichkeit und den Charakter Josef Knechts vertiefen, den Wahrheitsgehalt der Lebensgeschichte des Glasperlenspielmeisters bezeugen. Zugleich wird die Erzählung über das Leben Knechts, die den Hauptteil des Romans ausmacht, von Briefen, Berichten, Notizen und Gesprächsaufzeichnungen unterbrochen, was wirkungsästhetisch den chronikalen Charakter des Erzählten akzentuiert und narratologisch den Erzählstandort als limitiert ausweist. Sowohl das von einem anonym bleibenden Erzähler nur fragmentarisch mitgeteilte Wissen über die zeitlich weit zurückliegenden Ereignisse als auch die Zusammenstellung unterschiedlicher Textsorten erzeugen den reflexiv-exempelhaften Charakter der am Ende des mittleren Romanteils in die Legende übergehenden Lebensbeschreibung Josef Knechts. Damit schreibt das *Glasperlenspiel* nicht nur das narratologische Experiment des *Steppenwolfes* fort; weil der Text die eigene Historizität hinterfragt und seine inhaltliche wie formale Bedingtheit von der Tradition aufhebt, wird er zum absoluten Ausdruck der Summe des Erfahrenen und Gelebten des Autor-Ichs, das sich in die Imagination zurückerzählt.

Indem der chronikale Erzählstil der Lebensbeschreibung eine fiktive Authentizität erzeugt und mit dem Imaginären der von Josef Knecht selbst verfassten Lebensläufe kontrastiert, verweist die Spannung zwischen den textimmanent fiktionalen und expositorischen Genres auf die im *Glasperlenspiel* zentral diskutierte Frage nach der Notwendigkeit der Literatur und ihren Möglichkeiten im gesellschaftlichen Diskurs. Sowohl die im Kontext der Literatur der Zeit geschichtlich gewordene Sprache des Romans, deren Stilistik und Semantik der epischen Tradition des 19. Jahrhunderts verpflichtet sind, als auch das Sujet einer zwar utopischen, aber im Kontext des säkularisierten Weltbildes der Moderne anachronistisch erscheinenden klösterlichen Gemeinschaft erzeugen einen epischen Raum außerhalb des Geschichtlichen. Dennoch, und das ist ein für Hesses literarisches Werk charakteristisches Paradox, ist der Roman nicht Ausdruck eines neuromantisch-spätzeitlich übersteigerten Ästhetizismus, vielmehr ist die Akzentuierung der Eigengesetzlichkeit der Kunst als ein Beitrag zu den moralischen und politischen, philosophischen wie soziologischen Diskursen der eigenen Gegenwart zu lesen. Die gesellschaftliche Relevanz der Literatur resultiert weder aus der kreativen Nachschöpfung realer oder möglicher Vorgänge im Sinne des aristotelischen Mimesis-Begriffes noch aus ihrem auf die Erscheinungen der Gegenwart explizit rekurrierenden Wirklichkeitsbezug im Sinne einer sozialkritischen oder politischen Dichtung, sondern aus der Qualität des Kunstwerkes als solchem. Durch die Überwindung des Inhaltlich-Sachlichen löst sich die Dichtung aus dem Konkreten. Es ist – und das ist das poetologische Axiom, vor dessen Hintergrund das *Glasperlenspiel* sich erschließt – das der literarischen Abstraktion immanente Potential, etwas sichtbar zu machen, das in der Wirklichkeit nicht sichtbar ist.

Die schon durch die epische Struktur des Romans akzentuierte Autonomieästhetik zeigt sich auch in der Idee des Glasperlenspiels selbst, das kulturelle Traditionen, wissenschaftliche Erkenntnisse und in kreativ-künstlerischen Prozessen gewonnene Einsichten miteinander verknüpft, das aber trotz der ernsten Strenge, mit der es in der Ordensprovinz praktiziert wird, die synthetische Leistung im Bereich eines imaginär-gedanklichen Raumes, im Kontext eines Spieles vollbringt.

> Das Glasperlenspiel ist also ein Spiel mit sämtlichen Inhalten und Werten unsrer Kultur, es spielt mit ihnen, wie etwa in den Blütezeiten der Künste ein Maler mit den Farben seiner Palette gespielt haben mag. Was die Menschheit an Erkenntnissen, hohen Gedanken und Kunstwerken in ihren schöpferischen Zeitaltern hervorgebracht, was die nachfolgenden Perioden gelehrter Betrachtung auf Begriffe gebracht und zum intellektuellen Besitz gemacht haben, dieses ganze ungeheure Material von geistigen Werten wird vom Glasperlenspieler so gespielt wie eine Orgel vom Organisten, und diese Orgel ist von einer kaum auszudenkenden Vollkommenheit, ihre Manuale und Pedale tasten den ganzen geistigen Kosmos ab, ihre Register sind beinahe unzählig, theoretisch ließe mit diesem Instrument der ganze geistige Weltinhalt sich im Spiele reproduzieren. (GW IX,12; SW V,11)

Die Anfänge der hierarchisch gegliederten, geistigen Ordensgemeinschaft Kastaliens, deren Name an die heilige Quelle am Parnass von Delphi erinnert, liegen im 20. Jahrhundert. Ursprünglich durch die Auseinandersetzung mit der Musik entstanden, wird das im Glasperlenspiel realisierte Ideal einer »Universitas Litterarum« (GW IX,13; SW V,12) zu einem Gegenentwurf zu den kritisch betrachteten, als »feuilletonistisch« bezeichneten kulturellen Entwicklungen des 19. und 20. Jahrhunderts, die dem »Geist innerhalb der Ökonomie des Lebens und Staates nicht die ihm gemäße Stellung und Funktion anzuweisen gewußt« haben (GW IX,16; SW V,14). Als historische

Vorläufer des Spiels werden sowohl die Idee der »platonischen Akademie«, die »hellenistisch-gnostischen Kreise« der antiken Kultur, das »arabisch-maurische Geistesleben«, die »Scholastik« und der »Humanismus« genannt wie die mathematischen Akademien des 17. und 18. Jahrhunderts und die philosophischen Vorstellungen der frühen Romantik (GW IX,13; SW V,12).

Während die Einführung in die Geschichte des Spiels – durch den Rekurs auf das »feuilletonistische Zeitalter« im Sinne eines utopischen Romans – die Problematik der eigenen Gegenwart durch das Gegenbild einer fernen Zukunft kritisch betrachtet und über das Wesen und die Technik des Spiels nur ungenaue Angaben macht, erlauben die Hinweise und Exkurse innerhalb der Lebensbeschreibung Knechts weitergehende Einblicke. Während der diplomatischen Mission im Benediktinerkloster Mariafels kommt es zwischen dem jungen Josef Knecht und dem alten Pater Jakobus, dem Geschichtsschreiber des Ordens, dessen Gestalt von der Forschung als eine Reminiszenz Hesses an den Historiker Jacob Burckhardt gedeutet worden ist, zu intensiven Gesprächen über die Bedeutung des Glasperlenspiels.

> Ihr seid große Gelehrte und Ästhetiker, ihr Kastalier, ihr messet das Gewicht der Vokale in einem alten Gedicht und setzt seine Formel zu der einen Planetenbahn in Beziehung. Das ist entzückend, aber es ist ein Spiel. Ein Spiel ist ja auch euer höchstes Geheimnis und Symbol, das Glasperlenspiel. Ich will auch anerkennen, daß ihr den Versuch machet, dies hübsche Spiel zu so etwas wie einem Sakrament zu erheben, oder mindestens zu einem Mittel der Erbauung. Aber Sakramente entstehen nicht aus solchen Bemühungen, das Spiel bleibt Spiel. (GW IX,201–202; SW V,169)

Das Konzept des Glasperlenspiels basiert auf der platonischen Vorstellung, dass durch die Abstraktion der in den Wissenschaften und Künsten entwickelten und in der Kulturgeschichte tradierten Erkenntnisse ihre wesenhaft analoge, auf das Eigentliche des Seienden rekurrierende Substanz sichtbar gemacht werden kann. Es realisiert die ideale Vorstellung einer »Weltsprache, die aus allen Wissenschaften und Künsten gespeist« wird und die als »Weg vom Werden zum Sein, vom Möglichen zum Wirklichen« (GW IX,41; SW V,35) eine Aussöhnung des Dualismus von Leben und Geist, *vita activa* und *vita contemplativa* herbeiführt. Indem Hesse den Begriff des Spiels einerseits in der humanistischen Tradition Goethes begreift und andererseits vor dem Hintergrund der psychologischen Einsicht in seine ambivalente, zwischen ernster Notwendigkeit und diskursiver Leichtigkeit changierende Qualität, wird das Glasperlenspiel zu einem Sinnbild für das Wesen der Dichtung.

Die *Lebensbeschreibung des Magister Ludi Josef Knecht* bildet nicht nur den Hauptteil des Romans; indem sie einerseits von der *Einführung* in die Geschichte des Glasperlenspiels und andererseits von den *Hinterlassenen Schriften* eingefasst wird, ist sie eine Variation des in der Einleitung aufgestellten und in den Lebensläufen harmonisch beschlossenen Themas. Während sie zum einen, dem Entwicklungsschema des Bildungsromans folgend, das Leben und Wirken Josef Knechts von seinen Anfängen bis zu seinem Tod folgerichtig nacherzählt, akzentuiert ihre Darstellungsform, die im Fortschreiten der Erzählung zunehmend legendenhafte Züge annimmt, den exemplarischen Charakter und die generelle Relevanz der Lebensgeschichte des Glasperlenspielmeisters.

> Wir sehen sein Leben, soweit es bekannt ist, in klarer Stufenfolge aufgebaut, und wenn wir in unsern Vermutungen über sein Ende uns willig der Legende an-

schließen und sie gläubig übernehmen, so tun wir es, weil uns das, was die Legende berichtet, als letzte Stufe dieses Lebens völlig den vorhergegangenen zu entsprechen scheint. (GW IX,47; SW V,40–41)

Die Lebensbeschreibung gliedert die Biographie des Magister Ludi in zehn Abschnitte, die von dem einleitenden Kapitel, das über die frühen Jahre Knechts und seinen Eintritt in die kastalische Ordensprovinz Auskunft gibt, und dem abschließenden, *Die Legende* überschriebenen Kapitel, das von dem Tod des Glasperlenspielmeisters berichtet, eingerahmt werden. Die Geschichte Josef Knechts, über dessen Familie und Herkunft nichts erzählt wird, beginnt mit seiner Zeit als Lateinschüler in Berolfingen. Nachdem er von einem Lehrer für die Schulen des kastalischen Ordens vorgeschlagen worden ist, wird er vom Magister Musicae, einem der zwölf Mitglieder der obersten Ordensleitung, geprüft und in die Eliteschule Eschholz aufgenommen. Obwohl seine dortige Schulzeit vor allem dem Studium der Musik gewidmet ist, erlangt er zugleich einen ersten Einblick in die Strukturen der kastalischen Gemeinschaft. Mit dem nicht für die Ordenslaufbahn bestimmten, als Gastschüler seine Ausbildung in Kastalien absolvierenden Plinio Designori kommt es zu im Kreis der Mitschüler vieldiskutierten und von der Schulleitung wohlwollend betrachteten öffentlichen Streitgesprächen über das Wesen und die Berechtigung der privilegierten, klösterlichen Gemeinschaft Kastaliens. Am Ende seiner Eschholzer Schulzeit wird Josef Knecht zum Besuch der Eliteschule der Glasperlenspieler in Waldzell bestimmt. Während er dem Glasperlenspiel anfangs skeptisch gegenübersteht, ist er von dem intellektuellen Potential des Spieles fasziniert und gehört bald zu einer kleinen Gruppe von Elitespielern, welche die Technik und Ausgestaltung des Spiels prägen und weiterentwickeln und aus deren Kreis der Orden die zukünftigen Führungspersönlichkeiten der Gemeinschaft rekrutiert. Die Jahre eines freien und ungebundenen Studiums, Teil des in der pädagogischen Provinz Kastalien praktizierten erzieherischen Konzeptes, finden ein Ende, als Knecht als Abgesandter des Ordens in das Benediktinerkloster Mariafels geschickt wird, zum einen, um Einführungskurse in die Technik des Glasperlenspiels zu geben, und zum anderen, um die Aufnahme diplomatischer Beziehungen zwischen der katholischen Kirche und der kastalischen Ordensprovinz vorzubereiten und zu befördern. Hier kommt es zu intensiven Gesprächen mit Pater Jakobus, dem Geschichtsschreiber der Benediktiner, in deren Verlauf Knecht Einsichten in die dem kastalischen Denken ferne Historizität menschlicher Kultur gewinnt. Nachdem er die in seine diplomatische Mission von der Ordensleitung gesetzten Erwartungen sogar noch übertroffen hat, wird er nach Waldzell zurückbeordert, wo er nach dem Tod des Glasperlenspielmeisters Thomas von der Trave zum Magister Ludi gewählt wird. Die mittleren beiden Kapitel der Lebensbeschreibung sind der vorbildlichen Amtsführung Josef Knechts gewidmet, den glänzenden intellektuellen Einfällen, die er zusammen mit seinem Freund Fritz Tegularius in den Jahresspielen realisiert, und den psychologisch reifen Urteilen, die seine pädagogische Arbeit als Meister des Spiels auszeichnen. Doch während er seine individuellen Wünsche und Regungen ganz den Anforderungen des Amtes unterordnet und das kastalische Ideal der dienenden Selbstverwirklichung sich in seiner Person realisiert, überkommen Knecht auf dem Höhepunkt seiner Laufbahn Zweifel an dem intellektuellen Ästhetizismus und der dem rein Geistigen gewidmeten, welt- und lebensfernen Ordnung der Provinz der Glasperlenspieler. Nachdem die Ordensleitung das Gesuch, ihn vom Amt des Magister Ludi zu entbinden und ihn als einfachen Lehrer an eine der vom Orden betreuten, außerhalb der Provinz liegenden Schulen zu versetzen, abgelehnt hat, nimmt er das Angebot seines Schulfreundes Plinio Designori an,

Hauslehrer von dessen Sohn Tito zu werden. Auf dem Fußweg erlebt Josef Knecht das seit langem entbehrte Gefühl eines freien und unbeschwerten Seins. Am Morgen nach seiner Ankunft in Belpunt, dem in den Bergen gelegenen Landhaus seines Freundes Designori, fordert Tito den von der Reise geschwächten Knecht zu einem Wettschwimmen in einem nahen Bergsee auf. Um seinen Schüler nicht zu enttäuschen, geht Knecht auf den Wunsch des Knaben ein. Die *Lebensbeschreibung* endet mit dem Tod Josef Knechts in dem eiskalten Wasser des Bergsees, der den Knaben mit dem Gefühl einer übergroßen Schuld zurücklässt.

In der Lebensgeschichte Josef Knechts schreibt Hesse zentrale Themen und Motive seines Werkes fort. So erzählt der Roman zum einen die Entwicklungsgeschichte eines Individuums und der sein Bewusstsein prägenden psychischen Konflikte. Im Gegensatz jedoch zu den in den zwanziger Jahren entstandenen Werken rekurrieren die das Dasein des Einzelnen schmerzhaft disponierenden Dualismen nicht auf die Erfahrung einer existentiellen Einsamkeit. Während der *Steppenwolf* oder die Novelle *Klein und Wagner* als literarische Reflexionen über den in die Neurose führenden Individualismus der Moderne gelesen werden können, akzentuiert Hesses Altersroman die bereits im *Peter Camenzind* und *Siddhartha* vor dem Hintergrund christlicher wie fernöstlicher religionsphilosophischer Studien des Autors entworfene Antwort einer dienenden Demut auf den in die Vereinsamung führenden Subjektivismus der westlichen Moderne. Darauf verweist bereits die Einleitung, die aus der Retrospektive der Zukunft auf die geistesgeschichtliche Disposition des frühen 20. Jahrhunderts kritisch Bezug nimmt.

> Für sie, und zwar namentlich für die Autoren jener Epochen, welche eine ausgesprochen biographische Neigung hatten, scheint, so möchte man sagen, das

> Wesentliche einer Persönlichkeit das Abweichende, das Normwidrige und Einmalige, ja oft geradezu das Pathologische gewesen zu sein, während wir Heutigen von bedeutenden Persönlichkeiten überhaupt erst dann sprechen, wenn wir Menschen begegnen, denen jenseits von allen Originalitäten und Absonderlichkeiten ein möglichst vollkommenes Sich-Einordnen ins Allgemeine, ein möglichst vollkommener Dienst am Überpersönlichen gelungen ist. (GW IX,9; SW V,9)

Zum anderen thematisiert die Lebensbeschreibung Knechts die bereits in der *Morgenlandfahrt* reflektierte Möglichkeit des Einzelnen, seine Identität und Individualität bewahrend zu einem Teil einer überpersönlichen, kollektiven Gemeinschaft zu werden. Indem Hesse die psychologische Entwicklung des Individuums, die seine Existenz prägenden, heterogenen lebensweltlichen Einflüsse problematisiert, gestaltet er im literarischen Kunstwerk die Einsicht, dass der in die Sinnlosigkeit führende Individualismus der Moderne – nach der Dekonstruktion des deistischen Weltbildes durch den Nihilismus – durch die Teilhabe des Einzelnen an einer überindividuellen, geistigen Gemeinschaft überwunden werden kann. Es ist eine der Paradoxien der geistigen Vorstellungswelten Hesses, dass sein literarisches Werk, das wie kaum ein anderes Œuvre der deutschen Literatur des 20. Jahrhunderts einerseits die individualpsychologischen Konflikte des Menschen literarisch erschließt und andererseits als Versuch gelesen werden kann, den die Kindheit und Jugend wie den späteren Lebensweg des Autors prägenden schwäbischen Pietismus zu überwinden, am Ende zu der christlichen Vorstellung einer menschlichen Gemeinschaft zurückfindet. Im *Glasperlenspiel* gestaltet Hesse die Einsicht, dass der Mensch zwar, wenn er nicht schweigen kann, immer von sich selber sprechen muss und dass die menschliche Erkenntnis wie das menschliche Wissen subjektiv sind, dass aber der von Nietzsche proklamierte Tod Gottes nicht notwendig die Bedeutungslosigkeit menschlichen Seins impliziert, sondern dass dem Einzelnen eine relative Bedeutung in der Zugehörigkeit zu der Schicksalsgemeinschaft aller Menschen möglich ist.

> Die beiden Grundtendenzen oder Pole dieses Lebens, sein Yin und Yang, waren die Tendenz zum Bewahren, zur Treue, zum selbstlosen Dienst an der Hierarchie, und andrerseits die Tendenz zum »Erwachen«, zum Vordringen, zum Greifen und Begreifen der Wirklichkeit. (GW IX,299; SW V,250)

Das *Glasperlenspiel* gestaltet menschliche Beziehungen wie abstrakte Konstellationen. So versinnbildlicht der Text den Widerspruch zwischen dem individuellen Freiheitsbestreben des Einzelnen und seinem Dienst für die Gemeinschaft in den einander gegenübergestellten Figuren des Magister Ludi und seines Freundes Fritz Tegularius. Im Gegensatz zur Gestaltung des Freundschaftsmotivs im *Demian*, wo die eine Figur zum Führer und Leitbild der anderen wird, wird das Problem unvereinbar erscheinender Seinsweisen aus dem psychischen Innenraum des Individuums auf die Figurenkonstellation übertragen. Fritz Tegularius, der Prototyp des weltfernen, ästhetisch übersteigerten Kastaliers, und Josef Knecht sind Chiffren für den Dualismus von Autonomie- und Heteronomiekonzept.

In der pädagogischen Provinz Kastalien realisiert Hesse den bereits im *Steppenwolf* und in *Narziß und Goldmund* entwickelten Gedanken einer Kunst, welche die Zeit überwunden hat, unabhängig von ihr geworden ist. Im Gegensatz jedoch zu den vorangegangenen Werken diskutiert der Roman die diesem poetologischen Paradigma immanente Gefahr der Eigengesetzlichkeit einer nur der Idee der Formvollendung gewidmeten Kunst. In einem Streitgespräch, das der Erzähler in dem *Die beiden Pole* überschriebenen Kapitel wiedergibt, sagt Tegularius:

> Weltgeschichte sei ein Wettlauf in der Zeit, ein Rennen um Gewinn, um Macht, um Schätze, es komme dabei stets darauf an, wer Kraft, Glück oder Gemeinheit genug habe, den Moment nicht zu verpassen. Geistestat, Kulturtat, Kunsttat dagegen sei genau das Gegenteil, es sei jedesmal ein Ausbruch aus der Zeitknechtschaft, ein Hinüberschlüpfen des Menschen aus dem Dreck seiner Triebe und seiner Trägheit auf eine andere Ebene, ins Zeitlose, Zeitbefreite, Göttliche, ganz und gar Ungeschichtliche und Widergeschichtliche. (GW IX,304; SW V,253–254)

Und Josef Knecht antwortet darauf:

> Ein Gespräch von Plato oder ein Chorsatz von Heinrich Isaac und alles, was wir Geistestat oder Kunstwerk oder objektivierten Geist nennen, sind Endergebnisse, letzte Resultate eines Kampfes um Läuterung und Befreiung, sie sind meinetwegen, wie du es nennst, Ausbrüche aus der Zeit ins Zeitlose, und in den meisten Fällen sind jene Werke die vollkommensten, welche von dem Kampf und Ringen, das ihnen voranging, nichts mehr ahnen lassen. [...] Aber nicht jeder kann sein Leben lang ausschließlich Abstraktionen atmen, essen und trinken. Vor dem, was ein Waldzeller Repetent als seines Interesses würdig empfindet, hat die Historie den einen Vorzug: sie hat es mit der Wirklichkeit zu tun. (GW IX,304–305; SW V,254)

Das Strukturprinzip der erzählerischen Prosa Hermann Hesses, das Zusammentreffen des Individuellen und des Kollektiven, das *Demian* oder den *Steppenwolf* zu kultur- und zeitkritischen Betrachtungen macht, wird im *Glasperlenspiel* zu einer geschichtsphilosophischen Reflexion. So kontrastiert das Werk in den Figuren des Benediktinerpaters Jakobus und des Glasperlenspielers Knecht die Weltsicht einer historisch gewachsenen, auf die göttliche Transzendenz rekurrierenden religiösen Gemeinschaft mit den ästhetischen, auf die Immanenz gerichteten Paradigmen des säkularen kastalischen Bundes. Josef Knecht gelangt durch die Gespräche mit dem Mönch sowohl zu dem Bewusstsein der Historizität der Erscheinungen der menschlichen Zivilisation als auch zu der Einsicht in die Gefährdung der kastalischen Ordensprovinz und ihrer dem Geistigen gewidmeten Lebenswelt.

> Er diente einer geistigen Gemeinschaft, deren Kraft und Sinn er bewunderte, deren Gefahr er aber in ihrer Neigung sah, sich als reinen Selbstzweck zu betrachten, ihrer Aufgabe und Mitarbeit am Ganzen des Landes und der Welt zu vergessen und schließlich in einer glänzenden, aber mehr und mehr zur Unfruchtbarkeit verurteilten Abspaltung vom Ganzen des Lebens zu verkommen. (GW IX,299–300; SW V,250)

Die Schönheit und Vollkommenheit der geistigen Welt des Glasperlenspiels, das zugleich ein Sinnbild für die imaginäre Welt der Dichtung ist, kontrastiert mit dem Bewusstsein der Endlichkeit der individuellen Existenz wie der historischen Relativität der menschlichen Kultur.

> Und viele Jahre später, als Erwachsener und Liebhaber der Geschichte, sollte er ja des genauern erkennen, daß Geschichte nicht ohne den Stoff und die Dynamik dieser Sündenwelt des Egoismus und des Trieblebens entstehen kann und daß auch so sublime

> Gebilde wie das des Ordens aus dieser trüben Flut geboren und irgendeinmal von ihr wieder verschlungen werden. (GW IX,290–291; SW V,242–243)

Dass Josef Knecht am Ende sein Amt aufgibt, sich aus der ahistorischen, geistigen Gemeinschaft der kastalischen Ordensprovinz löst, um als Lehrer und Erzieher in die Wirklichkeit zurückzukehren, ist eine Chiffre für die Einsicht in die Notwendigkeit, im ästhetischen Diskurs und im literarischen Kunstwerk auf die Lebenswirklichkeit des Menschen Bezug zu nehmen, sie zum Maßstab und zum Zentrum des künstlerischen Bestrebens zu machen. Knechts Abschied aus der Ordensprovinz ist ein Bekenntnis zur sozialen Verpflichtung des Kunstwerkes und der gesellschaftlichen Verantwortung des Künstlers.

> Es gab draußen hinter den Grenzen der Provinz eine Welt und ein Menschenleben, welche zu Kastalien und seinen Gesetzen im Widerspruch standen, welche nicht in der hiesigen Ordnung und Rechnung aufgingen und von ihr nicht zu bändigen und zu sublimieren waren. (GW IX,290; SW V,242)

Die Umwertung des ästhetizistisch-weltfernen Ideals der dienenden Selbstentäußerung der kastalischen Gemeinschaft, das sich durch das geschichtliche Bewusstsein und die Einsicht in die Kontinuität des Wandels in den Gesprächen Knechts mit Pater Jakobus entwickelt und dessen Anfänge sowohl in den öffentlichen Streitgesprächen mit Designori als auch in den Diskussionen zwischen Knecht und Tegularius angelegt sind, spiegelt sich auch in dem *Schreiben des Magister Ludi an die Erziehungsbehörde*, mit dem der Glasperlenspielmeister seinen Rückzug erklärt.

Daß unsre oberste und heiligste Aufgabe darin besteht, dem Lande und der Welt ihr geistiges Fundament zu erhalten, das sich auch als ein moralisches Element von höchster Wirksamkeit bewährt hat: nämlich den Sinn für die Wahrheit, auf dem unter andrem auch das Recht beruht – dies weiß zwar jeder von uns Ordensbrüdern sehr wohl, aber bei einiger Selbstprüfung müßten die meisten von uns sich gestehen, daß ihnen das Wohl der Welt, die Erhaltung der geistigen Redlichkeit und Reinlichkeit auch außerhalb unsrer so schön sauber gehaltenen Provinz durchaus nicht das Wichtigste, ja überhaupt nicht wichtig ist und daß wir jenen tapferen Lehrern dort draußen es ganz gern überlassen, durch ihre hingebende Arbeit unsre Schuld an die Welt abzutragen und uns Glasperlenspielern, Astronomen, Musikanten und Mathematikern den Genuß unsrer Privilegien gewissermaßen zu rechtfertigen. (GW IX,384; SW V,320–321)

Dass Josef Knecht am Ende aus dem Dienst am Glasperlenspiel in den Dienst der Welt geht, um als Lehrer die Erkenntnisse und Möglichkeiten der geistigen Welt in die Wirklichkeit zu tragen, aber an der Schwelle dieses neuen Lebensabschnittes stirbt, ist in der öffentlichen wie wissenschaftlichen Kritik kontrovers diskutiert worden. Sein Tod im eisigen Wasser eines Bergsees ist zum einen, wie es das Ende der *Lebensbeschreibung* formuliert, als eine Aufforderung an Tito zu verstehen, der zu der Einsicht gelangt, »daß diese Schuld ihn selbst und sein Leben umgestalten und viel Größeres von ihm fordern werde, als er bisher je von sich verlangt hatte« (GW IX,471; SW V,394). Indem der Tod des Magister Ludi den Knaben in dem Bewusstsein der Verantwortung des Menschen für den Mitmenschen zurücklässt, wird er zum Auftrag, nach der ontologischen Bedeutung des menschlichen Seins zu fragen. Zum anderen weist Knechts Tod als Chiffre über den Individualismus hinaus und versinnbildlicht am Ende der Lebensgeschichte noch einmal die Kontinuität des Geistigen. Das Thema des *Glasperlenspiels*, die Einsicht in die historische Bedingtheit menschlicher Kultur, impliziert das Bewusstsein für die Relativität der individuellen Existenz. Wie die paradigmatische Ausführung der Figuren und die abstrakte Konstellation menschlicher Beziehungen in der *Lebensbeschreibung des Magister Ludi* sowie die metaphorische Diversifizierung der Figur Josef Knechts in den *Lebensläufen* die Individualität des erzählten Lebens hinterfragen, ist der Tod Knechts eine Chiffre für einen dialektischen Prozess, der Bedeutung konstituiert und zugleich relativiert. Josef Knecht stirbt, weil am Ende der hermeneutischen Reflexionen des *Glasperlenspiels* die Erkenntnis steht, dass das menschliche Leben wie das literarische Kunstwerk seine Bedeutung aus der Endgültigkeit des Kommenden bezieht, aus der letzten Bedingung des Lebens – dem Tod, der Zeit ohne Zukunft. Vor dem Hintergrund des Exemplarischen und Legendenhaften, in dem die Lebensgeschichte des Magister Ludi ausklingt, ist der Tod Josef Knechts zugleich als ein Opfertod zu verstehen und korrespondiert mit dem Ritualtod des Regenmachers im gleichnamigen Lebenslauf.

Die drei *Lebensläufe*, die den Roman beschließen, greifen das in der Lebensbeschreibung Josef Knechts ausgeführte Problem der Selbstwerdung im Spannungsverhältnis von Individuum und Gesellschaft auf. Der erste Lebenslauf erzählt die in einer prähistorischen Vergangenheit angesiedelte Geschichte eines Regenmachers. Knecht, der bereits als Knabe die Zeichen der natürlichen Erscheinungen intuitiv zu deuten versteht, wird, nach der Heirat mit Ada, der Tochter des alten Wettermachers, dessen Nachfolger. Während einer Trockenperiode, die die Ernte und damit das Überleben der Stammesgemeinschaft gefährdet, opfert er sein Leben, um durch seinen rituellen Tod die feindlichen Dämonen zu versöhnen, und bestimmt seinen Sohn

Turu zum Nachfolger. Der zweite Lebenslauf erzählt in der Tradition der Heiligenlegenden die Geschichte des Einsiedlers Josephus Famulus. Obwohl er selbst ein bekannter Beichtiger ist und in der Askese um die Abtötung seiner sinnlichen Natur kämpft, erscheint ihm sein Tun bedeutungslos. Erst im Dienst für den Beichtvater Pugil, dessen Nachfolger er schließlich wird, vermag er die inneren Anfechtungen zu überwinden und findet zu einer Erkenntnis seiner selbst im Einklang mit dem Heilsversprechen des christlichen Glaubens. Der dritte Lebenslauf erzählt die Geschichte des indischen Prinzen Dasa, der unter Hirten aufwächst. Nachdem er die Scheinhaftigkeit alles Seienden erkannt hat, führt er als Schüler eines Yogin ein Leben in dienender Kontemplation.

Die *Lebensläufe* des Magister Ludi Josef Knecht sind ein Sinnbild für die Relativität der menschlichen Existenz. Sie sind ein Spiel mit den Möglichkeiten dichterischer Weltaneignung, und indem sie den Schüler Knecht wie den Leser zur Beschäftigung mit historisch weit entfernten Kulturen und Geisteswelten anregen, generieren sie ein Bewusstsein für die Relativität dessen, was der Mensch als seine individuelle Natur begreift.

> [...] allen Lehrern und Schülern war die Vorstellung geläufig, daß ihrer jetzigen Existenz frühere vorangegangen sein könnten, in anderen Körpern, zu andern Zeiten, unter andern Bedingungen. Dies war nun freilich nicht etwa ein Glaube im strengen Sinn, noch viel weniger war es eine Lehre; es war eine Übung, ein Spiel der Imaginationskräfte, sich das eigene Ich in veränderten Lagen und Umgebungen vorzustellen. (GW IX,119; SW V,100)

Die Lebensläufe sind zugleich eine Chiffre für die Literatur selbst, die im metaphorischen Raum Fiktives und Reales in die Imagination zurückerzählt und dadurch in einem dialektischen Prozess eine die Lebenswirklichkeit verändernde oder zumindest beeinflussende Qualität gewinnt. Die Bedeutung der Kunst erwächst aus der ihr immanenten Möglichkeit, die Erscheinungen der Wirklichkeit zu abstrahieren und zu relativieren. Als ein Spiel der Abstraktion korrespondiert der Roman als literarisches Kunstwerk in seinem Aufbau mit dem Glasperlenspiel, dessen spielerische Abstraktionen in immer neuen Zusammenstellungen ein Sinnbild sind für die in der Substanz wesenhafte Kontinuität alles Seienden.

Indem die *Lebensläufe* antithetisch auf die Lebensgeschichte Knechts bezogen sind, variieren sie als historische wie hermeneutische Reflexionen zum einen die Einsicht in die Relativität menschlicher Existenz, zum anderen die Dialektik der dienenden Selbstentsagung. Zugleich sind sie, indem sie die Gestalt des Glasperlenspielmeisters als eine literarische Fiktion dekuvrieren, eine ironische Kontrafaktur der zuvor erzählten Entwicklungsgeschichte Josef Knechts. Indem sie aber die bereits in der *Lebensbeschreibung* durch die Tendenz in das Legendenhafte und Exemplarische infrage gestellte Individualität des erzählten Lebens relativieren, akzentuieren sie die Präferenz der Moderne für das Subjektive als ein historisch gewachsenes und keineswegs allgemeingültiges Paradigma. Der Dualismus der Kontinuität menschlicher Erscheinungen einerseits und des geschichtlichen Wandels andererseits, das Paradox einer in der wesenhaften Substanz gleichbleibenden Metamorphose, spiegelt sich sowohl in den *Lebensläufen* als auch in den aus dem Nachlass Josef Knechts veröffentlichten Gedichten. Der komplexe, scheinbar abstrakt-zeitferne erzählerische Raum des *Glasperlenspiels* kontrastiert das aus der Philosophie der Aufklärung entwickelte Paradigma eines linearen Fortschritts der menschlichen Zivilisation mit einer sowohl der buddhistischen wie der taoistischen Religionsphilosophie verpflichteten Vorstellung zyklisch wiederkehrender Erscheinungen. Weil der letzte *Lebens-*

lauf, der die Geschichte des indischen Fürstensohns Dasa erzählt, die textimmanente Wirklichkeit aufhebt und in der doppelten Brechung einer traumhaft-visionären Sequenz hinterfragt, dekuvriert er den imaginären Raum der Literatur als ein Spiel der Erfahrung, der Erinnerung, der Fiktion und die Wirklichkeit als eine Spiegelung des psychischen Innenraums. In der Verschränkung von Welt und Text, Schönheit und Bedeutung im Un-Ort der Literatur antizipiert der Roman die Relativität aller Diskurse. Auch deshalb ist das *Glasperlenspiel* Hermann Hesses letztes erzählerisches Werk.

> Nur mit diesem Blick, der eine Spur von wohlwollender Teilnahme und die Andeutung einer zwischen ihnen entstandenen Beziehung enthielt, der Beziehung zwischen Meister und Schüler – nur mit diesem Blick vollzog der Yogin die Aufnahme des Schülers. Dieser Blick vertrieb die nutzlosen Gedanken aus des Schülers Kopf und nahm ihn in Zucht und Dienst. Mehr ist von Dasas Leben nicht zu erzählen, alles übrige vollzog sich jenseits der Bilder und Geschichten. Er hat den Wald nicht mehr verlassen. (GW IX,613; SW V,516)

Diese Einsicht spiegelt sich auch in dem die Aggregatstruktur des Goetheschen Romans zitierenden epischen Aufbau des Werkes. Hesse schreibt in dem bereits zitierten Brief an Rudolf Pannwitz aus dem Januar 1955 über die Relation der den Roman konstituierenden Textteile:

> Die Vorstellung, die den ersten Funken in mir entzündete, war die der Reinkarnation als Ausdrucksform für das Stabile im Fließenden, für die Kontinuität der Überlieferung und des Geisteslebens überhaupt. Es kam mir eines Tages, manche Jahre, bevor ich mit dem Versuch einer Niederschrift begann, die

> Vision eines individuellen, aber überzeitlichen Lebenslaufes: ich dachte mir einen Menschen, der in mehreren Wiedergeburten die großen Epochen der Menschheitsgeschichte miterlebt. Übriggeblieben ist von dieser ursprünglichen Intention, wie Sie sehen, die Reihe der Knechtschen Lebensläufe, die drei historischen und der kastalische. (AB 436)

Der Autor begreift die *Lebensbeschreibung des Magister Ludi* auch als einen Lebenslauf Josef Knechts und unterläuft mit dieser Deutung die durch die formale Komposition evozierte Leserhaltung, welche die Lebensbeschreibung, die quantitativ wie strukturell den Hauptteil des Werkes ausmacht, als den zentralen Teil des Romans begreift. Indem der Schriftsteller die drei *Lebensläufe* aus den *hinterlassenen Schriften* und die *Lebensbeschreibung* gleichberechtigt nebeneinanderstellt, akzentuiert er ein für sein gesamtes Werk zentrales Paradigma: Der Wirklichkeitsbezug ist für die Wahrheit einer Dichtung unerheblich. Gemeint ist hier nicht die aus dem Raum-Zeit-Kontinuum abgeleitete Vorstellung einer Realität der Erscheinungen, sondern eine aus der psychoanalytischen Begrifflichkeit der subjektiven Wahrheit des Individuums ebenso wie die aus der philosophischen Tradition des Idealismus abgeleitete Vorstellung einer absoluten, überindividuellen und überzeitlichen Wahrheit im Sinne der platonischen Ideenlehre. Die Zusammenstellung unterschiedlicher Textsorten zu einem erzählerischen Ganzen und der Polyperspektivismus der Erzählhaltung korrespondiert, wie der nuancierte Gradualismus, die Ausgewogenheit der kompositionellen Relation und die Zunahme des Gedanklichen in Antithese und Oxymoron, mit dem im *Glasperlenspiel* realisierten Konzept des literarischen Textes als Spiel der Abstraktion. In diesem Sinne ist der Roman eine poetologische Reflexion über die Notwendigkeit der Kunst, die im metaphorischen Raum, in der Überwundenheit des Sachlichen ein Beitrag ist zum ontologischen Bewusstsein des Selbst und zur Historizität der menschlichen Existenz.

> [...] denn mögen auch in gewisser Hinsicht und für leichtfertige Menschen die nicht existierenden Dinge leichter und verantwortungsloser durch Worte darzustellen sein als die seienden, so ist es doch für den frommen und gewissenhaften Geschichtsschreiber gerade umgekehrt: nichts entzieht sich der Darstellung durch Worte so sehr und nichts ist doch notwendiger, den Menschen vor Augen zu stellen, als gewisse Dinge, deren Existenz weder beweisbar noch wahrscheinlich ist, welche aber eben dadurch, daß fromme und gewissenhafte Menschen sie gewissermaßen als seiende Dinge behandeln, dem Sein und der Möglichkeit des Geborenwerdens um einen Schritt näher geführt werden. (GW IX,7; SW V,7)

Der Roman wurde nach seinem Erscheinen in Deutschland im Jahr 1946 positiv aufgenommen. In einem Brief aus dem Dezember 1947 schreibt Thomas Mann an Erich Kahler: »Es gehört zu dem wenigen Wagemutigen und eigensinnig-groß Konzipierten, was unsere verprügelte, verhagelte Zeit zu bieten hat« (U 189). Zum einen wurde das Urteil der zeitgenössischen Kritik von der Ehrung durch den Nobelpreis für Literatur, der Hesse im Jahr 1946 zuerkannt wurde, beeinflusst. Zum anderen jedoch eröffnete der Idealismus des Werkes dem moralisch wie politisch gescheiterten Deutschland der Nachkriegszeit eine Perspektive auf die humanistische Tradition der deutschen Geistesgeschichte. Peter Suhrkamp, Hesses Verleger, der von 1944 bis Anfang 1945 im Konzentrationslager Sachsenhausen bei Oranienburg interniert war und als erster deutscher Verleger bereits im Oktober 1945 eine britische Verlagslizenz bekam, schreibt über das *Glasperlenspiel*:

Hermann Hesse, bei der Postlektüre
Foto, 1954

In diesem Werk geht es um die Bewahrung des Geistigen vor der drohenden Vermanschung und Verfälschung im Zeitalter des Feuilletonismus, wie unsere Zeit in der Einleitung genannt ist. Es zeigt innerhalb der bürgerlichen Welt eine Welt des reinen Geistes in Gestalt eines Ordens; eine Welt »nicht von dieser Welt«, die vom Dichter als existent in der Welt der bürgerlichen Staaten dargestellt wird. Der besondere Gegenstand ist das Ausdrucksmittel für geistige Vorgänge. Unsere Sprache aus Wörtern ist als Ausdrucks- und Darstellungsmittel entartet. Das Wort ist eine subjektive und bürgerliche Form, es kann nicht mehr als reines Abbild von geistigen Erscheinungen angesehen werden, wie etwa die alten chinesischen Schriftzeichen reine Bilder rationaler und irrationaler Erscheinungen waren. Die Kastalier bilden für ihre Studien ein anderes Instrument aus, dessen Zeichen so fern von jedem täglichen Gebrauch sind wie die Notenschrift in einem Musikstück. Die reinste und abstrakteste Gestalt, die Kugel, wurde als Zeichen gewählt. Sie wird, als Glasperle, in Kombinationen verwandt, wie sie in musikalischen Kompositionen vorgebildet sind. Die Darstellung eines geistigen Vorgangs geschieht in einer Partitur aus Glasperlen, und diese Partitur wird, in der Art eines Musikstückes auf einer Glasperlenorgel, für die Mitglieder des Ordens verständlich, zur Aufführung gebracht. Die zwei Bände des *Glasperlspiels* geben den Lebensgang eines Meisters in dieser höchsten »literarischen« Kunst; die Geschicke des Josef Knecht sind aus Werken und Äußerungen von ihm ergänzt. Es geht in diesem Werk allein noch um diese letzte und höchste Form der Erziehung, der Religion und der Gemeinschaft in der Menschenwelt, und das in Form einer Prosa, die so kühl, so rein und klar und so transparent ist wie eine Musik von Bach. (U 189–191)

Als ein Werk, das die Entwicklung und Reifung des Menschen in der Auseinandersetzung mit einem überpersönlichen und überzeitlichen Ideal thematisiert, wurde das *Glasperlenspiel* auch von der jungen Generation der 60er Jahre gelesen, die, vom materialistischen Utilitarismus der Nachkriegszeit enttäuscht, im kritischen Diskurs mit der Vergangenheit nach Sinn suchte.

Das lyrische Werk

Hermann Hesses lyrisches Werk ist im Sinne Goethes Bekenntnisdichtung. Seine Gedichte sind Ausdruck subjektiver Erlebnisse und Stimmungen, die durch die sprachliche und metrische Gestaltung abstrahierend reflektiert und in das Symbolische und Allgemeingültige übertragen werden. Bereits in einem Brief aus dem Jahr 1910 spricht Hesse von der »Gewohnheit, Erlebtes im Bewußtsein zu klären und in knapper Form festzuhalten« (GW XI,141; SW XIV,315). Der Subjektivismus seines epischen Werkes, dessen biographische Deutung der Schriftsteller nicht nur durch die Präferenz für das erzählende Ich, sondern auch durch die Selbstdeutung seiner Romane und Erzählungen als »Seelenbiographien«, als »Monologe, in denen eine einzige Person, eben jene mythische Figur, in ihren Beziehungen zur Welt und zum eigenen Ich betrachtet wird« (GW XI,81; SW XII,124), befördert hat, korrespondiert mit dem in *Dichtung und Wahrheit* abgelegten Bekenntnis Johann Wolfgang Goethes, seine Werke seien »Bruchstücke einer großen Konfession«. Was im Kontext der erzählenden Prosa Hermann Hesses zu dem die Rezeptionsgeschichte seines Werkes dominierenden positivistischen Biographismus geführt hat, welcher die Literarizität des autonomen Kunstwerkes partiell verkennt, hat auch die Wirkungsgeschichte seiner Gedichte maßgeblich beeinflusst – zumal die Lyrik in der Tradition der Gattungslehre Hegels als die subjektivste Form der Dichtung betrachtet worden ist. So schreibt Hesse am 6. April 1902 an Cesco Como: »Sobald ich die zeitlose Ursprache der Lyrik verlasse und etwa als Erzähler mich auszusprechen versuche, bin ich ratlos. Lyrik schreibt man für sich selbst und ohne irgend an Leser zu denken« (GB I,87). Die Erscheinungen der Wirklichkeit werden im Prisma des psychischen Innenraumes gebrochen und durch die literarische Gestaltung objektivierend relativiert und nach außen gestellt. In dem bereits 1918 entstandenen und 1954 erneut bearbeiteten Aufsatz *Über Gedichte* beschreibt Hesse diesen Prozess:

> Ein Gedicht ist in seinem Entstehen etwas ganz Eindeutiges. Es ist eine Entladung, ein Ruf, ein Schrei, ein Seufzer, eine Gebärde, eine Reaktion der erlebenden Seele, mit der sie sich einer Wallung, eines Erlebnisses zu erwehren oder ihrer bewußt zu werden sucht. In dieser ersten, ursprünglichen, wichtigsten Funktion ist überhaupt kein Gedicht beurteilbar. Es spricht ja zunächst lediglich zum Dichter selbst, ist sein Aufatmen, sein Schrei, sein Traum, sein Lächeln, sein Umsichschlagen. [...] Manchmal geschieht es nun, daß ein Gedicht außer dem, daß es den Dichter entspannt und befreit, auch noch andere erfreuen, bewegen und rühren kann – daß es schön ist. Vermutlich ist es dann der Fall, wenn das, was es ausdrückt, etwas vielen Menschen Gemeinsames, bei allen Mögliches ist. Aber gewiß ist das keineswegs. (GW XI,200–201; SW XIV,359–360)

Während die deutsche Lyrik, beginnend mit Heinrich Heine, die tradierten Konventionen der klassisch-romantischen Kunstanschauung formal wie inhaltlich hinterfragt und auf diese Weise auf die veränderte geistes- und zeitgeschichtliche Situation nach dem Paradigmenwechsel der Moderne reagiert, steht Hesses lyrisches Werk in der Nachfolge des Konzeptes der Erlebnislyrik, das die Ästhetik des Gedichtes seit dem Sturm und Drang dominiert hat. Das zeigt sich sowohl im Anklang der Themen und Motive an die Gedichte Johann Wolfgang Goethes, Joseph von Eichendorffs, Wilhelm Müllers oder Eduard Mörikes als auch in der formalen Abhängigkeit von dem Konzept des romantischen Volksliedes, das Achim von

Arnim und Clemens Brentano in ihrer 1802 bis 1806 veröffentlichten Sammlung *Des Knaben Wunderhorn* realisiert haben. Sowohl die Dichtungen Hesses als auch seine poetologischen Selbstaussagen stehen im Gegensatz zu den emanzipatorischen Tendenzen der lyrischen Ausdrucksformen des Expressionismus, Dadaismus oder Surrealismus, welche die tradierten, in der neoromantischen Poetik erneuerten Paradigmen der klassisch-romantischen Dichtung dekonstruieren, den subjektivistischen Lyrik-Begriff der Hegel-Tradition hinterfragen und zu einer neuen lyrischen Formensprache finden. Hesse verweigert sich dem in der ersten Hälfte des 20. Jahrhunderts die lyrische Produktion bestimmenden Versuch, das Gedicht aus der Verengung auf das Verständnis als Erlebnislyrik zu befreien, und schreibt die romantische Tradition ungebrochen fort. So notiert er im Oktober 1926 an Heinrich Wiegand:

> Der eine Vers, den Sie sich in einem meiner Gedichte als konventionell angestrichen haben, ist mir gerade lieb. Und bei Eichendorff ist es ja noch viel auffallender, wie er sich geradezu hinter eine Formkulisse versteckt, weil das Originellseinwollen ihm so verhaßt ist. Auf Eichendorff hin, der mit dem Apparat eines naiven Volkslieds die unglaublichsten Dinge sagt, finde ich Eure ästhetisch einwandfreien Dichter, die George etc. mit den schönen neuen, ungebrauchten Reimen und den genau gezählten Silben einfach affig, obwohl ich zu andern Stunden sie auch genießen und schätzen kann. (GB II,154)

Dass Hesse die formalen wie inhaltlichen Experimente seiner Zeitgenossen skeptisch-ablehnend betrachtet, zeigt sich auch in einem Brief aus dem Oktober 1956, in dem er über die Gedichte eines jungen Lyrikers reflektiert:

Dieser Tag mußte ich einem zwanzigjährigen Dichter schreiben, der mir ein Büchlein mit ein paar Gedichten und der Bitte um eine Antwort geschickt hatte. Eins der Gedichte, die nicht ohne Reiz waren, hört so auf:

Still wartet
Der hustende
Kellner.

Ich schrieb ihm dazu unter andrem:
»Ihr Büchlein gefällt mir recht gut. Doch müssen Sie sich klarmachen, daß ich zu Ihrer Generation nicht im Verhältnis des Bruders oder Vaters stehe, sondern in dem eines Großvaters. Die einzige kritische Bemerkung, die ich zu Ihren Versen und zu sehr vielen andern Versen Ihrer Generation mache möchte, wäre etwa diese:
Still wartet der hustende Kellner, ist ein schlichter, aber einwandfreier Prosasatz. Wenn man ihn in drei Zeilen zerlegt, wird er nicht dichterischer, und der Einzige, der etwas dabei gewinnt, ist der ohnehin viel zu reiche Papierfabrikant. [...]« (GB IV,270)

Sein poetisches Interesse richtet sich weder auf die nachhaltige Provokation durch die Gestaltung eines im traditionellen Verständnis unangemessenen Inhaltes noch auf das im Kontext des gewandelten Sprachbewusstseins des frühen 20. Jahrhunderts sich erschließende emanzipatorische Potential semantischer oder syntaktischer Ausdrucksformen. Vielmehr hat die Lyrik Hesses eine auf den Dichter selbst bezogene psychologische Entlastungsfunktion. Als objektivierender Raum anthropologischer Reflexion dient sie der Selbstbehauptung und ist, indem sie die Erfahrungen und die Individualität des Künstlers widerspiegelt, Bekenntnis- und Gelegenheitsdichtung.

Während seine erzählende Prosa unterschiedliche Entwicklungsstufen durchläuft, bleibt Hesses lyrisches Werk diesem Konzept von den ersten Sammlungen seiner Lyrik bis zu den späten Gedichten verhaftet. In seinen Briefen verweist der Dichter daher immer wieder auf den lebensgeschichtlichen Bezug seiner lyrischen Texte sowie auf die in ihnen gestaltete Authentizität der Empfindungen. So schreibt er an Carl Busse, dem er am 26. September 1901 einen Band seiner frühen Gedichte schickt: »Die Lieder enthalten vielleicht Schlechtes, aber nichts Gelogenes – mehr kann ich selbst darüber nicht sagen« (GB I,83). Und an Heinrich Wiegand notiert er im Herbst 1926:

> Was mich selber betrifft, so zähle ich da nicht mit, ich habe schon seit Jahren den ästhetischen Ehrgeiz aufgegeben und schreibe keine Dichtung, sondern eben Bekenntnis, so wie ein Ertrinkender oder Vergifteter sich nicht mit seiner Frisur beschäftigt oder mit der Modulation seiner Stimme, sondern eben hinaus schreit. (GB II,154)

Die vierzeiligen Strophen, die Hesses lyrisches Œuvre dominieren, sind der Volksliedstrophe der Romantik verpflichtet. Erst in den Jahren nach dem Ersten Weltkrieg werden die Strophenformen unregelmäßiger und lösen sich zum Teil ganz auf. »Ich meine nicht, daß Gedichte nach einem festen Schema gebaut sein müßten und nirgends Silben fehlen dürften. Aber auch die Abweichungen sollten musikalisch-sprachlich begründet sein« (GB I,234), notiert er im Jahr 1913. Die Paradigmen der sprachlichen Bindung, das metrische Schema und der Reim bleiben jedoch unangetastet. Metrisch zeigt sich in seinem Frühwerk eine Präferenz für jambische Strophenformen, während später die Metren unregelmäßiger werden. Im Bezug auf die Reimbindung bleibt er dem Schema des Kreuz- oder Paarreimes verhaftet. Im Januar 1934 schreibt er an Fritz Marti über den Umgang mit Reimen, die, weil sie in der deutschen Literatur seit der Empfindsamkeit häufig verwandt worden sind, in den dreißiger und vierziger Jahren des 20. Jahrhunderts ihr poetisches Potential bereits verbraucht haben:

> Ich habe in der Tat vor »Herz und Schmerz« nicht die mindeste Scheu. Ich bin der Meinung, daß diese Reime, ständige Ornamente im Volkslied, schon den Eichendorff oder den Goethe keineswegs durch ihre Originalität und Neuheit erschüttert haben, sondern daß sie von allen deutschen Dichtern einige Jahrhunderte lang ebenso natürlich und harmlos gebraucht wurden, wie wir uns der Buchstaben und Interpunktionen bedienen. So wenig ich das Bedürfnis habe, plötzlich das Komma oder das Fragezeichen durch irgend welche neue Zeichen in irgendeinem persönlichen Jugendstil ersetzen zu wollen, so wenig trage ich Bedenken, diese alten heimeligen Reimpaare immer wieder zu verwenden.
> Inmitten der heutigen Zeit vollends, inmitten dieses tristen Ramsch-Ausverkaufs aller Kulturwerte, sehe ich in allen den bolschewikischen Zertrümmerungen der sprachlichen und dichterischen Tradition beinahe lediglich etwas Negatives. Die Sprach-Turnereien heutiger Originale werden altes Blech sein, noch ehe ihre Schöpfer graue Haare kriegen. (GB II,410)

In der Forschung ist Hesses lyrisches Werk in drei Phasen unterteilt worden. Die frühe Phase von 1895 bis 1916/1917 wird von den Konventionen der romantischen Dichtung dominiert. Die meist vierzeiligen jambischen Strophen sind im Aufbau und in der Struktur den Kompositionsprinzipien des Volksliedes verpflichtet. Auch semantisch schließt der hohe, manchmal die Grenze zum Pathos überschreitende Ton an die Tradition der deutschen Romantik an, welche in den Dichtungen der zweiten Hälfte des 19. Jahrhunderts epigonal fortgeschrieben worden sind. Neben der Auseinandersetzung mit den Problemen der Individualität und den Konflikten der künstlerischen Natur in einer bürgerlichen Gesellschaft finden sich in der frühen Lyrik Hesses Naturgedichte in der Tradition Eichendorffs und Mörikes sowie Gedichte, die in der Nachfolge der Gedankenlyrik Friedrich Hölderlins und Novalis' zwischen religiöser und philosophischer Reflexion oszillieren. Obwohl das Bildinventar ebenfalls den traditionellen Metaphern und Chiffren verpflichtet bleibt und in Landschafts- und Naturbildern das Stimmungsgedicht der schwäbischen Romantik erneuert, bezeichnen bereits vereinzelte Themen den Einfluss der Moderne. Die spezifisch moderne Erfahrung der Entfremdung und Vereinzelung des Individuums, die etwa von Friedrich Nietzsche und Rainer Maria Rilke in die Geschichte der deutschen Lyrik eingebracht worden sind, bleibt jedoch von der Zerrissenheit und dem Weltschmerz der Romantik grundiert. Thomas Mann stellt diesen Aspekt bereits in einer 1929 veröffentlichten Rezension heraus: »Hesses bezaubernde Lyrik weiß eine sensitive Modernität in Laute von volkstümlicher Romantik zu kleiden« (U 169).

Die Auflösung der strophischen Form beginnt mit der lebensgeschichtlichen Krise des Jahres 1916, die durch den Tod des Vaters, die schwere Erkrankung seines jüngsten Sohnes, die psychische Krankheit seiner Frau und den langsamen Zerfall seiner Familie sowie durch die kollektive Erfahrung des Untergangs des alten Europas in den Schlachten des Ersten Weltkrieges verstärkt wird und auch in der erzählenden Prosa Hesses zu einem neuen Schreibstil führt. Auch das metrische Schema wird zum Teil durchbrochen und weicht freien Prosarhythmen, mit denen der Dichter bereits 1915, in dem Band *Musik des Einsamen*, experimentiert hatte. Analog zu den nach der Übersiedlung nach Montagnola entstandenen Erzählwerken –

beginnend mit der Novelle *Klein und Wagner* und endend mit dem *Steppenwolf* – bleiben die lyrischen Texte zwar dem Metaphern- und Bildinventar der Romantik verpflichtet, aber im Gegensatz zu den frühen Gedichten gestalten sie weitaus stärker die für Hesses Denken konstitutiven Widersprüche und Gegensätze. Zudem zeigt sich in den Jahren nach der psychoanalytischen Behandlung bei J. B. Lang in Luzern eine deutliche Tendenz zur Introspektive und Verinnerlichung. Semantisch vollzieht sich in den Jahren zwischen 1916 und 1926 die Hinwendung zu ausdrucksstarken Adjektiven, die von der neu entwickelten Ausdrucksform der expressionistischen Dichtungen Georg Heyms oder Georg Trakls inspiriert sind. Das spiegelt sich vor allem in den 1920 veröffentlichten *Gedichten des Malers*, die das rauschhaft-ekstatische Lebensgefühl des ersten Tessiner Jahres mit bis ins Äußerste gesteigerten sinnlichen Eindrücken und Reflexionen über Tod und Vergänglichkeit verbinden.

Als Kulminations- und Schlusspunkt dieser Phase können die im Winter 1925/26 entstandenen Gedichte betrachtet werden, die zunächst im *Steppenwolf* integriert werden sollten und schließlich 1928 in einer Sonderausgabe im Berliner Fischer Verlag unter dem Titel *Krisis* veröffentlicht werden. Die radikale Introspektive dieser Werke spiegelt zum einen die Beschäftigung Hesses mit der Psychoanalyse und zum anderen die bereits im *Demian* gestaltete und im *Steppenwolf* kulminierende Kultur- und Zivilisationskritik. Die Gedichte, »die ohne Rücksichtnahme peinlichen Wahrheitsdienst üben und aussprechen, daß unsere Zeit reif zur Mahd liege, morsch und verlogen sei, daß der wurzellose Dichter ohne Anteilnahme einer Masse für ein paar Gleichgesinnte schreibe« (U 123), wie Heinrich Wiegand in einer 1928 veröffentlichten Rezension formuliert, bezeichnet Hesse in einem Brief an Otto Hartmann als das »rückhaltloseste deutsche Dichterbekenntnis seit Heine« (GB II,206). Die Schonungslosigkeit in der Auseinandersetzung mit den eigenen innerseelischen Konflikten und die unbedingte Kritik an der bürgerlichen Gesellschaftsordnung der Zeit mag diese Selbsteinschätzung erklären, die vor dem Hintergrund der Leichtigkeit und Mühelosigkeit der Sprache Heinrich Heines, der provokanten Verbindung von Witz und Poesie, von gedanklicher Tiefe und sprachlicher Eleganz, von Dichten und Denken, die in der ersten Hälfte des 19. Jahrhunderts eine neue lyrische Ausdrucksform erschaffen hat, literaturgeschichtlich nicht zu rechtfertigen ist. Hesse variiert in diesen Gedichten das bereits die frühe Lyrik prägende Motiv der Einsamkeit und lotet die Erfahrung existentieller Not und Verlassenheit bis an die Grenze zur Neurose aus. Ihre Radikalität in der Auseinandersetzung mit dem eigenen psychischen Innenraum wie dem Tendenzlos-Nützlichen und Technisch-Ökonomischen der Moderne findet eine Fortsetzung in der 1929 veröffentlichten Sammlung *Trost der Nacht*, über die Max Herrmann-Neiße in einer in der *Literarischen Welt* erschienenen Kritik schreibt:

> Der Antrieb und die tragende Kraft dieses Gedichtbuches [...] ist ein durchaus unharmonisches, zweiflerisches Empfinden, immer hin und hergetrieben vom Wirrwarr der Verlockungen ins Märchenhafte oder Krasse. Nächst dieser bis zum Äußersten rücksichtslosen Selbstentblößung, die ich für das Kennzeichen des wahren Dichters halte, gefällt mir das Formale, der unrhetorische, schlicht vor sich hingesagte, manchmal fast schnoddrige, manchmal herrlich liedhafte, jedenfalls stets mit dem Inhalt sich deckende Ton. (U 131)

Der Hinwendung zur Gestaltung geistig-weltanschaulicher Inhalte und introspektiv-selbstenthüllender Gedankenlyrik in den zwanziger Jahren folgt die dritte Phase seines lyrischen Œuvres, die von der Auseinandersetzung mit den Themen Tod und Vergänglichkeit geprägt ist. In den Jahren nach der Übersiedlung in die Casa Rossa und der Heirat mit Ninon Dolbin findet Hesse zu einer ruhigen, reflexiven lyrischen Ausdrucksform, die in den Bildern der Natur Stimmungen und Gefühle des Dichters widerspiegelt. Die erneute Hinwendung zum Konzept der künstlerischen Autonomie, die das erzählerische Werk mit der *Morgenlandfahrt* und dem *Glasperlenspiel* vollzieht, korrespondiert mit der Konzentration der Lyrik auf die Motive des Geistigen, Schönen und Erhabenen. Wie die Prosawerke dieser Jahre akzentuieren auch die Gedichte eine zeitenthobene, geistige Welt als ein utopisches Gegenbild der eigenen Gegenwart. Als eine Antwort auf die Krise der eigenen Zeit akzentuieren die Gedichte der dreißiger, vierziger und fünfziger Jahre das Harmonisch-Ideale wie die Überzeitlichkeit der Dichtung in der Tradition des Idealismus. Die Bedeutung des subjektiven Erlebens wie des rein Ästhetischen für die lyrische Ausdrucksform des späten Hesse zeigt sich in einem Brief an seinen Sohn Martin, dem er im April 1940 über die Arbeit an dem Gedicht »Flötenspiel« schreibt:

> Ja, das ist komisch: während die ganze Welt sich in Gräben und Bunkern etc. bereit hält, um unsre bisherige Welt vollends in Splitter zu schießen, war ich tagelang damit beschäftigt, dem kleinen Gedicht eine bessere Fassung zu geben. […] Neun Zehntel meiner Leser merken es überhaupt nicht, ob das Gedicht diese oder jene Fassung hat. Von der Zeitung, die das Gedicht drucken wird, kriege ich, wenn es gut geht, etwa zehn Franken dafür, einerlei ob es diese oder jene Fassung sei. Für die Welt ist eine solche Beschäftigung also ein Unsinn, etwas Spielerisches, Komisches, eher schon Verrücktes, und man kann sich fragen: wie kommt der Dichter dazu, sich um seine paar

Verschen solchen Sorgen zu machen und so die Zeit zu vertun?
Und man könnte antworten: erstens ist das, was der Dichter da tut, vermutlich zwar wertlos, denn es ist nicht wahrscheinlich, daß er grade eins von den ganz wenigen Gedichten gemacht habe, die nachher für 100 und 500 Jahre am Leben bleiben – aber dennoch hat dieser komische Mann etwas Besseres, etwas Unschädlicheres, Harmloseres und Wünschenswerteres getan als die Mehrzahl der Menschen heute tut. Er hat Verse gemacht und Worte aufs Schnürchen gereiht, aber er hat weder geschossen noch gesprengt, noch Gas gestreut, noch Munition fabriziert, noch Schiffe versenkt etc. etc.
Und man könnte auch antworten: Daß der Dichter so seine Wörtchen klaubt und setzt und auswählt, mitten in einer Welt, die morgen vielleicht zerstört sein wird, das ist genau das Gleiche, was die Anemonen und Primeln und andern Blümchen tun, die jetzt auf allen Wiesen wachsen. Mitten in einer Welt, die vielleicht morgen mit Giftgas überzogen ist, bilden sie sorgfältig ihre Blättchen und Kelche, mit fünf oder vier oder sieben Blumenblättchen, glatt oder gezackt, alles genau und möglichst hübsch. (GB III,152–153)

Hesse hat mehrfach betont, dass seinem lyrischen Werk weder motivisch noch ästhetisch eine innovative oder emanzipatorische Absicht zu Grunde liegt. Im Gegenteil, in seinen Äußerungen zur Poetik des Gedichts zeigt sich eine tiefe Skepsis gegenüber dem Gedanken eines ästhetischen Fortschrittes durch die Dekonstruktion vorangegangener literarischer Ausdrucksformen einerseits sowie der metrischen Formstrenge andererseits. An Otto Basler schreibt er am 25. August 1934: »George und was zu ihm gehört [...] setzen eine willentliche Haltung, eine Zucht, eine vom Willen diktierte und kontrollierte Auswahl voraus, während ich zu der Art gehöre, die gegen den Willen und das Gewollte mißtrauisch ist und eine Harmonie zwischen Geist und Natur, zwischen Willen und Gnade sucht« (AB 121). Und so wie seine erzählende Prosa das Formeninventar der romantischen Epik fortschreibt und lediglich inhaltlich auf den Diskurs einer veränderten geistesgeschichtlichen Situation in der ersten Hälfte des 20. Jahrhunderts Bezug nimmt, ordnet er auch die Formensprache seines lyrischen Werkes den inhaltlichen Aspekten unter. »Ich glaube nicht«, schreibt er 1918 an Frida Furrer, »daß man in der Lyrik wesentlich voneinander lernen kann. Wenn ein Lebensgefühl stark genug ist, sich eine Form zu schaffen, dann ist diese Form wertvoll, einerlei, ob sie mit irgendwelchen Gesetzen der Poetik übereinstimmt oder nicht.« Die Skepsis gegenüber dem seit dem Sturm und Drang die Ästhetik dominierenden Gedanken der Originalität hinterfragt implizit das für die Moderne zentrale Paradigma der emanzipatorischen Funktion der Kunst.

Indem Hesse einen subjektiven Gefühlswert in ein Landschafts- oder Naturbild einschreibt, steht er nicht nur in der Tradition der Romantik, die auf diese Weise die Grenze zwischen Subjekt und Objekt aufzuheben versuchte, sondern auch in der Nachfolge der chinesischen Lyrik, in der ein Landschaftsort oder Naturbild mit einer emotionalen Gestimmtheit korrespondiert. Ein charakteristisches Merkmal der chinesischen Ästhetik ist ferner die aus der Reduktion erwachsende Konzentration auf die Gestaltung *eines* Gefühls und *eines* Gedankens im lyrischen Text. Das für die Literarizität eines Textes in der abendländischen Literatur konstitutive Paradigma der Mehrdeutigkeit kontrastiert mit der ästhetischen Norm der chinesischen Lyrik, ein Gefühl oder eine Stimmung in ihren Nuancierungen darzustellen und zu variieren. Diese Vorstellung spiegelt sich auch in den Gedichten Hermann Hesses. Sein lyrisches Werk variiert, beginnend mit den frühen, in Calw und Tübingen entstandenen Gedichten und bis zu den Versen der letzten, in Montagnola verbrachten Jahre die gleichen Themen und Motive, ohne wesentliche neue Seinsbereiche für die lyrische Aussage zu erschließen. Die Gedichte über Tages- und Jahreszeiten, Reisen, Landschaften und Naturstimmungen, über die Musik, die Kunst oder ontologische Kategorien wie Liebe und Einsamkeit, Verlassenheit, Krankheit und Tod sind nicht nur als intertextuelle Rekurse auf die Sujets der romantischen Dichtung zu lesen, sondern auch auf die lyrische Tradition der asiatischen Literatur. Vor allem die Wein- und Trinklieder, aber auch die Pilgerlieder und lyrischen Reflexionen über die taoistische und buddhistische Philosophie machen dies deutlich.

Sowohl dem Prosaerstling *Hermann Lauscher*, dem Erfolgsroman *Peter Camenzind*, den *Geschichten aus dem Leben Knulps* als auch dem Altersroman *Das Glasperlenspiel* sind Gedichte beigegeben. Hesse schreibt damit das in der deutschen Literatur seit der Romantik verwandte Strukturprinzip fort, lyrische und epische Texte miteinander in Beziehung zu setzen. Die verdichtete Form des lyrisches Textes, die Konzentration auf einen Gedanken oder einen Gefühlswert, variiert und reflektiert die in der Erzählung entwickelten Themen. So spiegeln die Gedichte aus den *Hinterlassenen Schriften* Josef Knechts die innere Entwicklung des Glasperlenspielmeisters, und die lyrischen Einschübe in den *Knulp*-Erzählungen verdichten die im epischen Raum erschlossene eskapistisch-naturnahe und antiintellektuelle Existenz des Landstreichers in prägnanter Form. Zudem gehen den meisten der erzählerischen Werke Hesses Gedichte oder Gruppen von Gedichten voran, welche das in der Prosa ausdifferenzierte Thema bereits leitmotivisch antizipieren. So eröffnet die Entstehungsgeschichte der Gedichte einen Einblick in die Arbeitsweise des Schriftstellers Hesse, der sinnliche Eindrücke und Bilder, spontan Erlebtes oder Erdachtes zunächst in Form eines lyrischen Textes abstrahiert und später erzählerisch entfaltet.

Die meisten der über 1400 Gedichte, die Hesse verfasst hat, sind jedoch als eigenständige Publikationen in Zeitschriften oder in Buchform veröffentlicht worden. Zu seinen Lebzeiten sind, neben zahlreichen Einzel-, Sonder- und Privatdrucken, vierzehn Buchausgaben der lyrischen Werke erschienen. Die Publikationsgeschichte seiner Lyrik beginnt mit der Erstveröffentlichung des impressionistisch inspirierten Gedichtes »Madonna« in der Wiener Zeitschrift *Das Deutsche Dichterheim* im Jahr 1896, reicht über die *Romantischen Lieder*, die 1899 bei Pierson in Dresden erscheinen, die *Gedichte* des Jahres 1902, die 1920 veröffentlichten *Gedichte des Malers*, über die *Ausgewählten Gedichte* im Jahr 1921 bis zu der ersten Gesamtausgabe, die 1942 bei Fretz und Wasmuth in Zürich erscheint, und endet mit dem späten Band *Stufen*, der 1961 im Frankfurter Suhrkamp Verlag veröffentlicht wird.

Wenngleich Hesses Lyrik in der Forschung nur wenig Beachtung gefunden hat, ist sie von der zeitgenössischen Kritik wie der literarischen Öffentlichkeit positiv aufgenommen worden. So notiert Manfred Hausmann in einer Rezension der im Juli 1947 veröffentlichten Gesamtausgabe der Gedichte im Bremer *Weser-Kurier*: »Man wird sogleich vom Zauber dieser Verse eingefangen und kann nicht wieder los. Was für eine schwermütig-schöne, menschlichwarme und geistig-tiefe Welt! Was für eine traurige, süße, gereifte Kunst!« (U 171.) Es ist die Besonderheit seines lyrischen Œuvres, individuelles Erleben und Leiden zu reflektieren und in eine Form zu bringen, in welcher der Leser sein eigenes Empfinden unmittelbar wiederzuerkennen vermag. Gerade die Absichtslosigkeit seiner inneren lyrischen Monologe, ihre nicht auf die Publikumswirkung berechnete scheinbare Kunstlosigkeit, die – wie die Manuskripte und Arbeitsstufen seiner Gedichte belegen – sich einem intensiven, dichterischen Arbeitsprozess verdanken, sowie die Fähigkeit, einer Gefühlsstimmung einen unmittelbaren literarischen Ausdruck zu verleihen, haben zu der bis in die Gegenwart ungebrochenen Popularität seiner Lyrik beigetragen. Die Authentizität seiner lyrischen Sprache verleiht ihnen die charakteristische Glaubwürdigkeit und Einmaligkeit des Tons. Der Rekurs auf die überkommenen Vers-, Strophen- und Reimformen ist nicht nur für den Dichter die einfachste und unmittelbarste Möglichkeit, Gefühle und Gedanken literarisch zu reflektieren. Er ermöglicht zugleich dem Leser einen unmittelbaren Zugang zu dem gestalteten Gedanken. Werner Weber betont diesen wirkungsästhetischen Aspekt der lyrischen Werke Hesses in einer im Juli 1961 in der *Neuen Zürcher Zeitung* veröffentlichten Rezension des Bandes *Stufen*:

> Hesse blieb nicht der letzte Ritter der Romantik, der er bestimmt einst gewesen war und mit welchem Signum man ihn dauernd kennzeichnen zu können glaubte. Er überwand die Stufen und damit sich selbst. Der autobiographische, selbstbildnerische Charakter, das schmerzliche Vordringen durch Natur und Welt zur eigenen geistigen Mitte hin tritt in der Gedichtauswahl besonders klar zutage und damit auch der stufenartige Weg vom Sein zum Bewußtsein, vom Wissen zur Weisheit. (U 229)

Das literaturkritische und publizistische Werk

Hermann Hesse schreibt seine ersten Literaturkritiken während seiner Tätigkeit als Sortimentsgehilfe in der Reich'schen Buchhandlung in Basel für die *Allgemeine Schweizer Zeitung*. Wie für zahlreiche Schriftsteller des 18. und 19. Jahrhunderts – von Friedrich Nicolai über Heinrich Heine bis Theodor Fontane – ist die publizistische Arbeit auch für ihn eine finanzielle Notwendigkeit. Bis zu seinem Tod im Jahr 1962 veröffentlicht er über 3000 Literaturkritiken in insgesamt 23 Zeitungen und Zeitschriften. Während es in den frühen Basler Jahren für den jungen, noch unbekannten Buchhändler, der mit seinen ersten literarischen Werken versucht, sich einen Namen zu machen, schwierig ist, Rezensionen auf dem umkämpften literaturkritischen Markt zu platzieren, wird er nach dem Erfolg des 1904 veröffentlichen Romans *Peter Camenzind* zu einem gefragten Beiträger in den Zeitschriften des deutschen Kulturraumes. Die Entwicklung Hermann Hesses zu einem vielgelesenen Schriftsteller in den Jahren vor dem Ersten Weltkrieg korrespondiert mit seiner Tätigkeit als Rezensent, und die literarischen Beziehungen zu Verlegern, Journalisten sowie Schriftstellerkollegen befördern seinen Erfolg als Beiträger literarischer und schöngeistiger Journale. Seine frühen Beiträge erscheinen in der *Neuen Zürcher Zeitung*, der *Frankfurter Zeitung*, dem *Literarischen Echo* in Leipzig, der *Zeit* und der *Neuen Freien Presse* in Wien, der *Münchner Zeitung*, den *Süddeutschen Monatsheften*, der *Neuen Rundschau*, dem *Simplicissimus* und der Halbmonatsschrift *März*, deren Mitherausgeber er von 1907 bis 1913 ist. Auch nachdem Hesse die Herausgeberschaft des *März* aufkündigt, setzt er seine »kritische Arbeit wie bisher noch« fort (GB I,216).

Hesse betrachtet seine Arbeit als Literaturkritiker als eine zwar notwendige, aber oftmals lästige Tätigkeit, die ihn von der Beschäftigung mit dem literarischen Werk abhält. So schreibt er am 20. November 1910 über seine Arbeit für den *März* an Wilhelm Frick: »Es ist eine Sauarbeit, so im Spätherbst täglich ein halb Dutzend Bücher zu erhalten, die man alle lesen sollte, und dabei ist die Arbeit doch recht undankbar, so daß ich mich oft frage, zu was ich eigentlich immer mit Augenweh und Überarbeitung herumlaufe, da ich niemand damit viel nütze und nicht einmal etwas damit verdiene« (GB I,185).

Er bespricht nicht nur Neuerscheinungen, sondern auch Neuauflagen vergriffener Werke, die ihm bemerkenswert erscheinen. So finden sich unter den Buchempfehlungen, die er in den Jahren vor dem Ersten Weltkrieg veröffentlicht, Rezensionen zeitgenössisch vielbeachteter Autoren wie Jens Peter Jacobsen, Helene Voigt, Gustaf af Geijerstam, Selma Lagerlöf, Ricarda Huch, Hermann von Keyserling, Wilhelm Schäfer, Alfons Paquet, Herbert Eulenberg, Max Dauthendey und Bruno Frank ebenso wie Besprechungen neuaufgelegter Werke der deutschen Literatur des 18. Jahrhunderts, der Klassik, der Romantik, des Biedermeier und des Realismus, Empfehlungen der mittelalterlichen Literatur wie der frühen Neuzeit, Hinweise auf Werke der persischen, indischen und chinesischen Literatur, auf Bilder- und Kinderbücher, auf Kunstbände, auf Volksbücher, Märchen, Sagen und Legenden sowie auf Bücher über Musik und Musiker.

Die Bandbreite seiner Buchberichte korrespondiert mit dem breiten Spektrum seiner eigenen Lektüre. Wie die Briefe belegen, die Hesse nach dem frühen Ende seiner Schulzeit, während seiner ersten Jahre als Buchhändler in Tübingen und Basel, an seine Eltern nach Calw schreibt, spiegelt sich in seinem intensiven Lesepensum neben der Faszination für die Literatur das Bemühen, sich autodidaktisch eine umfassende literarische Bildung anzueignen. So ist die Vielzahl seiner Literaturkritiken zum einen Ausdruck der Entwicklungen auf dem literarischen Markt, der sich in den ersten Jahren des 20. Jahrhunderts internationalisiert – eine Tendenz, auf welche die Zeitschriftenverlage in ihren Publikationen reagieren –, und zum anderen Ausdruck des eigenen literarischen Interesses des Schriftstellers. »Ich kritisiere nie, das dient niemandem, dafür wähle ich aus meiner Lektüre von Zeit zu Zeit das Beste und suche es ernstlich zu empfehlen«, schreibt er am 2. April 1910 an Otto Hartmann (GB I,176).

Bereits der Umzug Hermann Hesses und seiner Familie nach Bern bedingt eine stärkere Präsenz des Literaturkritikers in der eidgenössischen Presse. Der Erste Weltkrieg markiert eine weitere Zäsur, deren politische und geistesgeschichtliche Implikationen sich auf sein publizistisches Werk auswirken. So konzentriert sich in den Jahren des Ersten Weltkrieges seine publizistische Tätigkeit auf die Arbeit für die deutsche Kriegsgefangenenfürsorge. Er schreibt Artikel für die *Deutsche Internierten Zeitung*, gibt ab Dezember 1916 den *Sonntagsboten für die deutschen Kriegsgefangenen* heraus und baut die »Bücherzentrale für deutsche Kriegsgefangene« auf, die bis zum Ende des Krieges über eine halbe Million internierte deutsche Soldaten mit Büchern und Zeitschriften versorgt. Gegen Ende des Krieges im Jahr 1917 gründet er zudem einen eigenen Verlag für Kriegsgefangene, in dem er von 1918 bis 1919 Werke der klassischen und romantischen wie der Gegenwartsliteratur, mit Vor- oder Nachworten versehen, herausgibt.

Sowohl sein intensives Engagement für die Kriegsgefangenenfürsorge als auch die familiäre Krise, die schließlich im Jahr 1916 kulminiert, führen dazu, dass Hesse in diesen Jahren deutlich weniger Bücher rezensiert als zuvor. Auch wenn sich seine Kulturberichterstattung während des Ersten Weltkrieges wegen der nationalistischen Entwicklungen auf dem literarischen Markt Deutschlands und der zunehmend chauvinistischen Tendenz deutscher Zeitschriften auf Werke der klassischen und romantischen Literatur sowie auf Neuerscheinungen des deutschen Buchmarktes konzentriert, zeigt sich in den kritischen Beiträgen die intellektuelle Neugier und weltoffene Diskursivität sowie das Bewusstsein für die Traditionen der deutschen Geistesgeschichte, die auch für das vor dem Ausbruch des Krieges veröffentlichte literarische wie publizistische Werk Hesses kennzeichnend sind. Allerdings mischt sich unter den um ein gerechtes literarisches Urteil und um geistesgeschichtliche Einordnung bemühten Ton seiner Rezensionen die Besorgnis um die politische Situation Deutschlands und deren Auswirkungen auf den literarischen Diskurs der Zeit. Der bereits 1914 in der *Neuen Zürcher Zeitung* veröffentlichte Aufsatz *O Freunde, nicht diese Töne!*, mit dem Hesse eine gegen ihn gerichtete publizistische Kampagne der nationalistischen deutschen Presse auslöst, spiegelt nicht nur das pazifistische und kosmopolitische Selbstverständnis des Dichters, sondern auch die zunehmende Desillusionierung Hesses über die Bedeutung des intellektuellen Diskurses für die politische Entwicklung Deutschlands während des Ersten Weltkrieges.

Aus dem Geist des Humanismus und des Idealismus sind die Buchempfehlungen dieser Jahre der Versuch Hesses, auch in diesem Bereich, mit den Mitteln eines Schriftstellers den politischen wie intellektuellen Diskurs seiner Zeit zu beeinflussen. In einer Rezension über Romain Rollands Roman *Johann Christof* kommt dies, wie in zahlreichen anderen Buchempfehlungen, in mehrfacher Hinsicht zum Ausdruck. Nicht allein, dass er im ersten Jahr des Krieges, dessen militärische Auseinandersetzungen von massiven publizistischen Angriffen gegen die Kriegsgegner in den deutschen Zeitschriften begleitet werden, das Werk eines pazifistischen, französischen Schriftstellers bespricht, Hesses Beitrag akzentuiert zudem die gemeinsame, geistesgeschichtliche Tradition der Kriegsparteien:

> Dieser Mann hat nicht nur einige überaus kluge und gütige Bücher geschrieben, er hat nicht nur darauf verzichtet, gegen wohlfeile Lorbeeren sich am Geschrei der Hetze des Tages zu beteiligen. Er hat, ebenso wie er den ihm zugefallenen Nobelpreis ohne Sang und Klang dem internationalen Roten Kreuz in Genf zugeschoben, seinen Ruhm, seine Freundschaften, seinen Schatz an erworbener Heimat und Liebe darangegeben, um seinem Herzen treu zu bleiben. [...] Es wird die Zeit kommen, wo die Werte solcher Figuren und Handlungen, welche heute rein passiv zu sein scheinen, sich lebendig zeigen. Dann wird man sehen, daß Rollands Verhalten während des Krieges das christlichste war, das sich denken läßt. Und man wird in seinem großen Musikroman nicht bloß den kritischen Intellekt und das große Können bewundern, sondern auch diese keineswegs leidenschaftslose Liebe zur Gerechtigkeit, die mutige und ehrfürchtige Liebe zum Menschlichen überhaupt. (GW XII,412–413; SW XVII,443)

Die Tendenz zum Ausgleich, zum Frieden, zur Humanität spiegelt sich auch in den Rezensionen der ersten Nachkriegsjahre. Viele der Bücher, die Hesse in dieser Zeit seinen Lesern empfiehlt, versuchen einer von den Schrecken des Krieges geprägten und ihrer Ideale beraubten jungen Generation ein Identifikationsangebot zu machen und die humanistische Tradition der deutschen Geistes- und Literaturgeschichte unter den veränderten politischen Bedingungen fortzuschreiben und für die Gegenwart fruchtbar zu machen.

Das intellektuelle Klima der Weimarer Republik, der Aufbruch der alten, die deutsche Geschichte bis ins 20. Jahrhundert prägenden autoritären Strukturen haben auch Auswirkungen auf den deutschen Zeitschriftenmarkt. Nicht zuletzt der Wegfall der Zensur führt mit dem Ende des wilhelminischen Kaiserreiches zu einer Vielzahl von Zeitungs- und Zeitschriftenneugründungen. Hesse, der nach der Trennung von seiner Familie und der Übersiedlung nach Montagnola erneut auch finanziell auf seine literaturkritische Arbeit angewiesen ist, profitiert von diesen Entwicklungen. Von 1919 bis 1922 gibt er gemeinsam mit Richard Woltereck die Zeitschrift *Vivos voco* heraus und schafft damit erneut ein Forum für seine literaturkritische Arbeit. Weiterhin rezensiert er für die *Neue Zürcher Zeitung*, die *Vossische Zeitung* in Berlin, Fischers *Neue Rundschau*, die Basler *National-Zeitung*, den Dachauer *Bücherwurm*, die *Dresdner Neuesten Nachrichten*, das *Berliner Tageblatt*, die *Frankfurter Zeitung*, die *Münchner Neuesten Nachrichten* und *Reclams Universum*. Die meisten Buchbesprechungen, die Hesse veröffentlicht hat, wurden in den zwanziger Jahren geschrieben.

Abgesehen von der politischen Tendenz, die seine Beiträge seit dem Krieg grundieren, setzen seine Buchbesprechungen inhaltlich die Kontinuität seiner Arbeit vor dem Krieg fort. Er bespricht Neuauflagen der klassischen und romantischen deutschen Literatur sowie Editionen von Werken des 18. Jahrhunderts. Vermehrt finden sich, von dem Interesse der Zeit begünstigt, Besprechungen von Werken der indischen und chinesischen Literatur und Religionsphilosophie, Hinweise auf belletristische und kulturgeschichtliche Neuerscheinungen des deutschen Buchmarktes, auf Werke zur Psychoanalyse, zur Musik und bildenden Kunst sowie eine Vielzahl von Rezensionen, die sich mit Werken französischer, spanischer, holländischer, skandinavischer, englischer oder amerikanischer Gegenwartsautoren auseinandersetzen. Wie in seinen Romanen und Erzählungen spiegelt sich in den Literaturberichten der zwanziger Jahre das epochenspezifische Bewusstsein, dass die europäische Geistesgeschichte sich in den nachaufklärerischen Diskursen erschöpft hat. Das besondere Interesse an den Texten der klassischen chinesischen Literatur oder den Quellenwerken des Buddhismus sind der Versuch, das europäische Denken durch die Auseinandersetzung mit der Literatur, der Kunst, der Philosophie und Theologie Asiens um neue Perspektiven zu erweitern.

Interessant ist, dass Hesse auch in den zwanziger Jahren dem Prinzip treu bleibt, solche Werke zu empfehlen, die er aus dem einen oder anderen Grund für bedeutsam hält, und darauf verzichtet, sich kritisch mit ihm fernstehenden Tendenzen der Gegenwartsliteratur auseinanderzusetzen. Nur beiläufig, eher im Nebensatz oder indirekt erscheinen kritische Bemerkungen. So schreibt er in einer Rezension der Gedichte des bereits 1912 gestorbenen expressionistischen Dichters Georg Heym: »Mehr als viele laute und scheinbar sehr aktuelle Kundgebungen der Jüngsten scheint diese Dichtung mir aus dem Kern der deutschen Jugend und Zukunft geboren« (GW XII,523; SW XVIII,327). Hesses literaturkritisches wie publizistisches Œuvre scheut weder die kritische Auseinandersetzung noch den Konflikt, ist jedoch von dem Glauben getragen, dass Dichtung nur da etwas bewegen kann, wo sie den Menschen in einem positiven und konstruktiven Sinne erreicht. So schreibt er an den Schriftsteller und Freund Hugo Ball, der in einer Biographie Hesses, die er zum 50. Geburtstag des Dichters im Auftrag Samuel Fischers verfasst, auch ein Kapitel der literaturkritischen Arbeit zu widmen beabsichtigt:

> Ein Kapitel, das Sie wohl enttäuschen wird, ist meine Tätigkeit als Kritiker. Ob sie wirklich ein eigenes Kapitel verdient? Ich habe stets die Sicherheit, mit der Kritiker auftreten und Zeit- und Kulturkritik treiben, mit Mißtrauen betrachtet, und mir eigentlich wirkliche Kritik öffentlich überhaupt nie erlaubt. Vielleicht warnte mich auch ein Instinkt der seelischen Ökono-

mie, allzuweit in rein intellektuellen Äußerungen zu gehen, um den Boden nicht auszutrocknen, auf dem die Dichtung wächst. (GB II,153)

Der Niedergang des kulturellen Lebens und der Verlust an Internationalität, der das intellektuelle Klima der Weimarer Republik seit den späten zwanziger Jahren prägt, spiegelt sich auch in Hesses publizistischem Werk. Zu Beginn der dreißiger Jahre erscheinen seine Buchkritiken, Sammelrezensionen, Aufsätze und Feuilletons in mehr als 14 Zeitungen und Zeitschriften. Im Jahr der Machtergreifung sind es nur noch fünf, und sogar das *Berliner Tageblatt* und die *Münchner Neuesten Nachrichten*, für die Hesse viele Jahre gearbeitet hat, kündigen ihm die Mitarbeit auf. In Fischers *Neuer Rundschau* erscheinen seine Sammelrezensionen über Neuerscheinungen deutscher Literatur und Geisteswissenschaft noch bis zum Jahr 1936, danach konzentriert sich seine Arbeit auf das erzählerische Werk und die literaturkritische Tätigkeit auf Schweizer Zeitschriften.

Bereits im Dezember 1934 notiert Hesse an Mathilde Wassmer, dass er damit rechnen müsse, »in Deutschland bald nirgends mehr mitarbeiten zu können« (GB II,441). So nimmt er 1935 das Angebot einer schwedischen Zeitschrift an, regelmäßige Berichte über deutschsprachige Literatur zu verfassen. Seine Rezensionen erscheinen von März 1935 bis September 1936 in *Bonniers Litterära Magasin* in Stockholm. »Diese Buchberichte für Schweden sind, von mir aus gesehen, der Ast auf den ich meine Tätigkeit retten werde, wenn die Rundschau uns früher oder später weggenommen wird« (GB II,466), notiert Hesse an Thomas Mann. Und an Helene Welti schreibt er über seine Mitarbeit an der schwedischen Zeitschrift:

Ich übernehme jetzt auch für ein gutes schwedisches Literaturblatt zweimal im Jahr den Bericht über Neues in der deutschen Literatur [...] man muß in der

Welt eben an der Stelle mitarbeiten, wo man gewünscht und gebraucht wird, das Selbstwählen führt nicht weit. Auch sind die Bücherberichte beinahe noch die einzigen meiner Arbeiten, für die ich das Honorar ausbezahlt bekomme. (GB II,450)

Indem die neuen, den Maßgaben der nationalsozialistischen »Kulturpolitik« entsprechenden Werke der deutschen Literatur in seinen Berichten für das schwedische Journal unberücksichtigt bleiben, zeigt sich erneut, dass Hesse seine Literaturkritiken als einen Beitrag zum politischen Diskurs seiner Zeit begreift. Wie bereits während des Ersten Weltkrieges spiegeln die Buchberichte – neben der impliziten Kritik an den politischen Entwicklungen der Gegenwart – das Bewusstsein des Schriftstellers für die Traditionen der deutschen Geistesgeschichte. In der Folge wird von deutschen Schriftstellern und Journalisten, die der nationalsozialistischen Bewegung nahe stehen, der Vorwurf erhoben, er rezensiere Werke jüdischer, marxistischer und katholischer Schriftsteller. Die Angriffe kulminieren im November 1935 in einem Artikel der von Will Vesper herausgegebenen Zeitschrift *Die Neue Literatur*. Zugleich wird Hesse von der deutschen Emigrantenpresse in Paris angegriffen, weil er in der schwedischen Zeitschrift Werke rezensiert, die in Deutschland erscheinen. Resigniert stellt Hesse, der zwischenzeitlich aus der Sektion für Dichtkunst der gleichgeschalteten Preußischen Akademie der Künste ausgetreten und Mitglied des Schweizerischen Schriftstellerverbandes geworden ist, seine Tätigkeit als Rezensent für *Bonniers Litterära Magasin* ein. Über die Auseinandersetzungen schreibt er im Januar 1936 am Klaus Mann:

Inzwischen hat es sich gezeigt, daß mein Versuch, die deutsche Literatur als Ganzes zu sehen und zu zeigen, von niemand geschätzt wird. Daß ich in Deutschland

> wegen meines beständigen Eintretens für jüdische und emigrierte Autoren würde angepöbelt und denunziert werden, war zu erwarten. Nicht erwartet hatte ich, auch von Seiten der Emigranten als Dank für meine Bemühungen Fußtritte und Verdächtigungen zu bekommen. (GB III,14–15)

Nachdem Hesse 1936 auch die regelmäßigen Beiträge für die Literaturzeitschrift des Fischer Verlages aufgeben muss, widmet er sich der Arbeit an seinem literarischen Werk und unterstützt Schriftsteller und Emigranten, die ihre deutsche Heimat aufgrund der politischen Umstände verlassen müssen. An Peter Suhrkamp notiert er am 11. Mai 1936:

> Was die Bücherberichte in der Rundschau betrifft, so denke ich mir es so, daß ich später ganz gelegentlich wieder einmal einige Bücher bespreche, aber ohne Regelmäßigkeit. Inzwischen haben die literarischen Sitten der Germanen sich merkwürdig verändert; es kommt nicht nur vor, daß Bücher, die ich gestern empfahl, heute verboten werden, sondern auch, daß deutsche Verlage mich boykottieren und mir kein Buch zur Verfügung stellen, auch nicht, wenn ich die Garantie für Besprechung oder Bezahlung leiste. Ich bin an diese Verkehrsformen nach 30 Jahren kollegialer Mitarbeit nicht gewöhnt, und ziehe mich zurück. (GB III,38)

Nach dem Zweiten Weltkrieg veröffentlicht Hesse nur noch unregelmäßig Rezensionen in deutschen und Schweizer Zeitschriften. Wie bei seinem literarischen Werk liegt der Schwerpunkt seines publizistischen Œuvres in den ersten vier Jahrzehnten des 20. Jahrhunderts.

Die mehr als 3000 Rezensionen, Kulturberichte und Feuilletons, die Hermann Hesse zwischen 1900 und 1962 veröffentlicht hat, sind weniger von der intellektuellen Perspektive eines Kritikers auf ein besprochenes Werk geprägt als von dem Blick des Dichters auf die Werke anderer Dichter. In seinen Literaturberichten zeigt sich die tiefe Abneigung des Schriftstellers gegen alles Akademische und Wissenschaftliche, sie sind getragen von der Überzeugung, dass sich das Wesen des literarischen Textes intuitiv und nicht kognitiv erschließt.

Bereits die frühen Rezensionen aus dem ersten Jahrzehnt des 20. Jahrhunderts zeigen, dass es Hesse in der literaturkritischen Arbeit nicht darum geht, ein Urteil über andere Dichterkollegen zu fällen, sondern seinen Lesern solche Bücher nahezulegen, die er selbst gelesen hat und die ihm bedeutend erscheinen – fern von jeder Form der politischen Ideologie oder poetologischen Programmatik. Das spiegelt sich auch in den Aussagen Hesses über seine literaturkritische Arbeit. So schreibt er 1904 über seine Rezensionen für die *Propyläen*: »Ich bringe dort nur gute, schöne Bücher, die ich gern herzlich empfehle, gar keine negative Kritik! Diese Art sagt mir zu, und man kann so wohl auch am ehesten dem Guten wirksam nützen« (GB I,129).

Hesses Rezensionen sind mehr Buchempfehlungen, Sammelreferate oder Hinweise in Feuilletons als literarische Kritik. Aus der Fülle der eigenen Lektüre trifft er, sofern sich das mit den Anforderungen der Zeitschriften, für die er arbeitet, vereinbaren lässt, eine Auswahl von Büchern, die er den Lesern empfehlen möchte. Das kommt auch im Ton der Besprechungen zum Ausdruck. Er spricht oftmals davon, auf ein Werk hinweisen zu wollen, stellt in der Folge einige, ihm relevant und charakteristisch erscheinende Aspekte heraus oder zitiert ihm wichtige Passagen. Zudem sind seine Rezensionen auch durch geringen Umfang als Empfehlungen gekennzeichnet. So schreibt er an Gustav Waldt Anfang November 1934:

> Ich bin kein Kritiker, es fehlt mir beinahe alles dazu, vor allem die Courage – und wie soll man kritisieren inmitten einer Zeit ohne Tradition und Maßstäbe, inmitten einer verkommenen Literatur? Nein, dazu habe ich den Mut nie aufgebracht und auch nie den Beruf gefühlt. Dagegen halte ich es für erlaubt und für Pflicht, je und je ein neues Buch, das mir gefallen hat, in einer Zeitung anzuzeigen, nicht im Sinn der Kritik, sondern nur im Sinn des Hinweises, damit es von denen, für die es vielleicht wertvoll werden kann, eher gefunden werden kann. (GB II,439)

Bemerkenswert und im Kontext der Geschichte der literarischen Kritik in Deutschland durchaus unüblich ist der reflexive Charakter seiner Referate. Hesses Beiträge halten die Gedanken eines Lesers fest, der als Autor im Gegensatz zu den professionellen Kritikern seiner Zeit sein literarisches Urteil weder durch eine umfangreiche analytische Ausarbeitung legitimieren noch seine subjektiven Ausführungen als intellektuelle Objektivierungen darbieten muss. Vielmehr zeigt sich in den Fragen und Gedanken, die er im Anschluss an die eigene Lektüre niederschreibt, die Skepsis des Schriftstellers gegen jede Form der Interpretation und Deutung. Der literarische Text hat aus der Perspektive Hesses nicht die Funktion, Antworten zu geben, sondern soll Fragen aufwerfen und den Leser in einem dialogischen Prozess mit dem Gelesenen zur Selbstreflexion anregen. Deshalb orientieren sich seine Rezensionen nicht an den geltenden ästhetischen und stilistischen Paradigmen der Zeit, sondern erheben die individuelle Lese- und Lebenserfahrung des Rezensenten zum Paradigma der literarischen Kritik. Auf diese Weise spiegelt sich auch im literaturkritischen Werk Hesses der pädagogische Impuls seines literarischen Œuvres. Der literarische Text hat zwar Teil am intellektuellen Diskurs seiner Zeit, seine eigentliche Bedeutung liegt jedoch darin, dem Einzelnen im Raum des Erzählten Parallelen oder Kontraste zum eigenen Sein und zur eigenen Entwicklung aufzuzeigen. Während sich in den Literaturkritiken der Zeitgenossen direkt wie indirekt ein poetologisches oder politisches Programm manifestiert, bleiben die Beiträge dem humanistischen Menschenbild seines dichterischen Werkes verpflichtet.

Indem Hesse nur solche Werke bespricht, die ihn beschäftigen und persönlich bewegen, zeigt sich auch in diesem Bereich seines schriftstellerischen Schaffens die für sein Denken zentrale Vorstellung, dass der Mensch immer nur von sich selber sprechen kann. »Mit meinen Bücherbesprechungen ist es so: ich berichte das Jahr hindurch über das, was ich lese, aber nur über Bücher, die in irgendeinem Sinn etwas Vorbildliches und Gültiges haben, die ich als Ergebnisse und Früchte unsrer Zeit ansehe und denen ich zutraue, daß sie vielleicht noch bis morgen oder übermorgen bestehen werden« (GB II,379). Das breite Spektrum der von ihm besprochenen Werke ist nicht Ausdruck eines wahllosen Eklektizismus, sondern der Überzeugung, dass die Literatur eine zeitlose Qualität besitzt. Was in der überzeitlichen, geistlichen Gemeinschaft der Morgenlandfahrer und der kastalischen Ordensgemeinschaft im erzählerischen Werk zum Ausdruck kommt, korrespondiert mit der literaturkritischen Arbeit des Schriftstellers. Wie sein 1929 veröffentlichter Aufsatz *Eine Bibliothek der Weltliteratur* belegt, ist dieser Gedanke dem humanistischen Ansatz der Goethe-Zeit verpflichtet.

Obwohl Hesses Literaturberichte die Tendenzen und Strömungen auf dem deutschen Buchmarkt in den ersten Jahrzehnten des 20. Jahrhunderts im Sinne eines Quellenwerkes dokumentieren, bleiben sie im Kontext der Geschichte der literarischen Kritik eine Ausnahmeerscheinung. Sie sind Ausdruck der in seinen Romanen und Erzählungen mit dem sprach- und erzählkünstlerischen Mitteln der Literatur realisierten und in den Bereich der Publizistik übertragenen humanistischen Sicht des Schriftstellers Hermann Hesses auf die Welt und den Menschen.

Porträt des Schriftstellers als Maler

Im Gegensatz zu Johann Wolfgang Goethe, der als junger Mann zwischen der Literatur und der Malerei als künstlerischen Ausdrucksformen schwankte – wie der Weimarer Staatsminister in der autobiographischen Schrift *Dichtung und Wahrheit* berichtet –, findet Hermann Hesse erst in der zweiten Hälfte seines Lebens zur bildenden Kunst. Zwar spiegelt sich die Auseinandersetzung mit der Malerei bereits in seinem 1912 in Gaienhofen begonnenen und 1913 in Bern abgeschlossenen Künstlerroman *Roßhalde*, der zum einen den Konflikt zwischen künstlerisch-kreativer Erlebniswelt und lebenspraktischem Anspruch thematisiert und zum anderen über das nach der Entwicklung der Fotografie für die Malerei wie die Literatur obsolet gewordene mimetische Paradigma reflektiert. Dennoch bietet die bildende Kunst dem jungen Hesse keine adäquate künstlerische Ausdrucksform. So schreibt er 1903, im Alter von 26 Jahren, an Stefan Zweig: »Wie oft hab' ich mir schon gedacht, was für herrliche Bilder ich machen würde, wenn ich nur Maler wäre statt Dichter! Dabei kann ich keinen Strich zeichnen oder malen« (GB I,112).

Dass Hesse erst 1916, im Alter von 39 Jahren, zu zeichnen und zu aquarellieren beginnt, ist als Versuch gedeutet worden, die lebensgeschichtliche Krise der Jahre zwischen 1912 und 1919 künstlerisch zu verarbeiten, zudem als eine Folge der analytischen Behandlung bei dem Luzerner Psychologen Joseph Bernhard Lang, einem Schüler Carl Gustav Jungs. Die Jahre des Ersten Weltkrieges, die Hesse aufgrund seiner Tätigkeit für die deutsche Kriegsgefangenenfürsorge wenig Zeit für literarische Arbeiten lassen, sind geprägt durch die kritisch-feindliche Reaktion der deutschen Öffentlichkeit auf seine pazifistische Publizistik. Die Krise des Schriftstellers und Intellektuellen Hermann Hesse wird verstärkt durch den Tod des Vaters im

Jahr 1916, die gefährliche, beinahe tödliche Krankheit seines jüngsten Sohnes Martin und die fortschreitende psychische Erkrankung seiner Frau Maria Bernoulli. Dass er schließlich im Jahr 1916, angeregt durch die therapeutischen Sitzungen bei Dr. Lang, der die künstlerische Tätigkeit als Möglichkeit empfiehlt, dissoziative Zustände zu bewältigen und zu überwinden, zu malen beginnt, kommentiert Hesse in dem 1924 entstandenen *Kurzgefaßten Lebenslauf*, einer autobiographischen Reflexion:

> Und siehe da, eines Tages entdeckte ich eine ganz neue Freude. Ich fing, schon vierzig Jahre alt, plötzlich an zu malen. Nicht daß ich mich für einen Maler hielte oder einer werden wollte. Aber das Malen ist wunderschön, es macht einen froher und duldsamer. Man hat nachher nicht wie beim Schreiben schwarze Finger, sondern rote und blaue. Auch über diese Malerei ärgern sich viele meiner Freunde. Darin habe ich wenig Glück – immer, wenn ich etwas recht Notwendiges, Glückliches und Hübsches unternehme, werden die Leute unangenehm. Sie möchten gerne, daß man bleibt, was man war, daß man sein Gesicht nicht ändert. Aber mein Gesicht weigert sich, es will sich häufig ändern, es ist ihm Bedürfnis. (GW VI,405; SW XII,57)

Folgt man der Selbstdeutung, so sind bildende Kunst wie Literatur Ausdruck der innerpsychischen Konflikte des Menschen. Im Sinne der psychoanalytischen Betrachtungen Sigmund Freuds hat die Kunst die Funktion, die Spannungen zwischen den das innerseelische Erleben des Individuums schmerzhaft disponierenden Dualismen und seinen lebensweltlichen Erfahrungen zu sublimieren, und bietet zugleich die Möglichkeit, in den Bereich des Unbewussten und Verdrängten vorzudringen. Diesen Gedanken greift Hesse, der sich schon als junger Mann mit den

Erkenntnissen der zu Beginn des 20. Jahrhunderts neuen psychoanalytischen Wissenschaft auseinandergesetzt hat, in seinem 1918 entstandenen Aufsatz *Künstler und Psychoanalyse* auf. Dass die Selbstinterpretation des *Lebenslaufs* nicht nur ein stilisiertes Bild des Künstlers für die Öffentlichkeit vermittelt, zeigt ein Brief an die Schriftstellerin Ina Seidel vom 12. September 1925. Hesse bekennt: »Aber es ist so, daß ich längst nicht mehr leben würde, wenn nicht in der schwersten Zeit meines Lebens die ersten Malversuche mich getröstet und gerettet hätten« (GB II,120).

Auch wenn Hermann Hesse sich die Technik des Zeichnens und Aquarellierens autodidaktisch aneignet, wird er auf dem Weg, Wahrnehmungen bildnerisch umzusetzen, von befreundeten Künstlern begleitet. So von Louis Moilliet, an den die Figur »Louis des Grausamen« in *Klingsors letzter Sommer* erinnert und der als Freund von Paul Klee, August Macke und Wassily Kandinsky die Tunisreise der Maler im Jahr 1914 initiiert und finanziell unterstützt hat, oder Cuno Amiet, welcher der Künstlervereinigung »Die Brücke« angehörte und Pflegevater und Lehrer des ältesten Sohnes des Dichters, Bruno Hesse, wurde. Die Nähe zu den künstlerischen Vorstellungen des »Blauen Reiters« und der »Brücke« spiegelt sich nicht nur in der Maltechnik und Farbgebung der Bilder Hermann Hesses, sondern auch in dem Sujet der Tessiner Landschaft, in deren Darstellungen sich das einfach-naturnahe Leben mit einer zivilisationskritisch-eskapistischen Idealisierung des Exotischen verbindet. Bereits in den Bildbeschreibungen der im Sommer 1919 entstandenen Erzählung *Klingsors letzter Sommer* kommt dies zum Ausdruck.

> Nun, das Braunrot vor dem bösen metallenen Blau war da, das war gut, das war um keine kleine Tönung, um keine kleinste Schwingung gefälscht oder

mißglückt. Ohne caput mortuum hätte man das nicht herausbekommen. Hier, auf diesem Gebiet, lagen die Geheimnisse. Die Formen der Natur, ihr Oben und Unten, ihr Dick und Dünn konnte verschoben werden, man konnte auf alle die biederen Mittel verzichten, mit denen die Natur nachgeahmt wird. Auch die Farben konnte man fälschen, gewiß, man konnte sie steigern, dämpfen, übersetzen, auf hundert Arten. Aber wenn man mit Farbe ein Stück Natur umdichten wollte, so kam es darauf an, daß die paar Farben genau, haargenau im gleichen Verhältnis, in der gleichen Spannung zueinander standen wie in der Natur. Hier blieb man abhängig, hier blieb man Naturalist, einstweilen, auch wenn man statt Grau Orange und statt Schwarz Krapplack nahm. (GW V,298; SW VIII,288)

Die wissenschaftliche Kritik hat vor allem in Bezug auf die Novelle *Klein und Wagner* und die Malererzählung *Klingsors letzter Sommer*, die als erstes Werk des Schriftstellers die eigene bildnerische Arbeit widerspiegelt, die Bedeutung der Farben und der Farbgebung im literarischen Werk untersucht. In beiden im Sommer 1919 in Montagnola entstandenen Prosatexten zeigt sich eine für den von der Neoromantik ebenso wie vom literarischen Impressionismus der Jahrhundertwende beeinflussten Schriftsteller überraschende Nähe zur Farbsymbolik der Dichtungen Georg Trakls oder Georg Heyms. Die neue literarische Schreibart, zu der er im Sommer dieses Jahres findet, korrespondiert sowohl in ihrer Farbsymbolik als auch in ihrem expressiven Ausdruck mit den bildnerischen Werken. Die Forschung hat mehrfach auf die Analogie der Bildbeschreibungen in *Klingsors letzter Sommer* und den zur gleichen Zeit in Montagnola entstandenen Aquarellen hingewiesen.

> Und jetzt die größern Farbskizzen, weiße Blätter mit leuchtenden Farbflächen in Wasserfarben: die rote Villa im Gehölz, feurig glühend wie ein Rubin auf grünem Sammet, und die eiserne Brücke bei Castiglia, rot auf blau-grünem Berg, der violette Damm daneben, die rosige Straße. Weiter: der Schlot der Ziegelei, rote Rakete vor kühlhellem Baumgrün, blauer Wegweiser, hellvioletter Himmel mit der dicken wie gewalzten Wolke. (GW V,297–298; SW VIII,288)

Wenngleich Hesse als Maler der expressionistischen Bewegung verpflichtet ist und die spezifischen Anforderungen der Malerei von denen des Schreibens verschieden sind, impliziert der Wechsel des künstlerischen Mediums keine Veränderung der erkenntnistheoretischen Intention. »Sie werden sehen, daß zwischen meiner Malerei und Dichtung keine Diskrepanz herrscht, daß ich auch hier nicht der naturalistischen, sondern der poetischen Wahrheit nachgehe«, schreibt er anlässlich einer Ausstellung seiner frühen Aquarelle im Januar 1920 an die *National-Zeitung* in Basel (HaM 106). Die künstlerisch-kreative Arbeit vollzieht Prozesse der Transformation. Während die Musik eine von der Wirklichkeit unabhängige, abstrakte Ausdrucksform anwendet, müssen sich die bildende Kunst wie die Literatur mit den mimetischen Paradigmen auseinandersetzen. In der retrospektiven Betrachtung seiner malerischen Anfänge im *Kurzgefaßten Lebenslauf* reflektiert der Schriftsteller über die Bedeutung der Wirklichkeit für den Künstler und sein literarisches wie bildnerisches Werk. Er schreibt:

> Ein anderer Vorwurf, den man mir macht, scheint mir selber sehr wichtig. Man spricht mir den Sinn für die Wirklichkeit ab. Sowohl die Dichtungen, die ich dichte, wie die Bildchen, die ich male, entsprechen nicht der Wirklichkeit. Wenn ich dichte, so vergesse

ich häufig alle Anforderungen, welche gebildete Leser an ein richtiges Buch stellen, und vor allem fehlt mir in der Tat die Achtung vor der Wirklichkeit. Ich finde, die Wirklichkeit ist das, worum man sich am allerwenigsten zu kümmern braucht, denn sie ist, lästig genug, ja immerzu vorhanden, während schönere und nötigere Dinge unsre Aufmerksamkeit und Sorge fordern. Die Wirklichkeit ist das, womit man unter gar keinen Umständen zufrieden sein, was man unter gar keinen Umständen anbeten und verehren darf, denn sie ist der Zufall, der Abfall des Lebens. Und sie ist, diese schäbige, stets enttäuschende und öde Wirklichkeit, auf keine andre Weise zu ändern, als indem wir sie leugnen, indem wir zeigen, daß wir stärker sind als sie.

In meinen Dichtungen vermißt man häufig die übliche Achtung vor der Wirklichkeit, und wenn ich male, dann haben die Bäume Gesichter, und die Häuser lachen oder tanzen, oder weinen, aber ob der Baum ein Birnbaum oder eine Kastanie ist, das kann man meistens nicht erkennen. Diesen Vorwurf muß ich hinnehmen. Ich gestehe, daß auch mein eigenes Leben mir sehr häufig genau wie ein Märchen vorkommt, oft sehe und fühle ich die Außenwelt mit meinem Innern in einem Zusammenhang und Einklang, den ich magisch nennen muß. (GW VI,405–406; SW XII,57–58)

Hesse begreift die bildende Kunst wie die Literatur als Ausdrucksform der subjektiven Anverwandlung der Erscheinungen der äußeren Wirklichkeit. Sie sind einerseits eine auf den Einzelnen zurückspiegelnde Form der Aneignung von Welt, der Integration ihrer Einscheinungen in den psychischen Innenraum des Individuums, zum anderen eröffnen sie die Möglichkeit, Zusammenhänge, Analogien und Einsichten, die in der Wirklichkeit nicht sichtbar sind, zum Ausdruck zu bringen. Dieser komplexe, dialektische Prozess, der schließlich in den poetologischen Reflexionen des *Glasperlenspiels* explizit wird, spiegelt den von der romantischen Tradition ebenso wie von der platonischen Ideenlehre beeinflussten und für Hesses künstlerisches Selbstverständnis zentralen Gedanken einer der Wirklichkeit immanenten Wahrheit, die Vorstellung überzeitlich-geistiger Ideen hinter der Welt der Erscheinungen. Indem Hesse den Einzelnen zu der Instanz macht, die das Wissen von der Welt ermöglicht, vollzieht er in seinem malerischen wie literarischen Œuvre den philosophischen Paradigmenwechsel zum anthropozentrischen Weltbild der Moderne. Die subjektive Wahrnehmung des Individuums bildet den Ausgangs- und Endpunkt der Wirklichkeitsdarstellung.

In Hesses erzählerischem Werk zeigt sich – wie bei vielen anderen künstlerischen Doppelbegabungen – die Fähigkeit, Menschen, Dinge oder Ereignisse im imaginären Raum des epischen Textes zu arrangieren, die mit der Fähigkeit des Malers korrespondiert, Gegenstände oder Landschaftselemente im Bild zu strukturieren und zu organisieren. Als bildnerisch tätiger Schriftsteller steht Hesse in einer langen Tradition von Malerdichtern in der deutschen Literatur, die von Salomon Gessner über Adalbert Stifter, Eduard Mörike, Gottfried Keller bis zu Else Lasker-Schüler und Günter Grass reicht. Seine Auseinandersetzung mit den Übergängen und Grenzverläufen vom Optischen der Wirklichkeit zum Abstrakten des epischen Textes, die für alle mit der bildenden Kunst sich beschäftigenden Dichter eine bedeutsame Rolle spielt, zeigt sich auch in dem 1914 veröffentlichten Malerroman *Roßhalde*. Schon der erste einleitende Satz des Werkes überträgt ein visuelles Bild in ein sprachliches:

> Als vor zehn Jahren Johann Veraguth Roßhalde gekauft und bezogen hatte, war sie ein verwahrloster alter Herrensitz mit zugewachsenen Gartenwegen, ver-

> moosten Bänken, brüchigen Treppenstufen und undurchdringlich verwildertem Park gewesen, und es standen damals auf dem wohl acht Morgen großen Grundstück keine anderen Gebäude als das schöne, etwas verkommene Herrenhaus mit dem Stall und ein kleines tempelartiges Lusthäuschen im Park, dessen Portal schief in verbogenen Angeln hing und an dessen einst mit blauer Seide tapezierten Wänden Moos und Schimmel wuchs. (GW IV,7; SW III,7)

Von dem klassischen Anfang jedes epischen Berichtes, der temporalen Konjunktion »Als«, lenkt der Erzähler den Blick auf die äußere Erscheinung des Landgutes, von dem Großräumigen des Parks bis in das Detail einer alten, verblichenen Tapete. Dem Leser eröffnet sich, indem er den epischen Raum betritt, zugleich ein Bild, in welchem Menschen und Landschaftselemente kontrapunktisch zueinander angeordnet sind. Mit Worten komponiert der Schriftsteller sprachliche Bilder, deren Nuanciertheit und Plastizität im Leser einen bleibenden Eindruck hinterlassen. Die Möglichkeiten des Malers Hermann Hesse, seine Wahrnehmungen, Stimmungen und Gefühle auf bildnerische Weise auszudrücken, bleiben keineswegs hinter denen des Schriftstellers zurück. Er begreift das Schreiben wie die Arbeit mit Zeichenstift und Pinsel als eine Begegnung mit der Natur. In dem am 7. Juli 1926 in der *Frankfurter Zeitung* veröffentlichten Aufsatz *Aquarell* schreibt er:

> Aber Tage wie heute, das war etwas anderes und Besonderes, an diesen Tagen *konnte* man nicht malen, sondern *mußte* malen. Da blickte jedes Fleckchen Rot oder Ocker so klangvoll aus dem Grün, jeder alte Rebenpfahl mit seinem Schatten stand da so nachdenklich, schön und in sich versunken, und doch im tiefsten Schatten sprach jede Farbe klar und kräftig. (HaM 9)

Seetal im Winter
Aquarell von Hermann Hesse, gemalt am 17. Dezember 1933

Die Sujets des Malers Hesse sind Landschaften, Gärten und Dörfer, Kompositionen von Bergen und Seen, Häuser, Kirchen und Kapellen, seltener auch Interieurs, Blumenstilleben oder Nature morte mit Büchern. Deutlich spiegelt sich in seinen Aquarellen und Zeichnungen der neue Lebensmittelpunkt in Montagnola, wo Hesse, nach der Trennung von seiner Familie im Frühjahr 1919, einige Zimmer in der Casa Camuzzi bewohnt. Das Tessin und die norditalienische Landschaft um den Lago Maggiore bleiben bis in die späten Jahre die dominierenden Motive seines Œuvres. Während der Schriftsteller in seinem literarischen Werk die dunklen Schattenzonen des Menschen und seines psychischen Innenraums betrachtet, ist der Maler Hermann Hesse ein Maler des Lichtes. Dass er die Beschäftigung mit der Malerei als ein Gegengewicht zu der quälenden Introspektive seiner literarischen Arbeit versteht, zeigt sich in einem Brief aus dem Juli 1930. Hesse schreibt an eine Studentin: »[...] das Zeichnen und Malen ist meine Art von Ausruhen« (AB 33). Seine südlichen Landschaften liegen in einem hellen, glänzenden, die Farbflächen selbst durchleuchtenden Licht. Seine Palette reicht von dem gleißenden, sonnendurchglühten Licht des Hochsommers über den gebrochenen Glanz der herbstlichen Sonne, welche die Welt »in fabelbunter Träume Glanz« (SW X,62) erscheinen lässt, bis zu der kühlen, blautonigen Helligkeit der Winterbilder, die in »blauem Licht von Eis und Mond« (SW X,114) liegen und in denen »zart die rosige Ferne glüht« (SW X,270).

Hesse begreift seine Bilder als Prozesse der Reduktion, als Abstraktionen der Welt der Erscheinungen auf die ihr immanente, sich subjektiv erschließende Wesenhaftigkeit. Bildhafter Ausdruck dieses Paradigmas sind die intensiven Farbwerte, welche den Naturalismus überwunden haben und die Natur in der subjektiven Wahrnehmung des Individuums abbilden. So korrespondiert der expressive bildnerische Ausdruck mit der für Hesses literarisches Werk konstitutiven Introversion. Die Analogie des Spiels mit Farben und Flächen, mit Helligkeitswerten und Perspektive spiegelt sich in den Gedichten des 1920 in Bern erschienenen Bandes *Gedichte des Malers*.

Noch während des Ersten Weltkrieges beginnt Hesse, Manuskripte und Typoskripte eigenhändig zu illustrieren und zugunsten der Kriegsgefangenenfürsorge an Liebhaber und Sammler zu verkaufen. Er finanziert damit zu einem Teil seine Hilfssendungen und Bücherpakete in die Gefangenenlager. Als er in den Jahren nach dem Krieg durch die Inflation in Deutschland und die ungünstigen

Wechselkurse selbst in Geldnot gerät, ist er genötigt, phasenweise seinen Lebensunterhalt auf die Weise zu bestreiten.

Bis zu seinem Tod setzt der Dichter die Einnahmen aus dem Verkauf dieser Manuskripte ein, um notleidende Kollegen finanziell unterstützen zu können. Das erste Buch mit Reproduktionen seiner Aquarelle und Zeichnungen, die *Gedichte eines Malers*, erscheint 1920 im Verlag Seldwyla in Bern. Noch im selben Jahr veröffentlicht er die Aufzeichnungen *Wanderung*, ebenfalls mit Aquarellen und Zeichnungen, und ein Jahr später *Elf farbige Aquarelle aus dem Tessin*. Nach dem Krieg publiziert der Suhrkamp Verlag neben *Zwölf farbigen Bildtafeln* das Märchen *Piktors Verwandlungen*, das Hesse 1922 für seine zweite Frau Ruth Wenger geschrieben hatte.

Während zahlreiche Schriftstellerkollegen bereits früher auf die Aquarelle und Zeichnungen des Schriftstellers aufmerksam geworden sind – und trotz der in seinem Werk vollzogenen Synthese literarischer und bildnerischer Ausdrucksmittel –, ist der Maler Hermann Hesse von einer breiteren Öffentlichkeit erst nach seinem Tod im Jahr 1962 entdeckt worden. André Gide schreibt im Vorwort zur französischen Ausgabe der *Morgenlandfahrt*:

> Hesse ist fast ebensosehr Maler wie Poet. In einigen seiner Gedichtbände sind Reproduktionen von Aquarellen enthalten, anschaulich dem Sinn der Verse sich zugesellend. Diese Illustrationen bekunden eine fast kindliche Anschmiegsamkeit. Aber beides, Dichtung wie Bild, ist ganz erfüllt von dem Duft der Natur. Sie verraten eine so innige, vollendete Verbindung mit der Erscheinungswelt, daß kein Mißton Zugang findet in diesen reinen Zusammenklang. (U 85)

Hermann Hesses Werk im Urteil der Nachwelt

Auf dem literarischen Markt der ersten Hälfte des 20. Jahrhunderts ist Hermann Hesse ein erfolgreicher Schriftsteller. Schon früh eröffnet ihm die schriftstellerische und publizistische Arbeit die Möglichkeit, den Brotberuf als Buchhändler und Antiquar aufzugeben und sich als freier Schriftsteller in Gaienhofen am Bodensee niederzulassen. Sein Werk findet nicht nur die Beachtung des Lesepublikums, auch für Schriftsteller und Intellektuelle wie Stefan Zweig, Thomas Mann, Martin Buber, Romain Rolland oder André Gide gehören seine Romane und Erzählungen, Gedichte und Feuilletons zu den wichtigen literarischen Erscheinungen der Zeit. Für den Berliner Verleger Samuel Fischer, der Hesses Werk seit 1904 betreut, ist er bereits nach der Veröffentlichung des *Peter Camenzind* einer der bedeutenden Autoren im Verlagsprogramm. In den Zeitschriften und Journalen ist er ein gern gesehener und oft nachgefragter Feuilletonist und Literaturkritiker, und für Peter Suhrkamp, der nach dem Zweiten Weltkrieg und dem Zerwürfnis mit Gottfried Bermann Fischer einen eigenen Verlag gründet, wird er zum wichtigsten Autor, der den Aufstieg des jungen Verlages zu einem der angesehensten Publikationshäuser der Bundesrepublik überhaupt erst ermöglicht.

Der amerikanische Hesse-Forscher Ralph Freedman hat seiner 1978 veröffentlichten und seitdem zu einem Standardwerk gewordenen Biographie des Schriftstellers den Untertitel *Pilgrim of Crisis* gegeben. Was Freedman als Biograph bezogen auf die Korrespondenzen zwischen der Lebensgeschichte Hermann Hesses und der Entstehungsgeschichte seines literarischen Œuvres herausgearbeitet hat, lässt sich auch auf die Wirkungsgeschichte der Werke übertragen. Dass der Roman *Peter Camenzind* – indem er die Balance hält zwischen der Geschichte einer Jugend und der Lebensbeichte eines Künstlers – als eine literarische Reflexion über die epochenspezifische Zerrissenheit zwischen einem vergangenen, historisch gewordenen Lebensideal und den Verwerfungen und Umbrüchen der Jahrhundertwende vom Lesepublikum der Zeit aufgefasst werden konnte, bedingt bereits den Erfolg des frühen Werkes: Die fünfzehn Jahre später veröffentlichte Erzählung *Demian. Die Geschichte von Emil Sinclairs Jugend* ist von den Zeitgenossen nach dem Ende des Ersten Weltkrieges als ein Werk aufgenommen worden, das nach dem gesellschafts- wie politikgeschichtlich offensichtlich gewordenen Ende der metaphysischen Diskurse dem Menschen ein neues Sinn- und Identifikationsangebot eröffnet. Der große Erfolg des Werkes basiert auf der in einer literarischen Figur verdichteten Koinzidenz einer individuellen und kollektiven Krise. Und nach den Erfahrungen des nationalsozialistischen Totalitarismus, nach der Katastrophe des Zweiten Weltkrieges und des Holocaust wird das seit Dezember 1946 auch dem deutschen Lesepublikum zugängliche *Glasperlenspiel* für die Überlebenden zu einem letzten authentischen Dokument des verlorenen deutschen Kulturbegriffes. In den Trümmern der deutschen Geistesgeschichte, welche die faschistische Gewaltherrschaft zurückgelassen hat, erscheint der Roman wie der Nachklang und zugleich wie der Inbegriff der alten europäischen Kulturidee, die das utopische Werk als Lebensform und -inhalt in einem selbstreferentiellen Universalsystem versinnbildlicht, in dem sich die Gegenwart gebrochen zu spiegeln vermag.

Auch nach dem Tod Hesses im August 1962 werden seine Romane und Erzählungen in Zeiten des gesellschaftlichen Wandels, der ökonomischen Krise und der politischen Neuorientierung gelesen. Wie zu Lebzeiten des Autors bieten seine literarischen Reflexionen in Phasen der Krise und des Umbruches den verunsicherten Menschen eine Möglichkeit, in den Lebensgeschichten, Bekenntnissen und Selbstbetrachtungen literarischer Figuren Antworten auf die eigenen Lebensfragen zu finden.

In den fünfziger Jahren ist sein Werk in den Bücherschränken der bildungsbürgerlichen Generation der Adenauerzeit zu finden, die im Rekurs auf die idealistische Tradition der deutschen Geistesgeschichte versucht, deren Perversion durch die faschistische Ideologie zu überwinden. Es wird zugleich zur Lektüre einer jungen Generation, die in den Romanen und Erzählungen eine erste, initiierende Begegnung mit der zeitbedingt unterdrückten Sexualität und Erotik erfährt sowie die Genugtuung, zumindest im Regressionsraum des literarischen Textes einen subversiven Beitrag gegen das autoritäre Erziehungsideal der Zeit zu leisten. Aus dem Bemühen, nach zwölf Jahren einer von den ideologischen Maßgaben der nationalsozialistischen »Kulturpolitik« geprägten Forschung Anschluss zu finden an den Stand der westlichen Literaturwissenschaft, erkennt die universitäre Germanistik der Nachkriegszeit in dem Werk Hermann Hesses lediglich den Versuch, einen historisch gewordenen Romantizismus fortzuschreiben.

Umso bemerkenswerter ist die bald auch Deutschland erfassende Hesse-Renaissance, die in den sechziger Jahren in den Vereinigten Staaten ihren Anfang nimmt. Während das Werk zu Lebzeiten des Autors außerhalb des deutschen Sprachraumes kaum Beachtung gefunden hat und lediglich von Autoren und Intellektuellen wie André Gide, Romain Rolland oder Henry Miller wahrgenommen wurde, werden der *Steppenwolf* und *Siddhartha* neben Henry David Thoreaus Schriften *Walden* und *Civil Disobedience* sowie den Werken Herbert Marcuses zu programmatischen Texten einer nonkonformistischen, kultur- und zivilisationskritischen Bewegung. Der jungen Generation der Kriegsdienstverweigerer, die zunächst in den Universitäten der amerikanischen West- und Ostküste gegen die als Imperialismus verstandene Vietnam-Politik der Regierungen Lyndon B. Johnsons und Richard M. Nixons kämpft, bietet der unbedingte Pazifismus der Werke Hermann Hesses erneut eine Identifikationsmöglichkeit. Zugleich korrespondiert die antibürgerliche Tendenz seiner Schriften mit dem Protest gegen die den amerikanischen Traum zu einem spießigen Idyll pervertierende Politik des spätzeitlich erstarrten New Deal. Die Entwicklungs- und Individuationsgeschichten, die Berichte über die innere Verweigerung und Revolte des Einzelnen gegen die Gesellschaft und nicht zuletzt die Mischung aus verspäteter Romantik, ostasiatischer Philosophie und modernem, gespaltenem Bewusstsein erweisen sich als zeitlose literarische Manifestationen der ontologischen Verfasstheit des Menschen in der Moderne, die auch in der zweiten Hälfte des 20. Jahrhunderts nachwirkt.

Im Kontext der Revolte der unter den Schlagworten 1968 und Beat Generation subsummierten Bewegung ist es der in Harvard lehrende Psychologe Timothy Leary, der in den surrealistischen Spiegelungen der Wirklichkeit im Magischen Theater des *Steppenwolfes* einen Drogenrausch, ein psychedelisches Erweckungserlebnis erkennt und das Werk als Lektüre zur Vertiefung und Bewusstseinserweiterung vor der Einnahme der damaligen Modedroge LSD empfiehlt. Dass Hesse in den sechziger und siebziger Jahren des 20. Jahrhunderts zum Kultautor der Hippiegeneration geworden ist, spiegelt sich auch in Erscheinungen der Popkultur wie einer amerikanischen Rockband, die mit dem Song *Born to be wild* weltbekannt wurde und sich nach Hesses Roman *Steppenwolf* benennt.

Als die Revolte der jungen amerikanischen Generation auch die europäischen Universitäten erfasst, finden die Werke Hesses auch in Deutschland erneut Beachtung. Während der ökonomischen Krise der siebziger Jahre und dem Aufstieg der ökologischen Bewegung ist es wiederum der Gedanke des geistigen Widerstandes und der lebensweltlichen Revolte des Individuums gegen die Nützlichkeitsmoral der Gesellschaft, verbunden mit einem romantischen, nach verlorener Ganzheitlichkeit strebenden Naturgefühl, die sein Werk programmatisch erscheinen lassen. Der aus der Tradition der pietistischen Erbauungs- und Erweckungsliteratur erwachsende erzieherische Impuls seiner Romane und Erzählungen korrespondiert mit der weltverbessernden und idealistischen Tendenz der neuen Bewegung.

Obwohl seine Romane und Erzählungen Eingang finden in den Lektürekanon der Schulen und Millionenauflagen erreichen, obwohl Hermann Hesse, dessen Werke in über 60 Sprachen übersetzt worden sind, zu einem der weltweit meistgelesenen deutschsprachigen Autoren geworden ist, reagiert die Germanistik in Deutschland bis heute mit Ablehnung auf den Schriftsteller. Während die universitäre Hesse-Forschung einen Schwerpunkt in den Vereinigten Staaten hat, konzentriert sich die wissenschaftliche Auseinandersetzung mit seinem Werk in Deutschland auf die literarischen Gedenkstätten und Museen in Calw, Gaienhofen, Montagnola und das Deutsche Literaturarchiv in Marbach, das den Nachlass des Schriftstellers verwahrt. An der Skepsis der deutschen Literaturwissenschaft gegenüber dem Autor haben auch die Editionen, die Werk- und Briefausgaben, die Ausstellungen, Vorträge, Tagungen und Kolloquien sowie die Gründung der Internationalen Hermann-Hesse-Gesellschaft anlässlich seines 125. Geburtstages im Jahr 2002 nichts ändern können. Während die jährlich fortgeführte Hesse-Bibliographie Michael Limbergs eine wachsende Zahl von Dissertationen, Monographien, Sammelbänden und Aufsätzen aus den Vereinigten Staaten, aus Mittel- und Osteuropa sowie aus Süd- und Südostasien verzeichnet, bleiben Seminare, Vorlesungen und Publikationen aus dem Kreis der universitären Germanistik in Deutschland die Ausnahme.

Die in der Rezeptionsgeschichte seines Werkes charakteristische Differenz zwischen dem Urteil des Lesepublikums, das ihn zu einem der meistgelesenen deutschsprachigen Autoren des 20. Jahrhunderts hat werden lassen, und den Bewertungen der germanistischen Forschung ist vielfach untersucht worden und mindestens ebenso umstritten wie das Urteil über Hermann Hesse selbst. Es sind hierbei im Wesentlichen drei Bereiche zu unterscheiden, die sich gegenseitig beeinflussen und bedingen: Die literaturwissenschaftliche Beschäftigung mit Hesse wird einerseits von außerliterarischen, an der Person und Biographie des Dichters orientierten Faktoren und Argumenten gesteuert; die Auseinandersetzung mit dem Einfluss der vom schwäbischen Pietismus geprägten Kindheit und Jugend oder der Psychoanalyse auf Themen und Schreibart seines Werkes sind Ausdruck dieser Extrapolation über den Bereich der Literatur hinaus. Hesse ist es wichtig zu betonen, dass seine Dichtungen abstrahierte Lebenserfahrungen sind, dass jedoch durch den Prozess der literarischen Abstraktion ein polyvalentes Kunstwerk entsteht. So schreibt er in einem Brief vom 27. Januar 1961:

> Ich habe, wenn ich ein Buch schrieb, nie daran gedacht, den Leser belehren zu wollen. Mein Bestreben war nur: dem von mir Erlebten, Erdachten oder Geträumten den möglichst vollkommenen Ausdruck zu geben. Was der Leser dann damit anfängt, wieviel er davon annimmt, wieviel er ablehnt, was ihn erfreut oder ihn erschreckt, daran habe ich nie gedacht, jeder Leser liest anders, liest mit seinem Charakter, seinem Verstand, seinem Lebensalter, seinen Sorgen und Anliegen, und nimmt von dem Gelesenen das in sich auf, was er brauchen kann. Das Buch, das den einen Leser einschläfert, kann einen andern aufrütteln. Kurz, die Wirkung eines Buches ist etwas vom Autor Abgelöstes. (AB 531–532)

Andererseits fordern die dem Werk immanenten Dualismen und Widersprüche ambivalente Reaktionen der wissenschaftlichen Kritik heraus. Das im Kontext der Literatur des 20. Jahrhunderts Unzeitgemäße seiner Dichtungen – sowohl auf inhaltlich-thematischer wie formaler Ebene – widersetzt sich dem Versuch der Einordnung und Klassifizierung und provoziert die Auseinandersetzung mit dem Werk. Schließlich wird die Urteilsgeschichte von der Diskrepanz zwischen dem Erwartungshorizont der wissenschaftlichen Kritik und den Positionen Hermann Hesses geprägt. Die zeitgenössische Wirkungsgeschichte Hesses spiegelt den epochenspezifischen Kontrast zwischen den aus dem Kontext klassisch-romantischer Kunstanschauung tradierten Paradigmen Hesses und den veränderten ästhetischen und poetologischen Positionen der wissenschaftlichen Kritik, die den gewandelten geistes- und zeitgeschichtlichen Bedingungen der Literatur im 20. und 21. Jahrhundert geschuldet sind.

Wie die Urteile von Schriftstellern und Intellektuellen zeigen, ist Hesses eigenwillige Auseinandersetzung mit dem Paradigmenwechsel der Moderne, sein Idealismus in den Zeiten des Materialismus, sein Idealismus in einer des Metaphysischen entkleideten Epoche vor allem für die Literaturwissenschaft problematisch. So schreibt Peter Handke anlässlich der Veröffentlichung der *Gesammelten Werke* in der Edition Suhrkamp: »Ich habe die Bücher mit großem Staunen und immer mehr Neugier gelesen. Dieser Hermann Hesse ist nicht nur eine romantische Idee der Amerikaner, sondern gewiß ein vernünftiger, überprüfbarer, großer Schriftsteller« (U 263). Dass das Werk Hermann Hesses Kontroversen auslöst, dass er ein gespaltenes Urteil hervorruft, dass er provoziert und die Menschen zugleich bewegt, spricht für die Qualität seines literarischen Œuvres. In einer Zeit, in der die meisten Autoren, um ein Wort Bertolt Brechts zu variieren, von der durchschlagenden Wirkungslosigkeit eines Klassikers sind, ist das nicht wenig.

Anhang

Bibliographie

Siglen

Zitiert wird mit Angabe der Sigle, Band- und Seitenzahl.

AB Hermann Hesse: Ausgewählte Briefe. Erweiterte Ausgabe. Zusammengest. von Hermann und Ninon Hesse. Frankfurt a. M. 1974.

GB Hermann Hesse: Gesammelte Briefe. Hrsg. von Ursula und Volker Michels. Frankfurt a. M. 1973–1986.

GW Hermann Hesse: Gesammelte Werke. 12 Bde. Frankfurt a. M. 1970.

HaM Hermann Hesse als Maler. Vierundvierzig Aquarelle. Ausgew. von Bruno Hesse und Sandor Kuthy. Frankfurt a. M. 2002.

KuJ Kindheit und Jugend vor Neunzehnhundert. Hermann Hesse in Briefen und Lebenszeugnissen. Ausgew. und hrsg. von Ninon Hesse. 2 Bde. Frankfurt a. M. 1966–1978.

MG Materialien zu Hermann Hesses *Das Glasperlenspiel*. Hrsg. von Volker Michels. 2 Bde. Frankfurt a. M. 1973–1974.

MS Materialien zu Hermann Hesses *Siddhartha*. Hrsg. von Volker Michels. 2 Bde. Frankfurt a. M. 1975–1976.

MSt Materialien zu Hermann Hesses *Der Steppenwolf*. Hrsg. von Volker Michels. Frankfurt 1972.

SW Hermann Hesse: Sämtliche Werke. Hrsg. von Volker Michels. 20 Bde. Frankfurt a. M. 2001–2004.

TGW Kurt Tucholsky: Gesammelte Werke in zehn Bänden. Hrsg. von Mary Gerold-Tucholsky und Fritz J. Raddatz. Reinbek bei Hamburg 1975.

U Unseld, Siegfried: Hermann Hesse. Werk- und Wirkungsgeschichte. Frankfurt a. M. 1985.

Werke

Hermann Hesse: Gesammelte Werke. 12 Bde. Frankfurt a. M. 1970.

Hermann Hesse: Sämtliche Werke. Hrsg. von Volker Michels. 20 Bde. Frankfurt a. M. 2001–2004.

Briefe

Hermann Hesse: Ausgewählte Briefe. Erweiterte Ausgabe. Zusammengestellt von Hermann und Ninon Hesse. Frankfurt a. M. 1974.

Hermann Hesse. Briefwechsel 1921–1927 mit Hugo Ball und Emmy Ball-Hennings. Hrsg. von Bärbel Reetz. Frankfurt. a. M. 2003.

Hermann Hesse: Gesammelte Briefe. Hrsg. von Ursula und Volker Michels. 4 Bde. Frankfurt a. M. 1973–1986.

Hermann Hesse – Thomas Mann. Briefwechsel. Hrsg. von Anni Carlsson und Volker Michels. Frankfurt a. M. 1999.

Hermann Hesse – Peter Suhrkamp. Briefwechsel 1946–1959. Hrsg. von Siegfried Unseld. Frankfurt a. M. 1969.

Bibliographien

Limberg, Michael: Hermann-Hesse-Literatur. Düsseldorf 1996 f.

Mileck, Joseph: Hermann Hesse. Biography and Bibliography. 2 Bde. Berkeley 1977.

Pfeifer, Martin: Hermann-Hesse-Bibliographie. Primär- und Sekundärschrifttum in Auswahl. Berlin 1973.

Einführungen, Biographien und Gesamtdarstellungen

Ball, Hugo: Hermann Hesse. Sein Leben und sein Werk. Frankfurt a. M. 1977.

Deschner, Karlheinz: Kitsch, Konvention und Kunst. Eine literarische Streitschrift. Frankfurt a. M. [u. a.] 1980.

Freedman, Ralph: Hermann Hesse. Autor der Krisis. Eine Biographie. Frankfurt a. M. 1977.
Hermann Hesse. Sein Leben in Bildern und Texten. Hrsg. von Volker Michels. Frankfurt a. M. 1979.
Karalaschwili, Reso: Hermann Hesse. Charakter und Weltbild. Frankfurt a. M. 1993.
Limberg, Michael: Hermann Hesse. Frankfurt a. M. 2005.
Mileck, Joseph: Hermann Hesse. Dichter, Sucher, Bekenner. Biographie. München 1979.
Pfeifer, Martin: Hesse-Kommentar zu sämtlichen Werken. Frankfurt a. M. 1990.
Tusken, Lewis W.: Understanding Hermann Hesse. The Man, His Myth, His Metaphor. Columbia 1998.
Zeller, Bernhard: Hermann Hesse in Selbstzeugnissen und Bilddokumenten. Reinbek bei Hamburg 1963.
Ziolkowski, Theodore: The Novels of Hermann Hesse. A Study in Theme and Structure. Princeton 1965.
– Hermann Hesse. Wertung und Neubewertung. Frankfurt a. M. 1979.

Das erzählerische Werk

Peter Camenzind

Breuer, Ulrich: Melancholie der Heimatferne. Figuren der Erlösung in Hermann Hesses *Peter Camenzind.* In: Hermann Hesse und die literarische Moderne. Kulturwissenschaftliche Facetten einer literarischen Konstante im 20. Jahrhundert. Aufsätze. Hrsg. von Andreas Solbach. Frankfurt a. M. 2004. S. 155–174.
Luthi, Hans Jürg: Von *Peter Camenzind* bis *Knulp*. In: Hermann Hesse und die Psychoanalyse: »Kunst als Therapie«. 9. Internationales Hermann-Hesse-Kolloquium in Calw. Berichte und Referate. Hrsg. von Michael Limberg. Bad Liebenzell 1997. S. 260–277.
Materialien. Hermann Hesse: *Peter Camenzind.* Hrsg. von Martin Pfeifer. Stuttgart 1980.
Schwede, Reinhild: Wilhelminische Neuromantik. Flucht oder Zuflucht? Ästhetizistischer, exotistischer und provinzialistischer

Eskapismus im Werk Hauptmanns, Hesses und der Brüder Mann um 1900. Frankfurt a. M. 1987.

Seret, Roberta: Voyage into Creativity: The Modern Künstlerroman. New York 1992.

Solbach, Andreas: Kontrolliertes Risiko: Die poetologische Problematik in Hesses Frühwerk. In: Hermann Hesse und die literarische Moderne. Kulturwissenschaftliche Facetten einer literarischen Konstante im 20. Jahrhundert. Aufsätze. Hrsg. von Andreas Solbach. Frankfurt a. M. 2004. S. 134–154.

Unterm Rad

Esselborn-Krumbiegel, Helga: Hermann Hesse: *Unterm Rad.* Stuttgart 1995.

Marquardt, Katrin: Zur sozialen Logik literarischer Produktion. Die Bildungskritik im Frühwerk von Thomas Mann, Heinrich Heine und Hermann Hesse als Kampf um symbolische Macht. Würzburg 1997.

Materialien. Hermann Hesse: *Unterm Rad.* Hrsg. von E. Glöckner und Th. Lange. Stuttgart 1979.

Mix, York-Gotthart: Regressionsmythen? Zur Typologie des Außenseiters im Erzählwerk Hermann Hesses (*Peter Camenzind*, *Unterm Rad*, *Der Steppenwolf*). In: Zwischen Eigen-Sinn und Anpassung. Außenseitertum im Leben und Werk von Hermann Hesse. 10. Internationales Hermann-Hesse-Kolloquium in Calw. Berichte und Referate. Hrsg. von Michael Limberg. Bad Liebenzell 1999. S. 153–170.

– Selbstmord der Jugend. H. Falladas *Der junge Goedeschal*, J. R. Bechers *Abschied*, H. Hesses *Unterm Rad* und der Erziehungsalltag im Kaiserreich. In: Germanisch-Romanische Monatsschrift 44 (1994) S. 63–76.

Mog, Paul: Opfertode. Hesses *Unterm Rad* und die literarische Schulkritik der Jahrhundertwende. In: Hermann Hesse. 1877 – 1962 – 2002. Hrsg. von Cornelia Blasberg. Tübingen 2003. S. 13–25.

Müller, Michael: *Unterm Rad.* In: Interpretationen: Hermann Hesse. Romane. Stuttgart 1994. S. 7–28.

Noob, Joachim: Der Schülerselbstmord in der deutschen Literatur um die Jahrhundertwende. Heidelberg 1998.

Strelka, Joseph P.: Wassermotive in Hermann Hesses Erzählung *Unterm Rad*. In: Literatur als Dialog. Festschrift zum 50. Geburtstag von Karl Tober. Hrsg. von Reingart Nethersole. Johannesburg 1979. S. 329–334.

Wende, Waltraud Wara: »Die Schule ist die einzige Kulturfrage, die ich ernst nehme« – Zur Relation zwischen literarischen Texten und soziokulturellen Erfahrungsräumen am Beispiel von Hermann Hesses Schulgeschichte *Unterm Rad* (1905). In: Hermann Hesse und die literarische Moderne. Kulturwissenschaftliche Facetten einer literarischen Konstante im 20. Jahrhundert. Aufsätze. Hrsg. von Andreas Solbach. Frankfurt a. M. 2004. S. 202–223.

Gertrud

Dürr, Werner: Hermann Hesse. Vom Wesen der Musik in der Dichtung. Stuttgart 1957.

Mittenzwei, Johannes: Hermann Hesses Ideal der inneren Heiterkeit durch Musik. In: Ders.: Das Musikalische in der Literatur. Ein Überblick von Gottfried von Straßburg bis Brecht. Halle a. d. S. 1962. S. 368–394.

Risholm, Ellen: Die Kunst des Mannes – Gender in Hermann Hesses Romanen *Gertrud* und *Roßhalde*. In: Hermann Hesse und die literarische Moderne. Kulturwissenschaftliche Facetten einer literarischen Konstante im 20. Jahrhundert. Aufsätze. Hrsg. von Andreas Solbach. Frankfurt a. M. 2004. S. 355–372.

Roßhalde

Dedekind, Günter: Kunst und Dämonie in Hermann Hesses *Roßhalde*. In: Acta Germanica. Jahrbuch des Südafrikanischen Germanistenverbandes 7 (1972) S. 137–149.

Risholm, Ellen: Die Kunst des Mannes – Gender in Hermann Hesses Romanen *Gertrud* und *Roßhalde*. In: Hermann Hesse und die literarische Moderne. Kulturwissenschaftliche Facetten einer literarischen Konstante im 20. Jahrhundert. Aufsätze. Hrsg. von Andreas Solbach. Frankfurt a. M. 2004. S. 355–372.

Strelka, Joseph P.: Hermann Hesses *Roßhalde* psychoanalytisch gesehen. In: Acta Germanica. Jahrbuch des Südafrikanischen Germanistenverbandes 9 (1976) S. 177–186.

Tusken, Lewis W.: Hermann Hesses *Roßhalde*. The Story in the Paintings. In: Monatshefte für deutschen Unterricht, deutsche Sprache und Literatur 77 (1985) S. 60–66.

Knulp. Drei Geschichten aus dem Leben Knulps

Lüthi, Hans Jürg: Von *Peter Camenzind* bis *Knulp*. In: Hermann Hesse und die Psychoanalyse: »Kunst als Therapie«. 9. Internationales Hermann-Hesse-Kolloquium in Calw. Berichte und Referate. Hrsg. von Michael Limberg. Bad Liebenzell 1997. S. 260–277.

Demian. Die Geschichte einer Jugend

Conrad, Robert C.: Socio-Political Aspects of Hesse's *Demian*. In: Hermann Hesse: Politische und wirkungsgeschichtliche Aspekte. Hrsg. von Sigrid Bauschinger und Albert Reh. Bern 1986. S. 155–165.

Dahrendorf, Malte: Hermann Hesses *Demian* und C. G. Jung. In: Germanisch-Romanische Monatsschrift 8 (1958) S. 81–97.

Decloedt, Leopold R. G.: Die Wahrheit wird nur Wahrheit, wenn man sie erlebt hat. Hesses dualistisches und triadisches Denken am Beispiel des *Demian*. In: Hermann Hesse. Hrsg. von Herman Gevaert. Antwerpen 1987. S. 11–54.

Esselborn-Krumbiegel, Helga: Hermann Hesse: *Demian. Die Geschichte von Emil Sinclairs Jugend*. Stuttgart 1991.

– *Demian*. In: Interpretationen: Hermann Hesse. Romane. Stuttgart 1994. S. 29–51.

Gignac, Patrick J.: Homosexual Identity. (Misin)Formation in Hesse's *Demian*. – In: The Germanic Mosaic: Cultural and Linguistic Diversity in Society. Hrsg. von Carol Aisha Blackshire-Belay. Westport 1994. S. 295–300.

Heselhaus, Herrad: Hesses *Demian* – Adoleszenz als Utopie. In: Hermann Hesse. 1877 – 1962 – 2002. Hrsg. von Cornelia Blasberg. Tübingen 2003. S. 27–42.

Jahnke, Walter: *Demian*: Ein er-lesener Roman. Paderborn [u. a.] 1984.

Karalaschwili, Reso: Der Ablauf des Seelenlebens im Individuationsprozeß und Gesetzmäßigkeiten der Sujetgestaltung in der modernen subjektiven Prosa: Am Beispiel von Hermann Hesses Roman *Demian*. In: Kontroversen, alte und neue. Akten des VII. Internationalen Germanistenkongresses, Göttingen 1985. Bd. 6: Frauensprache – Frauenliteratur? Für und Wider einer Psychoanalyse literarischer Werke. Hrsg. von Inge Stephan und Carl Pietzcker. Tübingen 1986. S. 189–195.

Knapp, Bettina L.: Abraxas: Lichte und dunkle Seiten der Gottheit in Hermann Hesses *Demian*. In: Hermann Hesse. Politische und wirkungsgeschichtliche Aspekte. Hrsg. von Sigrid Bauschinger und Albert Reh. Bern 1986. S. 167–185.

– Hermann Hesse: *Demian* und *Der Steppenwolf*. Von der psychischen Inflation zur Entfremdung. In: Jahrbuch für internationale Germanistik 20 (1988) S. 79–106.

Knüfermann, Volker: Kultus der Mythologien: Hermann Hesses *Demian*. In: Etudes Germaniques 40 (1985) S. 50–57.

Materialien zu Hermann Hesses *Demian*. Hrsg. von Volker Michels. Frankfurt a. M. 1992.

Mettler, Heinrich: Hesses *Demian*. Wandel der Tugend und des Begriffes der Tugend, eine »Umwertung aller Werte« unter dem Vorzeichen Nietzsches. In: Ethische Perspektiven. Hrsg. von Hans-Jürg Braun. Zürich 1989. S. 247–261.

Tusken, Lewis W.: A Mixing of Metaphors: Masculine-Feminine Interplay in the Novels of Hermann Hesse. In: Modern Language Review 87 (1992) S. 626–635.

Klein und Wagner

Fickert, Kurt J.: The Portrait of the Artist in Hesse's *Klein und Wagner*. In: Hartford Studies in Literature 6 (1976) S. 108–187.

Karalaschwili, Reso: Die »Taten des Lichts« – Zur Farbgebung in *Klein und Wagner* und *Klingsors letzter Sommer*. In: Ders.: Hermann Hesse – Charakter und Weltbild. Studien. Frankfurt a. M. 1993. S. 274–284.

Kreuzwieser, Markus: »Sie werden darum eingeladen […], diese sehr geehrte Persönlichkeit hier in der Garderobe abzugeben […]« – Das zersplitterte Ich bei Hermann Hesse. In: Literatur als Geschichte des Ich. Hrsg. von Eduard Beutner und Ulrike Tanzer. Würzburg 2000. S. 223–237.

Neuzner, Bernd / Horst Brandstätter: Wagner: Lehrer, Dichter,

Massenmörder. Samt Hermann Hesses Novelle *Klein und Wagner*. Frankfurt a. M. 1996.

Puppe, Heinz W.: Psychologie und Mystik in *Klein und Wagner* von Hermann Hesse. In: Publications of the Modern Language Association 78 (1963) S. 128–135.

Stegemann, Helga: Die stilprägende Funktion der Bildlichkeit – ein Vergleich der *Segelfahrt* mit Hesses *Klein und Wagner*. In: Dies.: Studien zu Alfred Döblins Bildlichkeit. Bern [u. a.] 1978. S. 70–76.

Zwischen Eigen-Sinn und Anpassung: Außenseitertum im Leben und Werk von Hermann Hesse. 10. Internationales Hermann-Hesse-Kolloquium in Calw. Berichte und Referate. Hrsg. von Michel Limberg. Bad Liebenzell 1999.

Klingsors letzter Sommer

Karalaschwili, Reso: Die »Taten des Lichts« – Zur Farbgebung in *Klein und Wagner* und *Klingsors letzter Sommer*. In: Ders.: Hermann Hesse. Charakter und Weltbild. Frankfurt a. M. 1993. S. 274–284.

Siddhartha. Eine indische Dichtung

Baumann, Günter: Der Heilige und der Wüstling. Tiefenpsychologische Grundlagen von *Siddhartha* und *Der Steppenwolf*. In: »Höllenreise durch mich selbst«. Hermann Hesse: *Siddhartha*, *Steppenwolf*. Hrsg. von Regina Bucher [u. a.]. Zürich 2002. S. 43–58.

Boyd, Beverly: The Continental Mystic of Fiction. In: Mysticism: Medieval & Modern. Hrsg. von Valerie M. Lagorio. Salzburg 1986.

Decloedt, Leopold R. G.: *Siddhartha. Eine indische Dichtung*: Die künstlerische Darstellung einer Selbstfindung. In: Germanistische Mitteilungen 30 (1989) S. 9–21.

Hermann Hesse und die Religion: Die Einheit hinter den Gegensätzen. Berichte und Referate. 6. Internationales Hermann-Hesse-Kolloquium in Calw. Hrsg. von Friedrich Bran und Martin Pfeifer. Bad Liebenzell 1990.

Hermann Hesses *Siddhartha*. 11. Internationales Hermann-Hesse-

Kolloquium in Calw. Hrsg. von Michael Limberg. Stuttgart 2002.

Materialien zu Hermann Hesses *Siddhartha*. Hrsg. von Volker Michels. 2 Bde. Frankfurt a. M. 1975–1976.

Michels, Volker: »Der ganze Osten atmet Religion«. *Siddhartha* und Hermann Hesses Beziehung zu Indien und China. In: »Höllenreise durch mich selbst«. Hermann Hesse: *Siddhartha, Steppenwolf*. Hrsg. von Regina Bucher [u. a.]. Zürich 2002. S. 189–210.

Schneider, Christian Immo: *Siddhartha*. In: Interpretationen: Hermann Hesse. Romane. Stuttgart 1994. S. 52–75.

Der Steppenwolf

Baumann, Günter: Der Heilige und der Wüstling. Tiefenpsychologische Grundlagen von *Siddhartha* und *Der Steppenwolf*. In: »Höllenreise durch mich selbst«. Hermann Hesse: *Siddhartha, Steppenwolf*. Hrsg. von Regina Bucher [u. a.]. Zürich 2002. S. 43–58.

Decloedt, Leopold R. G.: Hesses *Steppenwolf*: Mehr als eine reine Autobiographie. In: Germanistische Mitteilungen 29 (1989) S. 31–38.

Delabar, Walter: Von der Radiomusik des Lebens: Hermann Hesses literarische Verarbeitung der gesellschaftlichen Modernisierungsprozesse. Zum *Steppenwolf*. In: Hermann Hesse und die literarische Moderne. Kulturwissenschaftliche Facetten einer literarischen Konstante im 20. Jahrhundert. Aufsätze. Hrsg. von Andreas Solbach. Frankfurt a. M. 2004. S. 256–270.

Delphendahl, Renate: Narcissism and the Double in Hermann Hesse's *Steppenwolf*. In: Journal of Evolutionary Psychology 9 (1988) S. 141–153, 208–217.

Fickert, Kurt J.: The Significance of the Epiphany in *Der Steppenwolf*. In: International Fiction Review 29 (2002) S. 1–10.

Hermann Hesse. *Der Steppenwolf*. Erläuterungen und Dokumente. Hrsg. von Friedrich Voit. Stuttgart 1992.

Horrocks, David: Harry Haller as »Höherer Mensch«: Nietzschean Themes and Motifs in Hermann Hesse's *Der Steppenwolf*. In: German Life & Letters 46 (1993) S. 134–144.

Huber, Peter: *Der Steppenwolf*. In: Interpretationen: Hermann Hesse. Romane. Stuttgart 1994. S. 76–112.

Kenosian, David: Puzzles of the Body: The Labyrinth in Kafka's *Prozess*, Hesse's *Steppenwolf*, and Mann's *Zauberberg*. New York 1995.

Knapp, Bettina L.: Hermann Hesse. *Demian* und *Der Steppenwolf*. Von der psychischen Inflation zur Entfremdung. In: Jahrbuch für internationale Germanistik 20 (1988) S. 79–106.

Kuhn, Herbert: SchattenZonen. Zur Topographie des »Magischen Theaters« in Hermann Hesses *Der Steppenwolf*. – In: Hermann Hesse: *Der Steppenwolf*. Hrsg. von Heribert Kuhn. Frankfurt a. M. 1999. S. 245–256.

Lüthi, Hans Jürg: *Der Steppenwolf*: Ein Roman der Katharsis. In: Hermann Hesse. Hrsg. von Herman Gevaert. Antwerpen 1987. S. 114–133.

Materialien zu Hermann Hesses *Der Steppenwolf*. Hrsg. von Volker Michels. Frankfurt a. M. 1972.

Mayer, Hans: Hermann Hesse. *Steppenwolf*. In: Der deutsche Roman im 20. Jahrhundert: Analysen und Materialien zur Theorie und Soziologie des Romans. Hrsg. von Manfred Brauneck. Bamberg 1977. S. 159–167.

Niefanger, Dirk: Harry Haller und die großen Männer. Hermann Hesses *Steppenwolf* im Kontext der Biographien-Mode. In: Hermann Hesse. 1877 – 1962 – 2002. Hrsg. von Cornelia Blasberg. Tübingen 2003. S. 87–102.

Pfister, Stefan: Bildersaal der Seele. Funktion und Bedeutung des »Magischen Theaters« in Hermann Hesses *Der Steppenwolf*. Frankfurt a. M. 2001.

Probst, Rudolf: Zur Entstehung von Hesses *Der Steppenwolf*. In: »Höllenreise durch mich selbst«. Hermann Hesse: *Siddhartha*, *Steppenwolf*. Hrsg. von Regina Bucher [u. a.]. Zürich 2002. S. 139–158.

Richards, David G.: Exploring the Divided Self: Hermann Hesse's *Steppenwolf* and its Critics. Columbia 1996.

Schwarz, Egon: Hermann Hesse: *Steppenwolf* (1927). In: Reflection and Action: Essays on the Bildungsroman. Hrsg. von James Hardin. Columbia 1991. S. 382–414.

Stelzig, Eugene L.: Hermann Hesse's Fictions of the Self: Autobiography and the Confessional Imagination. Princeton 1988.

Stewart, Mary E.: The Refracted Self: Hermann Hesse, *Der Steppenwolf*. In: The German Novel in the Twentieth Century: Beyond Realism. Hrsg. von David Midgley. Edinburgh 1993. S. 80–94.

Stiegler, Bernd: Vom Wolf zum Steppenwolf. In: Ders.: Die Aufgabe des Namens. Zur Funktion des Eigennamens in der Literatur des 20. Jahrhunderts. München 1994. S. 231–235.

Stuckel, Eva-Maria / Franz Wegener: Interpretationen zu Hermann Hesses *Der Steppenwolf.* Gladbeck 2000.

Sund, Laura E.: Making the Internal External and Heightening the Unusual: A Filming of Hesse's *Steppenwolf.* In: Kodikas, Code – Ars semeiotica 14 (1991) S. 65–73.

Tusken, Lewis W.: The Question of Perspective in Hesse's *Steppenwolf.* In: Journal of Evolutionary Psychology 9 (1989) S. 157–165.

Zierlinger, Ursula: Hermann Hesse. *Der Steppenwolf.* München 1996.

Narziß und Goldmund

Blum, Marie-Odile: *Narcisse et Goldmund* de Hermann Hesse. Révoltes et conquêtes. In: Cahiers d'études germaniques 13 (1989) S. 187–193.

Erhart, Walter: Narzissmus und Goldmund. In: Hermann Hesse. 1877 – 1962 – 2002. Hrsg. von Cornelia Blasberg. Tübingen 2003. S. 103–119.

Herforth, Maria-Felicitas: Erläuterungen zu Hermann Hesses *Narziß und Goldmund.* Hollfeld 2001.

Koch, Stephen: Prophet of Youth. Hermann Hesse's *Narcissus and Goldmund.* In: Hermann Hesse, a collection of criticism. Hrsg. von Judith Liebmann. McGraw Hill 1977. S. 85–89.

Nicolai, Ralf R.: Hesses *Narziß und Goldmund.* Kommentar und Deutung. Würzburg 1997.

Schwarz, Egon: *Narziß und Goldmund.* In: Interpretationen: Hermann Hesse. Romane. Stuttgart 1994. S. 113–131.

Seret, Roberta: Voyage into Creativity: The Modern Künstlerroman. New York 1992.

Tusken, Lewis W.: Thematic Unity in Hermann Hesse's *Narziss und Goldmund*: The Tree Symbol as Interpretative Key. In: Modern Fiction Studies 29 (1983) S. 245–251.

Wolf, Yvonne: Risikoleben und Textsicherheit in Hermann Hesses *Narziß und Goldmund.* In: Hermann Hesse und die literarische Moderne. Kulturwissenschaftliche Facetten einer literarischen Konstante im 20. Jahrhundert. Aufsätze. Hrsg. von Andreas Solbach. Frankfurt a. M. 2004. S. 285–304.

Die Morgenlandfahrt

Crenshaw, Karen O. / Richard H. Lawson: Technique and Function of Time in Hesse's *Morgenlandfahrt*: A Culmination. In: Mosaic – A Journal for the Interdisciplinary Study of Literature 5 (1972) S. 53–59.

Del Caro, Adrian: A Hölderlinian Background to Hesse's *Morgenlandfahrt*. In: German Life & Letters 46 (1993) S. 254–265.

Seeger, Clara Elisabeth: Biography, Historiography and the Philosophy of History in Hermann Hesse's *Die Morgenlandfahrt* and *Das Glasperlenspiel*. Stuttgart 1999.

Stelzig, Eugene L.: *Die Morgenlandfahrt*: Metaphoric Autobiography and Prolegomenon to *Das Glasperlenspiel*. In: Monatshefte für deutschen Unterricht, deutsche Sprache und Literatur 79 (1987) S. 486–495.

Das Glasperlenspiel

Antosik, Stanley: Utopian Machines: Leibniz's Computer and Hesse's *Glass Bead Game*. In: Germanic Review 67 (1992) S. 35–45.

Classen, Albrecht: Hermann Hesses *Glasperlenspiel* (1943) und James Hiltons *Lost Horizon* (1933): Intertextuelle Beziehungen zweier utopischer Entwürfe aus den Zwischenkriegsjahren. In: Studia Neophilologica 72 (2000) S. 190–202.

DeVyver, Jane M.: Symbol and Paradox in Hermann Hesse's Magister Ludi. In: Midwest Quarterly – A Journal of Contemporary Thought 29 (1988) S. 487–496.

Field, George W.: Goethe and *Das Glasperlenspiel*: Reflections on »Alterswerke«. In: German Life & Letters 23 (1969) S. 93–101.

Gyorffy, Miklos: Verrat und Verantwortung der Intellektuellen: Hesse, Broch und Babits über die Krise der europäischen Kultur als ein moralisches Problem. In: Hermann Broch: Perspektiven interdisziplinärer Forschung. Hrsg. von Arpad Bernath [u. a.]. Tübingen 1998. S. 47–56.

Hermann Hesses *Glasperlenspiel*. 4. Internationales Hermann-Hesse-Kolloquium in Calw. Referate. Hrsg. von Friedrich Bran und Martin Pfeifer. Bad Liebenzell 1987.

Koopmann, Helmut: Brüderlichkeit auf große Distanz: Zu Thomas Manns *Doktor Faustus* und Hermann Hesses *Glasperlen-*

spiel. In: Ein Leben für Dichtung und Freiheit. Hrsg. von Karlheinz F. Auckenthaler [u. a.]. Tübingen 1997. S. 351–369.

Krapp, John: Hermann Hesse's Hegelianism: The Progress of Consciousness towards Freedom in *The Glass Bead Game*. In: Studies in Twentieth Century Literature 26 (2002) S. 342–363.

Materialien zu Hermann Hesses *Das Glasperlenspiel*. Hrsg. von Volker Michels. Frankfurt a. M. 1973–1974.

Michel, Willi und Edith: *Das Glasperlenspiel.* Pädagogische Utopie, dialektische Entwicklung und hermeneutische Erinnerung. In: Interpretationen: Hermann Hesse. Romane. Stuttgart 1994. S. 132–168.

Mileck, Joseph: *Das Glasperlenspiel*: Genesis, Manuscripts, and History of Publication. In: German Quarterly 43 (1970) S. 55–83.

Muschg, Adolf: Hesses *Glasperlenspiel.* In: »Der Dichter sucht Verständnis und Erkanntwerden«. Neue Arbeiten zu Hermann Hesse und seinem Roman *Das Glasperlenspiel.* Hrsg. von Eva Zimmermann. Bern [u. a.] 2002. S. 125–138.

Norton, Roger: Variant Endings of Hesse's *Glasperlenspiel.* In: Monatshefte für deutschen Unterricht, deutsche Sprache und Literatur 60 (1968) S. 141–146.

Philippi, Klaus-Peter: Hermann Hesse, *Das Glasperlenspiel*: »Zerfall der Werte« und Flucht in die Legende. In: Hermann Hesse. 1877 – 1962 – 2002. Hrsg. von Cornelia Blasberg. Tübingen 2003. S. 121–146.

Rath, Sura P.: The Narrative Structure of Play in Hermann Hesse's *The Glass Bead Game.* In: Connecticut Review 13 (1991) S. 77–84.

Schneider, Christian Immo: Wiederholte Erdenleben. Hermann Hesses Auffassung des Reinkarnationsgedankens in den Lebensläufen Josef Knechts im *Glasperlenspiel.* In: »Der Dichter sucht Verständnis und Erkanntwerden«. Neue Arbeiten zu Hermann Hesse und seinem Roman *Das Glasperlenspiel.* Hrsg. von Eva Zimmermann. Bern [u. a.] 2002. S. 73–108.

Shafer, Ingrid H.: Herman Hesse's Quest of the Infinite: The Path of Awakening. In: Journal of Evolutionary Psychology 11 (1990) S. 9–20.

– Mysterium Coniunctionis: The Alchemical Transformation of Josef Knecht. In: Journal of Evolutionary Psychology 9 (1988) S. 75–86.

Thomke, Hellmut: Hermann Hesses *Glasperlenspiel.* – Eine kritische Betrachtung. In: »Der Dichter sucht Verständnis und Erkanntwerden«. Neue Arbeiten zu Hermann Hesse und seinem Roman *Das Glasperlenspiel.* Hrsg. von Eva Zimmermann. Bern [u. a.] 2002. S. 109–124.

Tusken, Lewis W.: A Mixing of Metaphors: Masculine-Feminine Interplay in the Novels of Hermann Hesse. In: Modern Language Review 87 (1992) S. 626–635.

Das lyrische Werk

Gottschalk, Günther: Impulse und Interpretationen der Lyrik Hermann Hesses. In: Wege zu Herrmann Hesse. 5. Internationales Hermann-Hesse-Kolloquium Calw. Hrsg. von Friedrich Bran und Martin Pfeifer. Bad Liebenzell 1989. S. 111–118.

Mileck, Joseph: The Poetry of Hermann Hesse. In: Monatshefte für deutschen Unterricht, deutsche Sprache und Literatur 46 (1954) S. 191–198.

Spies, Bernhard: Hermann Hesses Lyrik: Psychologisierung als Modernisierung. In: Hermann Hesse und die literarische Moderne. Kulturwissenschaftliche Facetten einer literarischen Konstante im 20. Jahrhundert. Aufsätze. Hrsg. von Andreas Solbach. Frankfurt a. M. 2004. S. 118–133.

Spycher, Peter: Eine Wanderung durch Hermann Hesses Lyrik. Bern [u. a.] 1990.

Das literaturkritische und publizistische Werk

Abret, Helga: Hermann Hesse als Rezensent europäischer Literatur. In: Festschrift für Albert Schneider. Mélanges pour Albert Schneider. Hrsg. von Fernand Hoffmann und Joseph Konen. Luxemburg 1991. S. 163–178.

Sigrid Bauschinger: Hesse im *März*: Der Autor als Redakteur und Rezensent. In: Hermann Hesse. Politische und wirkungsgeschichtliche Aspekte. Hrsg. von Sigrid Bauschinger und Albert Reh. Bern 1986. S. 135–153.

Kym, Annette: Hermann Hesses Rolle als Kritiker. Eine Analyse

seiner Buchbesprechungen in *März*, *Vivos voco* und *Bonniers litterära magasin*. Bern [u. a.] 1984.
Limberg, Michael: Hermann Hesse und die Welt der Bücher. Bad Liebenzell 1996.
Schickling, Marco: Hermann Hesse als Literaturkritiker. In: Hermann Hesse und die literarische Moderne. Kulturwissenschaftliche Facetten einer literarischen Konstante im 20. Jahrhundert. Aufsätze. Hrsg. von Andreas Solbach. Frankfurt a. M. 2004. S. 56–68.
Schwarz, Egon: Hermann Hesses Buchbesprechungen: Reaktionen auf ihre Form, Ästhetik und Geschichtlichkeit. In: Hermann Hesse heute. Hrsg. von Adrian Hsia. Bonn 1980. S. 132–203.

Hermann Hesse als Maler

Curonici, Giuseppe: »Denn ohne diese Malerei wäre ich schon lange nicht mehr da«. Der Maler Hermann Hesse. In: »Höllenreise durch mich selbst«. Hermann Hesse. *Siddhartha*, *Steppenwolf*. Hrsg. von Regina Bucher [u. a.]. Zürich 2002. S. 27–42.
Michels, Volker: »Mit dem Farbkasten auf der Lauer«. Hermann Hesse als Maler. In: Hermann Hesse als Maler. Vierundvierzig Aquarelle. Ausgew. von Bruno Hesse und Sandor Kuthy. Frankfurt a. M. 2002. S. 121–130.

Hermann Hesses Werk im Urteil der Nachwelt

Hermann Hesse heute. Hrsg. von Adrian Hsia. Bonn 1980.
Hermann Hesses weltweite Wirkung. Internationale Rezeptionsgeschichte. Hrsg. von Martin Pfeifer. 3 Bde. Frankfurt a. M. 1977–1991.
Hsia, Adrian: Hermann Hesse im Spiegel der zeitgenössischen Kritik. Bern und München 1975.
Kleine, Gisela: Der literarische und das gelebte Ich Hermann Hesses in der Wirkungsgeschichte. In: Hermann Hesse. Politische und wirkungsgeschichtliche Aspekte. Hrsg. von Sigrid Bauschinger und Albert Reh. Bern 1986. S. 73–95.
Michels, Volker: »Teils ausgelacht, teils angespuckt, teils den senti-

mentalen Leserkreisen überlassen«. Zur Hermann-Hesse-Rezeption in Deutschland. In: Hermann Hesse und die literarische Moderne. Kulturwissenschaftliche Facetten einer literarischen Konstante im 20. Jahrhundert. Aufsätze. Hrsg. von Andreas Solbach. Frankfurt a. M. 2004. S. 28–55.

Über Hermann Hesse. Hrsg. von Volker Michels. 2 Bde. Frankfurt a. M. 1976–77.

Unseld, Siegfried: Hermann Hesse – heute. In: Ders.: Begegnungen mit Hermann Hesse. Frankfurt a. M. 1975. S. 231–269.

– Hermann Hesse's Influence: Ethics or Esthetics. In: Hermann Hesse. Politische und wirkungsgeschichtliche Aspekte. Hrsg. von Sigrid Bauschinger und Albert Reh. Bern 1986. S. 117–133.

Abbildungsnachweis

Personenregister

Werkregister

Zum Autor

Sikander Singh, geboren 1971. Studium der Deutschen Philologie, Anglistik, Amerikanistik und Kanadistik in Düsseldorf; Promotion mit einer Arbeit zu Heinrich Heine. 1999–2005 Wissenschaftlicher Mitarbeiter an den Universitäten Düsseldorf und Darmstadt. Seit 2000 Lehraufträge in den Fachbereichen Germanistik und Anglistik. Seit 2006 als Herausgeber von der Klassik Stiftung Weimar mit dem Abschluss der historisch-kritischen Säkularausgabe der Werke Heinrich Heines betraut. Publikations- und Vortragstätigkeit zu Heinrich Heine, der Literatur des 18. bis 20. Jahrhunderts und zu Fragen der Wirkungsästhetik sowie Rezeptionsgeschichte.